Juri Awerbach

Erfolg im Endspiel

Sportverlag Berlin

Übersetzung aus dem Russischen: M. Hermann

Averbach, Jurij L'vovič:
Erfolg im Endspiel / Juri Awerbach. [Übers. aus d. Russ.: M. Her-
mann]. – 1. Aufl. – Berlin : Sportverl., 1987. – 207 S. : zahlr. Diagr.

ISBN 3-328-00165-4

© Sportverlag Berlin 1987
Erste Auflage
Lizenznummer: 140 355/28/87
9095
Lektor: Franz Stahl
Einband und Schutzumschlag: Erika und Peter Baarmann
Printed in the German Democratic Republic
Gesamtherstellung: Karl-Marx-Werk Pößneck V 15/30
Redaktionsschluß: 15. 7. 86
671 666 1

01350

Einführung

Wie soll man das Schachspiel erlernen bzw. seine bereits erworbenen Kenntnisse vertiefen, um in kürzester Frist bestmögliche Ergebnisse zu erreichen?

Diese Frage ist keineswegs müßig. Sie bewegt viele Menschen – all jene, die an der wundervollen Welt der Schachkunst teilhaben wollen, die nicht nur die Freuden des Sieges und die Bitterkeit einer Niederlage, sondern auch die mit nichts zu vergleichende Befriedigung schachlichen Schöpfertums kennenlernen möchten, wenn die Figuren beginnen, sich ihren Befehlen und Plänen unterzuordnen. Es ist durchaus angebracht, hier an die geflügelten Worte des großen deutschen Schachspielers Siegbert Tarrasch zu erinnern, wonach das Schach, wie die Liebe und die Musik, einen Menschen glücklich machen kann.

Allerdings hat die Informationsexplosion, die gegenwärtig für viele Bereiche menschlicher Tätigkeit charakteristisch ist, auch das Schachspiel nicht verschont. In ununterbrochenem Strom kommen zahlreiche und äußerst umfängliche Monografien heraus, die nicht nur verschiedenen Eröffnungen, sondern mitunter auch einzelnen Varianten gewidmet sind. Diese Monografien sind vor allem für höher qualifizierte Schachspieler nützlich. Anfänger oder weniger versierte Spieler werden durch sie indes oft abgeschreckt. Mehr noch: Schachfreunde, die auf Kosten eines Gesamtverständnisses für das Spiel sofort mit einem ausführlichen Studium der Eröffnungen begannen, gleichen Spezialisten mit Hochschulabschluß, ohne über eine mittlere Bildung zu verfügen. Ihr ausgezeichnetes Spiel in der Eröffnung, das sie sich gewissenhaft aneigneten, entspricht weder ihrer Technik noch ihrem Schachverständnis. Es führt häufig nur zu Enttäuschungen: Sie sind nicht in der Lage, einen Vorteil, den sie in der Eröffnung errangen, zu realisieren.

Ich vertrete den Standpunkt, daß man das Studium des Schachspiels mit elementarsten Beispielen beginnen muß. Obwohl sich das vorliegende Buch ausschließlich mit Endspielen befaßt, stellt es sich ein allgemeineres, wichtigeres Ziel – anhand einfachen, elementaren Materials soll es den Lernenden, einschließlich Anfänger, lehren, die Harmonie des Spiels zu spüren, zu begreifen, worin sein Wesen besteht. Aufgabe des Buches ist, den Leser mit den notwendigsten Regeln und Verfahren vertraut zu machen, die man kennen muß, um sachkundig Schach zu spielen und dabei größtmögliche Befriedigung zu erfahren.

Ein derartiges Herangehen entspricht voll und ganz einer der Grundregeln moderner Pädagogik, einen Stoff vom Einfachen zum Komplizierten darzulegen. Es braucht nicht bewiesen zu werden, daß ein elementares Endspiel mit einer minimalen Anzahl von Figuren und Bauern natürlich einfacher ist als die übrigen komplizierteren Phasen einer Schachpartie.

Beim Studium elementarer Endspiele lernt der Leser die Anfangsgründe der Schachweisheit kennen, die charakteristischen Besonderheiten jeder Schachfigur und, was noch wichtiger ist, die Besonderheiten ihres gegenseitigen Zusammenwirkens, welches das Wesen des Schachspiels ausmacht.

Wie ein angehender Musiker, der, bevor er beginnt, ernste Stücke zu spielen, zunächst bestimmte Übungen ausführt, Tonleitern usw. exerziert, eignen sich auch Schachanfänger und weniger geübte Spieler durch die Beschäftigung mit einfachen Stellungen die Technik des Spiels an, erwerben sie die erforderlichen Kenntnisse und Erfahrungen. Der erste Abschnitt des Buches, „Grundbegriffe und elementare Endspiele", dient hauptsächlich diesem Ziel.

Der zweite Abschnitt „Systematischer Kurs der Endspiele" ist für jene bestimmt, die ihre Technik speziell in dieser Partiephase erhöhen möchten. In ihm wird der Leser mit den Grundlagen der Theorie verschiedener Endspieltypen bekannt gemacht, die am häufigsten in der Praxis anzutreffen sind. In diesem Abschnitt ist nur das unerläßliche Minimum an Wissen angeführt, das man besitzen muß, um dieses oder jenes Endspiel sachkundig zu behandeln – die hauptsächlichen Verfahren des Kampfes, typische Pläne, wichtige theoretische Stellungen.

Solide Endspielkenntnisse sind von enormer Bedeutung. Wie groß auch ein Vorteil sein mag, der in der Eröffnung oder im Mittelspiel errungen wird, sehr oft führt der Weg zu seiner Realisierung über das Endspiel. Bei einer schwachen Technik werden indes sehr leicht Fehler gemacht und selbst theoretische Gewinnstellungen nicht gewonnen. Eine gute Technik bei der Verwertung eines Vorteils ist ein untrügliches Kennzeichen für einen starken Spieler. Es ist kein Zufall, daß alle hervorragenden Schachmeister, alle Weltmeister Endspiele virtuos zu behandeln wissen. Wenig erfahrene Spieler sind in der Regel bestrebt, Abtausch und Vereinfachungen zu vermeiden, weil sie glauben, daß die Partie im Endspiel trocken und langweilig würde, nicht so reich an Kombinationsmöglichkeiten sei wie im Mittelspiel.

Diese Meinung ist grundfalsch. Im Endspiel bleibt genügend Raum für Phantasie und Schöpfertum. Um aber Geschmack am Endspiel zu finden, muß man viele seiner Besonderheiten kennen und verstehen sowie seine Technik beherrschen. Dann wird auch das Endspiel seine wundervollen Geheimnisse offenbaren und nicht minder spannend sein als ein Mittelspiel.

Ich möchte nochmals unterstreichen, daß das Studium von Endspielen nicht nur wichtig ist, weil es konkret der Verbesserung der Spieltechnik in diesem Partiestadium dient. Gleichzeitig entwickelt es auch das Stellungsverständnis, die allgemeine Schachauffassung. Es erhöht die Klasse eines Spielers insgesamt.

Zur Lektüre dieses Buches bedarf es keiner besonderen schachlichen Vorkenntnisse. Lediglich mit den Spielregeln und der Schachnotation muß man vertraut sein. Um die Arbeit des Lesers mit dem Buch zu erleichtern, ist am Schluß ein kleines Lexikon der benutzten Fachausdrücke angefügt. Dies gestattet, sie sich besser anzueignen und einzuprägen.

Grundbegriffe und elementare Endspiele

In diesem Abschnitt wird der Leser mit dem Abc des Schachspiels, mit den Haupteigenschaften und charakteristischen Besonderheiten der Schachfiguren bekannt gemacht. Er erkennt, in welche Kontakte sie treten, wie sie auf dem Schachbrett zusammenwirken.

Die dargelegten Anfangsgründe der Schachtheorie helfen ihm, besser zu verstehen, welches Ziel das Spiel verfolgt, was anzustreben ist, mit welchen Mitteln der Sieg errungen wird.

Von den ersten Schritten auf dem Schachbrett an muß sich der Leser fest einprägen, daß der Gipfel schachlichen Schöpfertums in der Herstellung des Zusammenwirkens der Kräfte besteht. Ein Sieg in einer Schachpartie kann gewöhnlich auf zwei Hauptwegen erreicht werden: durch einen Doppelschlag oder einen kombinierten Angriff (vgl. „Lexikon der benutzten Fachausdrücke"). Diese in der Schachtheorie verhältnismäßig neuen Begriffe erleichtern es dem Schachfreund, das eigentliche Wesen des Schachkampfes besser zu begreifen. Anhand

elementarer Endspiele wird er sehen, wie diese auf den ersten Blick abstrakten Begriffe einen Sinn bekommen und zu Leitbildern des Spielverlaufs werden.

Erstes Kapitel

Über die Eigenschaften der Figuren und ihre wechselseitigen Beziehungen

Im Endspiel kann die Stärke jeder einzelnen Schachfigur markanter zutage treten als in anderen Stadien der Partie. Zu Beginn unserer Erörterungen über das Endspiel erscheint es deshalb nützlich, daran zu erinnern, was uns über die Eigenschaften der Schachfiguren bekannt ist.

Die Dame. Sie ist eine Figur von außerordentlicher Fernwirkung und Beweglichkeit. Befindet sie sich im Zentrum des leeren Brettes, hält sie fast die Hälfte seiner Felder – genau 27 – unter Kontrolle. Am Rande des Brettes kontrolliert sie eine etwas geringere, doch ebenfalls höchst stattliche Anzahl von Feldern – 21. Die Angriffsmöglichkeiten der Dame sind vielfältig: Sie ist in der Lage, andere Figuren aus allen Richtungen zu attackieren (auf Horizontalen, Vertikalen und Diagonalen), während sie selbst weit von ihnen entfernt steht. Die Dame läßt sich in einem Zuge von einem Rand des Brettes an den anderen führen. Um ihre Stärken voll zur Geltung bringen zu können, benötigt sie Raum – offene Linien, Reihen und Diagonalen.

Der Turm. Er ist eine weitreichende Figur, die auf Horizontalen und Vertikalen wirkt. Im Unterschied zur Dame bestreicht der Turm auf leerem Brett jeweils 14 Felder, unabhängig davon, wo er sich aufhält, im Zentrum oder am Rande des Brettes. Wie die Dame kann der Turm den Kampf an verschiedenen Flügeln führen. Für erfolgreiche Aktionen braucht auch er Platz – offene Linien und Reihen.

Der Läufer. Er ist eine weitreichende Figur, die nur auf Diagonalen angreift. Befindet er sich im Zentrum des Brettes, bestreicht der Läufer 13 Felder, am Rande des Brettes nur 7. Anders ausgedrückt: Die Anzahl der durch den Läufer kontrollierten Felder ändert sich auf leerem Brett je

nachdem, wo er steht, um fast das Doppelte. Es ist klar, daß eine Zentralisierung des Läufers seine Möglichkeiten erhöht. Dank seiner Fernwirkung ist der Läufer in der Lage, den Kampf an zwei Flügeln zu führen. Um seine Stärken voll zur Geltung bringen zu können, benötigt der Läufer offene Diagonalen. Sind die Diagonalen durch Bauern verstellt, ist seine Kampfkraft reduziert. Ein Mangel des Läufers besteht ferner darin, daß ihm nur Felder einer Farbe zugänglich sind.

Der Springer. Hier handelt es sich um eine Figur ohne Fernwirkung. Sie bestreicht Felder, die sich in ihrer Nähe befinden. Wenn er im Zentrum steht, hält der Springer 8 Felder unter Kontrolle, am Rande des Brettes sind es 4, in der Ecke nur 2. Somit vermindern sich seine Möglichkeiten bei Annäherung an eine der Ecken des Brettes um das Vierfache. Es ist unschwer zu erkennen, daß eine Zentralisierung dem Springer erlaubt, seine Stärke voll auszuspielen. Der Springer unterscheidet sich von allen anderen Figuren durch die Fähigkeit, sowohl eigene als auch feindliche Figuren und Bauern zu überspringen. In sogenannten geschlossenen Stellungen, in denen Bauernketten alle übrigen Figuren einengen, wird die

Kraft eines Springers daher nicht herabgesetzt.

Interessant ist auch folgende Eigenschaft des Springers: Steht er zum Beispiel auf einem schwarzen Feld, gelangt er auf ein beliebig anderes schwarzes Feld in einer geraden, auf ein Feld weißer Farbe hingegen nur in einer ungeraden Anzahl von Zügen. Dies erklärt sich dadurch, daß der Springer mit jedem Zuge die Farbe des Standfeldes wechselt.

Im Verlauf des Spiels bewegen sich die Figuren beider Seiten auf dem Brett. Sie stoßen aufeinander, es kommt zu Schlagwechseln und Abtausch. Doch kein Schlagen erfolgt plötzlich und unerwartet. Bevor eine Figur genommen werden kann, muß man sie angreifen.

Sehen wir uns an, wie ein Angriff auf verschiedene Figuren auf leerem Brett vor sich geht. Nehmen wir die Dame.

In der schematischen Dia-

grammstellung kann die Dame den Bauern auf unterschiedlichste Weise angreifen: von hinten durch 1.♛a7–d7 oder von der Seite durch 1.♛a7–e3 bzw. 1.♛a7–a3 d3–d2 2.♛a3–d3. Sie kann ihn auch zunächst mit 1.♛a7–a2, 1.♛a7–f2 oder 1.♛a7–a5 stoppen und dann durch 2.♛d2 von vorn attackieren. Auf sich allein gestellt, vermag der Bauer der Dame nicht zu entgehen.

Ein Springer ist schneller als ein Bauer. Aber auch ihn macht sich die Dame leicht zur Beute.

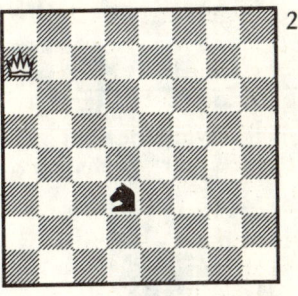

Durch 1.♛a7–d4 greift die Dame nicht nur den Springer an, sie verwehrt ihm zugleich 6 (!) der möglichen 8 Abzugsfelder – c5, e5, b4, b2, f2 und f4.

Schwarz bleiben zwei Antworten. Auf 1. ... ♘d3–c1 setzt Weiß mit 2.♛d4–c4! fort, wonach der Springer sein Leben lassen muß: Er ist angegriffen, und alle Abzugsfelder sind ihm genommen. Auf gleiche

Art reagiert Weiß im Fall von 1. ... ♘d3−e1: Er spielt 2.♕d4−e4!

Mit einem Läufer oder einem Turm kommt die Dame hingegen nicht zurecht. Sie ist nicht imstande, diese schnellfüßigen Figuren auf leerem Brett zu fangen.

Interessant ist der Kampf der Dame gegen den König.

Versuchen wir, den König mit der Dame zurückzudrängen.

1.♕a7−a4	♔d3−c3
2.♕a4−e4	♔c3−b3
3.♕e4−d4	♔b3−c2
4.♕d4−e3	♔c2−b2
5.♕e3−d3	♔b2−a2
6.♕d3−c3	♔a2−b1
7.♕c3−d2	♔b1−a1

Wir haben uns davon überzeugt, daß die Dame fähig ist, den König des Gegners allein in die Ecke zu treiben. Mit 8.♕c2 könnte sie dem König sogar jegliche Bewegungsfreiheit nehmen, was im Spiel zum Patt und damit zum Remis führen würde. Den König matt setzen kann die Dame trotz ihrer Stärke nicht. Dazu benötigt sie Helfer.

Dem Turm gelingt es auf leerem Brett nicht, einen Springer bei richtiger Verteidigung zu fangen.

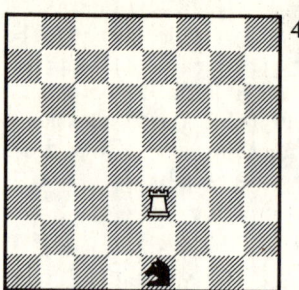

Schwarz am Zuge

Der Springer ist angegriffen, und Schwarz steht vor der Wahl, ihn nach g2 oder c2 zu ziehen. Dabei zeigt sich, daß er im Fall von 1. ... ♘e1−g2 2.♖e3−e4! in der Patsche säße, da ihm alle 4 Felder, auf die er sich begeben könnte, verwehrt sind. Nach 1. ... ♘e1−c2 2.♖e3−e4 bleiben dem Springer hingegen noch 2 Felder − a1 und a3.

Bei richtiger Verteidigung kann ein Springer durch einen Läufer ebenfalls nicht gefangen werden.

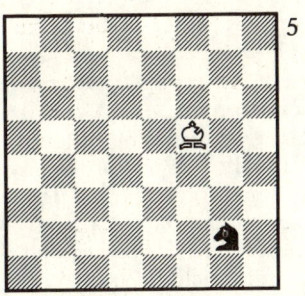

5

Dem Springer stehen 4 Felder zur Verfügung – e1, e3, f4 und h4. Über e3 oder f4 gelangt er in die Freiheit. Zieht er sich indes an den Rand des Brettes, d. h. auf die Felder e1 oder h4 zurück, wird er durch 2.♗f5–e4 eingefangen: Ihm sind alle Fluchtwege abgeschnitten.

Auch der König vermag einen Springer auf leerem Brett nicht zur Strecke zu bringen.

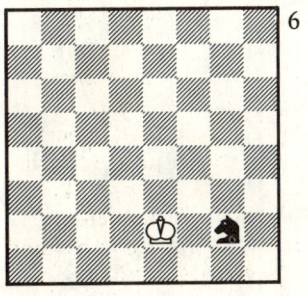

6

Machen wir einen Versuch:

1.♔e2–f3   ♘g2–h4+
2.♔f3–g4   ♘h4–g6
3.♔g4–f5   ♘g6–f8

Schwarz hat die gefährliche Situation glimpflich überstan-

den. Hätte sich der Springer mit 3. ... ♘h8 in die Ecke geflüchtet, wäre er nach 4.♔f6 nebst 5.♔g7 eine leichte Beute des Königs geworden. Prägen Sie sich eine wichtige Regel ein: Ein Springer steht am Rande und besonders in der Ecke am ungünstigsten.

Der Bauer ist die schwächste Einheit der Schacharmee. Er trägt jedoch den Marschallstab im Tornister. Erreicht er die 8. Reihe, hat er die Möglichkeit, sich in eine Dame (oder andere Figur) zu verwandeln.

In der Praxis muß ein König oft gegen einen zum Umwandlungsfeld vordringenden Bauern kämpfen. Es ist deshalb nützlich, beizeiten ihre Wechselbeziehungen zu untersuchen.

Der König greift einen Bauern erfolgreich von der Seite oder von vorn an. Attackiert er den Bauern von hinten, ist er allein nicht in der Lage, ihn aufzuhalten.

Steht ein König weit von dem Bauern entfernt, der zur Dame drängt, muß man mitunter forcierte Varianten auf viele Züge im voraus berechnen, um festzustellen, ob der König den Bauern noch erreicht. Diese Berechnungen werden durch die „Quadratregel" wesentlich erleichtert.

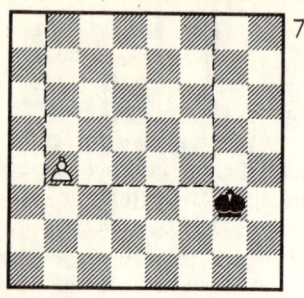

Versuchen wir zu ermitteln, ob der König den Bauern einholen kann. Ist Weiß am Zuge, geschieht:

1.b4–b5	♚g3–f4
2.b5–b6	♚f4–e5
3.b6–b7	♚e5–d6
4.b7–b8♛+	

Schwarz ist zu spät gekommen. Wäre er selbst am Zuge, folgt:

1. …	♚g3–f4
2.b4–b5	♚f4–e5
3.b5–b6	♚e5–d6
4.b6–b7	♚d6–c7,

und der Bauer ist gestoppt. In Diagramm 7 ist ein Quadrat eingezeichnet, dessen eine Seite dem Abstand des Bauern zum Umwandlungsfeld entspricht (b4–b8–f8–f4). Beachten Sie, daß der König im ersten der eben behandelten Fälle nicht rechtzeitig in dieses Quadrat eindringen konnte, während ihm das im zweiten Fall gelang. Die „Quadratregel" besagt: Wenn sich der König im Quadrat des Bauern befindet oder

dieses mit seinem 1. Zuge betreten kann, holt er den Bauern ein, anderenfalls zieht er den kürzeren.

Diese Regel ist außerordentlich nützlich. Wir mußten soeben eine Folge von 4 Zügen durchrechnen, um uns zu vergewissern, ob der König den Bauern erreicht oder nicht. Konstruieren wir indes in Gedanken ein Quadrat, können wir dies sofort feststellen. Bei seiner Jagd auf den Bauern näherte sich der König Stufe für Stufe wie auf einer Treppe. Sehen wir uns diesen Prozeß noch einmal an.

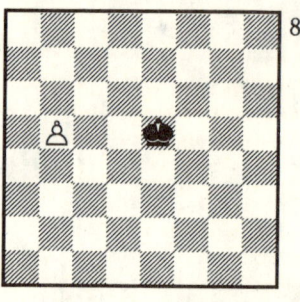

| 3.b5–b6 | ♚e5–d6 |
| 4.b6–b7 | ♚d6–c7 |

Im nächsten Zuge geht der Bauer verloren. Wenn er auf d6 steht, droht der König, den Bauern anzugreifen. Indem er nach c7 zieht, greift er ihn an, und erst dann kommt es zum Schlagen. Wir registrieren somit zwei Stufen, die dem Schlagen vorausgehen: 1. die Angriffsdrohung und 2. den Angriff.

Diese Angriffsstufen können wir in den unterschiedlichsten Situationen beobachten.

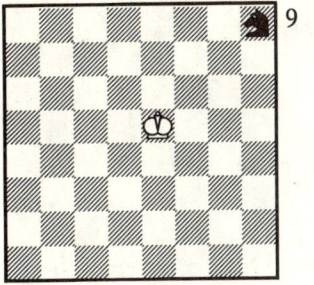

9

Auch hier wird mit 1.♔e5–f6 zunächst eine Angriffsdrohung geschaffen. Danach erfolgt der Angriff 2.♔f6–g7 und schließlich das Schlagen 3.♔g7:h8. Kehren wir zu dem Beispiel zurück, in dem wir uns den Angriff der Dame auf einen Springer ansahen (Diagramm 2). Die Dame ist so fernwirkend und schnell, daß sie von jedem beliebigen Feld aus droht, den Springer anzugreifen. Aber auch sie absolviert die gleichen Stufen – zuerst droht sie mit dem Angriff, dann attackiert sie den Springer, und erst danach kann sie ihn wegnehmen.
Die Begriffe der Angriffsstufen mögen abstrakt und praxisfern erscheinen. In Wirklichkeit sind sie konkret und nützlich, weil sie es ermöglichen, den eigentlichen Prozeß des Schachspiels zu verstehen. Ziel des Kampfes ist natürlich, den gegnerischen König matt

zu setzen. Dies wird meist nur erreicht, nachdem seine Verteidiger beseitigt, d. h. geschlagen wurden. Wie wir jedoch gesehen haben, bildet die Wegnahme einer Figur den Schlußpunkt der Angriffsstufen. Das bedeutet, daß der Angriff nicht aus heiterem Himmel erfolgen kann. Er ist unbedingt vorzubereiten, indem die Figuren so postiert werden, daß sie zunächst mit dem Angriff drohen. Erst dann können sie zum unmittelbaren Angriff übergehen. Es ist nunmehr angebracht, uns einen Überblick über mögliche Kontakte zwischen den Figuren beider Seiten zu verschaffen. Neben der **Angriffsdrohung** und dem **Angriff** gibt es noch eine dritte Form der Wechselbeziehungen, die einem Schlagen vorausgehen kann – die **Einschränkung**. Sie soll verhindern, daß sich eine gegnerische Figur dem Angriff entzieht, wozu ihre Beweglichkeit weitgehend oder völlig eingeschränkt wird.
Derartigen Aktionen sind wir bereits zu Beginn des Kapitels begegnet. Wenn eine Figur eine andere fangen will, muß sie in erster Linie bestrebt sein, deren Beweglichkeit einzuschränken.
Bemerkt sei, daß man nicht nur gegnerische, sondern auch eigene Figuren in ihrer Beweglichkeit einschränken

kann. Die Kunst des Positions-
spiels besteht gerade darin, Figuren und Bauern so aufzustellen, daß sie sich gegenseitig helfen, nicht aber behindern und einschränken.

Zu den möglichen Kontakten
zwischen Figuren einer Seite
gehört die **Unterstützung**.
Damit bezeichnet man eine Situation, in der eine Figur eine
andere verteidigt, also unterstützt. Sehen wir uns das folgende Beispiel an.

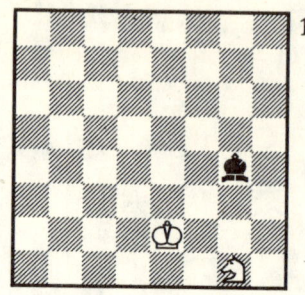

Hier hat der Läufer den König
angegriffen. Weiß antwortet
1.♘g1–f3 und verstellt bzw.
überdeckt mit dem Springer
die Diagonale, auf der der
Läufer wirkt. Indem sich der
Springer schützend vor seinen
König stellt, nimmt er gleichsam das Feuer auf sich. Dabei
büßt er seine Beweglichkeit
völlig ein, er gerät in eine Fesselung.

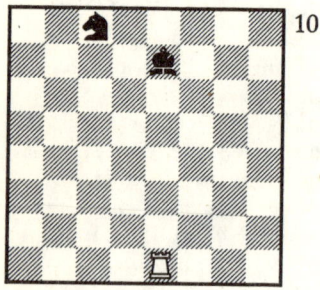

In dieser Stellung hat der
Turm den Läufer angegriffen,
der jedoch durch einen Springer verteidigt wird. Der den
Läufer unterstützende Springer ist dadurch aber selbst in
seiner Beweglichkeit eingeschränkt: Er kann nicht ziehen, da sonst der Läufer verlo-
renginge. Der Springer ist gewissermaßen an den Läufer
gebunden.

Ein weiterer möglicher Kon-
takt zwischen den Figuren
einer Seite ist die **Verstellung**
oder Überdeckung.

Gebundene und gefesselte Figuren verlieren bedeutend an
Kraft und Beweglichkeit, sie
sind nicht mehr vollwertig. Es
ist sehr wichtig, dies zu verstehen. Die folgenden Beispiele demonstrieren die Mängel gebundener und gefessel-
ter Figuren.

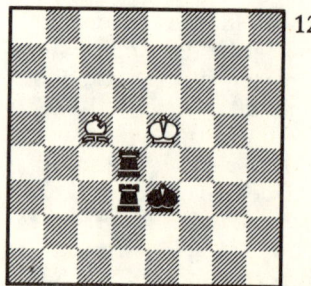

Schwarz besitzt einen gewaltigen Materialvorteil – zwei Türme gegen einen Läufer. Normalerweise würde dieses Übergewicht ohne weiteres zum Gewinn ausreichen.

In der vorliegenden Stellung kann Schwarz jedoch nicht gewinnen. Seine Türme sind nicht vollwertig. Der Turm d4 ist gefesselt und völlig bewegungsunfähig: Er hat einen Angriff auf den König verstellt. Der Turm d3 ist nur scheinbar frei, in Wirklichkeit aber an den Turm d4 gebunden. Er muß diesen verteidigen und kann sich nicht von der d-Linie entfernen.

Zu einem Spiel kommt es in dieser Position nicht: Weiß zieht mit dem Läufer auf den Feldern c5, b6 und a7, Schwarz mit dem Turm auf der d-Linie hin und her. Schwarz kann selbstverständlich einen Turm aufgeben, aber in diesem Fall entsteht ein Endspiel, das theoretisch remis ist (siehe hierzu das dritte Kapitel).

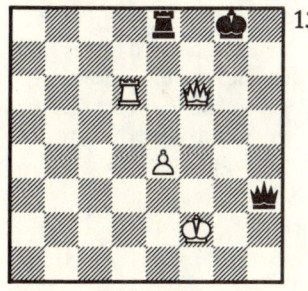

13

Schwarz am Zuge

Das Kräfteverhältnis ist annähernd gleich, doch die Lage außerordentlich angespannt. Als Antwort auf den Zug 1. ... ♖e8–f8, der die weiße Dame fesselt (hinter ihr steht auf der gleichen Linie der eigene König), folgt 2.♖d6–d8, womit der schwarze Turm seinerseits an die 8. Reihe gefesselt wird. Diese merkwürdige Situation wechselseitiger Fesselungen führt dazu, daß Schwarz über die erstaunliche Fortsetzung 2. ... ♛h3–h4+! verfügt. Versuchen wir, uns klarzuwerden, was geschehen ist. Schwarz hat seine Dame dem Angriff ihrer Kontrahentin ausgesetzt. Diese kann sie jedoch nicht schlagen: Die Dame f6 ist gefesselt und darf die f-Linie nicht verlassen. Weiß muß mit dem König ziehen und verliert die Dame. Wir möchten daher wiederholen, daß gefesselte oder gebundene Figuren minderwertig sind. Sie büßen bedeutend an Kampfkraft und Beweglichkeit ein.

Wir können nun ein gewisses Fazit ziehen. Wie wir feststellten, gibt es auf dem Schachbrett fünf Formen von Wechselbeziehungen, fünf Kontakte zwischen den Figuren sowohl einer als auch beider Seiten:
1. Angriffsdrohung
2. Angriff
3. Einschränkung
4. Unterstützung
5. Verstellung.

Um eine angegriffene Figur zu erobern, muß man sie schlagen. Ein einzelner Angriff erweist sich aber gewöhnlich als ungenügend, denn das Angriffsobjekt kann seinen Platz verlassen und entkommen. Es kann auch verteidigt oder durch eine andere Figur gegen den Angriff verstellt werden. Wir berücksichtigen hier selbstverständlich nicht solche Situationen, in denen ein Schachspieler unachtsam ist und weder eine Angriffsdrohung noch den Angriff selbst bemerkt. In diesem Fall wird die Figur natürlich geschlagen. Bei qualifizierten Schachspielern kommen derartige „Patzer" höchst selten vor. Sie sind Ausnahmen von der Regel. Ein erfahrener Schachspieler verfolgt äußerst gewissenhaft die Absichten des Gegners, und wenn dieser einen Zug macht, ist er in erster Linie bemüht festzustellen, welche Drohungen er enthält. Wie bereits gesagt, reicht ein einzelner Angriff gewöhnlich nicht aus, um Erfolg zu haben. Ein effektives Mittel ist der **kombinierte Angriff**, bei dem man eine Figur nicht nur angreift, sondern auch einschränkt, d. h. weder zuläßt, daß sie entflieht noch gegen den Angriff verteidigt oder verstellt wird.
Typische Beispiele für einen kombinierten Angriff auf verschiedene Figuren veranschaulichen die folgenden Diagramme.

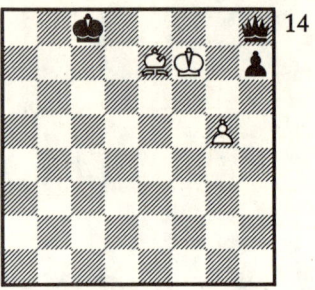

14

Weiß am Zuge

Durch den Zug 1.♗e7–f6 greift Weiß die schwarze Dame an. Es zeigt sich, daß diese danach weder entfliehen noch verteidigt werden kann. Auf der h-Linie steht der Bauer h7 im Wege, und die Felder der 8. Reihe sind ihr durch den weißen König (g8, f8, e8), den Läufer (d8) und den eigenen König verwehrt (c8). Die Dame geht somit verloren, und Weiß gewinnt. Auch die geistreiche Fortsetzung 1. … h7–h6! bringt wegen der starken Erwiderung 2.g5–g6! keine Rettung. Schwarz versucht, das Feld h7 für die Dame frei zu machen, dieses wird aber sofort durch den weißen g-Bauern unter Kontrolle genommen.

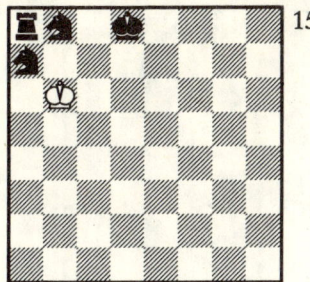

15

Weiß am Zuge

Schwarz verfügt über ein gewaltiges materielles Übergewicht – Turm und zwei Springer gegen den alleinstehenden König. Nach 1.♔b6–b7 kann er jedoch nicht gewinnen, da er den Turm verliert. Dieser ist angegriffen und vermag sich wegen der eigenen Springer nicht von der Stelle zu rühren. Die beiden Springer sind aber bekanntlich nicht in der Lage, matt zu setzen (siehe das zweite Kapitel). Wir möchten darauf hinweisen, daß es sich auch bei einem Matt um einen kombinierten Angriff handelt, wobei das Angriffsobjekt der König ist. Einerseits wird dieser angegriffen, andererseits eingeschränkt, indem man ihm jede Möglichkeit einer Verstellung oder Verteidigung nimmt. Das nächste Kapitel ist ausschließlich dem kombinierten Angriff auf den König gewidmet. Besondere Aufmerksamkeit wird dabei der Frage zuteil, wie es zum Zusammenwirken der Fi-

guren kommt, wie die Figuren die Angriffs- und Einschränkungsfunktionen untereinander aufteilen.

Neben dem kombinierten Angriff gibt es auf dem Schachbrett auch ein anderes effektives Angriffsmittel – den Doppelangriff, d. h. den Angriff einer oder zweier Figuren auf zwei Figuren des Gegners. Warum ist dieses Angriffsmittel so wirksam? Die Antwort liegt in den Regeln des Spiels selbst begründet: Deshalb, weil man in einem Zuge nur eine Figur bewegen oder gegen den Angriff verteidigen kann, während bei einem Doppelangriff gleich zwei Figuren aufs Korn genommen werden. Eine kann entfliehen, aber die andere wird geschlagen. Der spezielle Fall eines Doppelangriffs – die „Springergabel" – ist Ihnen selbstverständlich bekannt. Hier einige andere Beispiele für einen Doppelangriff.

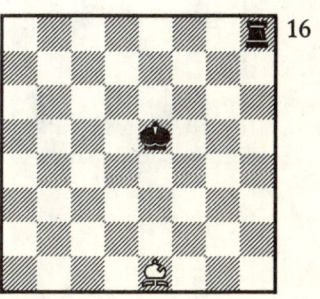

16

Weiß am Zuge

Durch 1.♗e1–c3+ greift
Weiß den König an. Er muß
wegziehen, aber dann geht der
auf der gleichen Diagonale
stehende Turm h8 verloren.

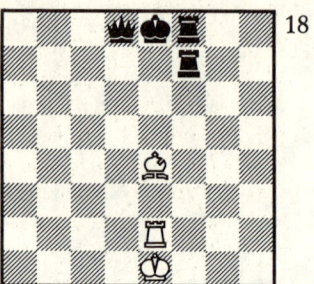

Weiß am Zuge

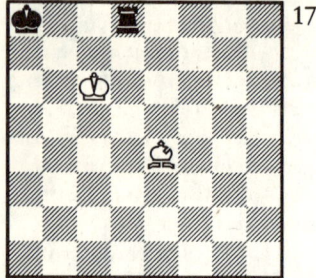

Weiß am Zuge

Durch 1.♔c6–c7+ kann Weiß
gleichzeitig den König und
den Turm angreifen. Der König muß sich dem Angriff entziehen, und der Turm fällt.
Einen derartigen Doppelangriff nennt man Abzugsschach.
Ein spezieller Fall des Ab-
zugsschachs, bei dem zwei Figuren gleichzeitig den König
angreifen, ist das Doppelschach. Gegen dieses Schach
ist keine Verstellung möglich,
so daß der König wegziehen
muß. Kann er dies nicht, ist er
matt. Einen derartigen Fall
zeigt das folgende Beispiel.

Durch 1.♗e4–c6+ gibt Weiß
ein Doppelschach und setzt
matt. Der König ist gleichzeitig von Turm und Läufer attackiert. Seinen Platz kann er
nicht verlassen, weil ihn seine
eigenen Figuren – Dame und
beide Türme – daran hindern.
Eine interessante Situation
zeigt das nächste Diagramm.

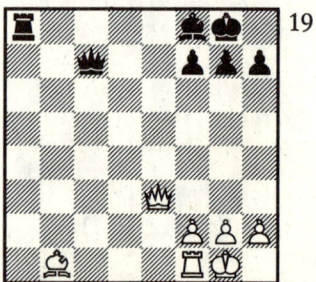

Weiß am Zuge

Weiß spielt 1.♛e3–e4! Einerseits greift er den Turm a8 an,
gleichzeitig schafft er aber
eine Mattdrohung auf h7.
Im Grunde genommen ähnelt
diese Situation einem Doppelangriff. Wir wollen sie indes

als **Doppelschlag** bezeichnen. Dieser Begriff ist weitgehender als der des Doppelangriffs. Ein Doppelschlag kann nicht nur aus zwei Angriffen, sondern auch aus der Verknüpfung eines Angriffs und einer Drohung oder sogar aus zwei Drohungen bestehen, z. B. aus einer Mattdrohung und der Drohung, einen Bauern zu verwandeln.

Wir haben somit festgestellt, daß es im Schachspiel zwei Hauptformen des Angriffs gibt – den kombinierten Angriff und den Doppelschlag. Beide können entweder zu Materialgewinn oder zum Matt führen.

Das Endspiel kennt noch eine weitere Möglichkeit, ein materielles Übergewicht zu erzielen – die Verwandlung eines Bauern in eine Dame. Wie dies bei Vorhandensein verschiedener Figuren vor sich geht, wird ausführlich im zweiten Abschnitt des Buches gezeigt.

werden, auf die er ziehen könnte.

In diesem Kapitel behandeln wir Endspiele, in denen eine der Parteien über ein großes kräftemäßiges Übergewicht verfügt und ihr allein der König gegenübersteht. Aufgabe der stärkeren Seite – jener, die den Materialvorteil besitzt – ist, das Spiel zu beenden, indem sie den feindlichen König matt setzt. Es handelt sich um sogenannte technische Endspiele, die meist einfach und elementar sind. Die Spielführung zu verstehen bereitet in ihnen keinerlei Schwierigkeiten.

Wir werden zeigen, wie man bei verschiedenen Kräfteverhältnissen, mit verschiedenen Figuren matt setzt, wie diese Figuren zusammenwirken, wie sie ihre Aktionen koordinieren, wie sie ihre Pflichten verteilen, welche von ihnen den König angreift und welche ihn nur einschränkt, ihm die Fluchtfelder nimmt.

Zweites Kapitel

Mattsetzen des alleinstehenden Königs

Das Matt ist ein kombinierter Angriff auf den König. Einerseits wird dieser angegriffen, andererseits eingeschränkt, da ihm alle Felder genommen

Matt mit zwei Türmen

Wir beginnen mit einem Beispiel, in dem sich der alleinstehende König am Rande des Brettes befindet, d. h. bereits eingeschränkt ist.

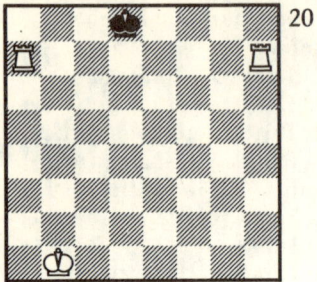

20

Weiß am Zuge

Das Matt wird sofort durch den 1. Zug eines beliebigen Turmes auf die achte Reihe erreicht. Der eine Turm verhindert, daß der König ausbricht, während der andere ihn angreift.

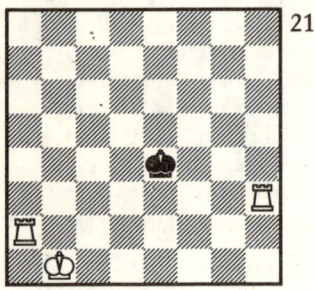

21

Steht der König im Zentrum des Brettes, müssen ihn die Türme zunächst an den Rand drängen.

1. ♖a2–a4+   ♔e4–f5
2. ♖h3–h5+   ♔f5–g6

Die Türme greifen den König an und treiben ihn an den Brettrand. Während es sich unter den Schlägen zurück-

zieht und um sein Leben kämpft, wird das Opfer jedoch selbst zum Jäger. Vorsicht! Der Turm muß wegziehen.

3. ♖h5–b5   …

Der Turm ist dem sich nur langsam fortbewegenden König mit Leichtigkeit entkommen und steht erneut bereit, ihn von ferne zu attackieren.

3. …   ♔g6–f6
4. ♖a4–a6+   ♔f6–e7
5. ♖b5–b7+   ♔e7–d8

Der König ist an den Rand des Brettes gedrängt, und es bleibt nur noch, ihm den Todesstoß zu versetzen.

6. ♖a6–a8 matt.

Die Türme sind mühelos mit dem König fertig geworden. Der eigene Monarch brauchte überhaupt nicht einzugreifen, er beschränkte sich auf die Rolle eines Beobachters. Nimmt der weiße König indes am Angriff teil, gelingt das Matt mit den drei Figuren – König und zwei Türmen – sogar inmitten des Brettes.

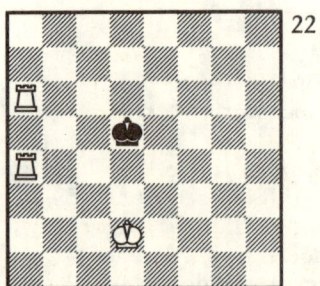

22

Dem schwarzen König steht nur ein schmaler Streifen zur Verfügung – die 5. Reihe. Der eine Turm schränkt ihn auf der 6., der andere auf der 4. Reihe ein. Aber welcher von ihnen wird matt setzen? Weiß spielt 1.♔d2–e3. Wohin soll sich der schwarze König nun wenden? Geht er nach e5, verwirklicht der weiße König lückenlose Einschränkungsfunktionen: Er hält die Felder d4, e4 und f4 unter Kontrolle. Das bedeutet, daß der Turm a4 den König angreifen und durch 2.♖a5 matt setzen kann. Deshalb zieht der König nicht nach rechts, sondern nach links.

1. ...   ♔d5–c5
2.♔e3–d3   ♔c5–b5

Geht der König nach d5, setzt Weiß, wie soeben gezeigt, in einem Zuge matt.

3.♔d3–c3

Betrachten Sie aufmerksam diese Stellung. Es droht Matt durch 4.♖4a5. Dagegen gibt es keine Verteidigung mehr. Auf die einzige Antwort 3. ... ♔c5 folgt ebenfalls 4.♖4a5 matt.

Matt mit der Dame

Wie bereits gezeigt wurde, ist die Dame in der Lage, den gegnerischen König allein an den Brettrand oder sogar in eine Ecke zu treiben (siehe Diagramm 3). Matt setzen kann sie ihn aber nur mit Hilfe des Königs. Deshalb muß man dem gegnerischen König, wenn er an den Rand gedrängt wurde, etwas Bewegungsfreiheit lassen und dann den eigenen heranholen.

23

1.♔a8–b7   ♔a1–b1
2.♔b7–b6   ♔b1–a1
3.♔b6–b5   ♔a1–b1
4.♔b5–b4   ♔b1–a1
5.♔b4–b3   ♔a1–b1

Der König ist zur Stelle und übernimmt die Funktion, die Dame zu unterstützen und den gegnerischen König einzuschränken. Die mächtige Dame hat nun die Möglichkeit, auf dreierlei Art matt zu setzen – durch 6.♕d2–b2, 6.♕d2–d1 und 6.♕d2–e1. Im vorliegenden Fall wurde der schwarze König allein durch die Dame an den Rand des Brettes gedrängt. Wenn ihr dabei von Anfang an der eigene König hilft, führen die vereinten Bemühungen beider Figuren schneller zum Erfolg.

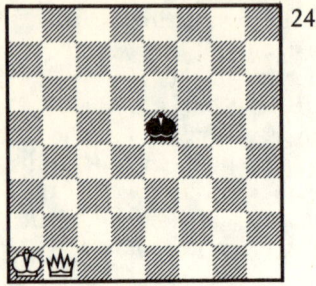

24

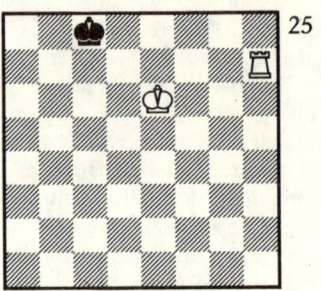

25

der Gegner am Rande des
Brettes mühelos matt zu setzen.

Zunächst wird der König ins
Spiel gebracht.

  1.♔a1–b2   ♚e5–d5
  2.♔b2–c3   ♚d5–e5
  3.♕b1–g6   ...

Jetzt greift die Dame ein, und
die Bewegungsfreiheit des
gegnerischen Königs wird
schlagartig eingeschränkt.

  3. ...   ♚e5–f4
  4.♔c3–d4   ♚f4–f3
  5.♕g6–g5   ♚f3–f2
  6.♕g5–g4   ♚f2–e1
  7.♕g4–g2   ...

Der schwarze König steht am
Rande, bis zum Matt ist es
nicht mehr weit.

  7. ...   ♚e1–d1
  8.♔d4–d3   ♚d1–c1
  9.♕g2–c2 matt.

Gewöhnlich wird das Matt in
derartigen Stellungen in höch-
stens zehn Zügen erreicht.

Matt mit einem Turm

Durch vereinte Aktionen des
Königs und des Turmes ist

Der weiße König bewegt sich
auf den schwarzen zu.

  1.♔e6–d6   ♚c8–b8

Dieser versucht zu entkommen. Würde er sich nach
rechts wenden, stände er seinem Kontrahenten direkt gegenüber, der es ihm dann
nicht gestattet, die letzte
Reihe zu verlassen, da er die
drei Fluchtfelder c7, d7 und
e7 unter Kontrolle hat. Deshalb könnte der Turm den König sofort angreifen und durch
2.♖h8 matt setzen.

  2.♔d6–c6   ♚b8–a8
  3.♔c6–b6   ♚a8–b8

Ob er will oder nicht, der König vermag sich der Gegenüberstellung nicht zu entziehen.

  4.♖h7–h8 matt.

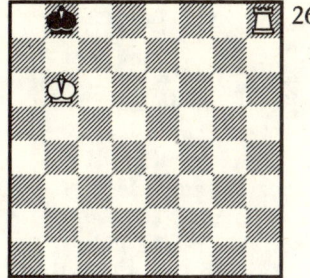

26

Steht der König des Gegners im Zentrum des Brettes, zerfällt der Gewinnweg in zwei Etappen. Erst wird er durch das koordinierte Handeln von König und Turm an den Rand gedrängt und danach dort matt gesetzt.

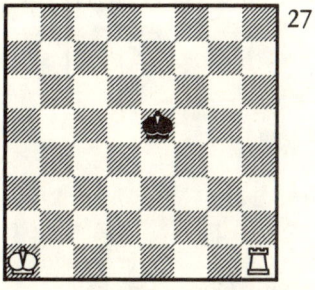

27

Zunächst macht sich der König auf den Weg ins Zentrum.

1.♔a1–b2   ♚e5–d5
2.♔b2–c3   ♚d5–e5
3.♔c3–d3   ♚e5–d5
4.♖h1–h5+   ...

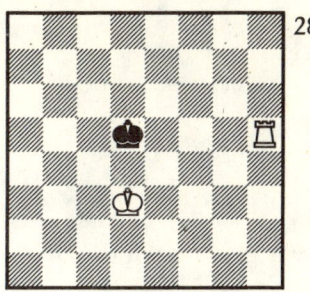

28

Weiß wählt das gleiche Verfahren. Die Gegenüberstellung der Könige hat zur Folge, daß der weiße König seinem Opponenten die drei Fluchtfelder auf der 4. Reihe nimmt (c4, d4, e4) und ihn dadurch einschränkt. Der Angriff des Turmes zwingt den schwarzen König daher zurückzuweichen. Dieses Verfahren ist für das vorliegende Endspiel typisch. Man sollte es sich gut einprägen. Es wiederholt sich noch mehrere Male.

4. ...   ♚d5–d6
5.♔d3–e4   ♚d6–c6

Schwarz versucht es mit einer List. Würde er seinen König dem weißen gegenüberstellen, führte ein Turmschach zu einer weiteren Abdrängung.

6.♔e4–d4   ♚c6–b6
7.♔d4–c4   ♚b6–c6

Wie Sie sehen, mußte der schwarze König doch in die Gegenüberstellung einwilligen. Nach 7. ... ♚a6 8.♖b5 wäre er sofort am Rande abgeschnitten und würde nach 8. ...

♔a7 9.♔c5 ♔a6 10.♔c6 ♔a7 11.♖b4 ♔a8 12.♖c7 auf gleiche Art matt gesetzt wie im Diagramm 26.

8.♖h5–h6+   ♔c6–d7

Der schwarze König ist bemüht, sich durch eine Flucht vor der gefährlichen Gegenüberstellung zu retten.

9.♔c4–c5   ♔d7–e7
10.♔c5–d5   ♔e7–f7
11.♔d5–e5   ♔f7–g7

Im Fall von 11. ... ♔e7 12.♖h7+ sähe sich der schwarze König an den Brettrand gedrängt, und Weiß würde ihn nach bereits bekannten Mustern matt setzen.

12.♖h6–f6   ...

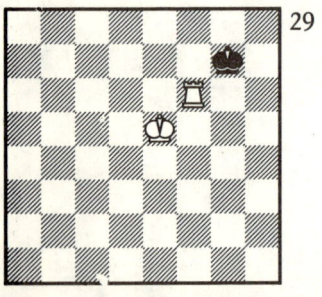

29

Am einfachsten. Der schwarze König wird in der Ecke eingesperrt und schnell auf die letzte Reihe zurückgeworfen.

12. ...   ♔g7–h7
13.♔e5–e6   ♔h7–g7
14.♔e6–e7   ♔g7–h8
15.♔e7–f7   ♔h8–h7
16.♖f6–g6   ♔h7–h8
17.♖g6–h6 matt.

Matt mit zwei Läufern

Mit zwei Läufern kann man den König nur in einer Ecke matt setzen. Steht der König bereits am Brettrand, ist die Aufgabe der angreifenden Seite elementar: Die Läufer müssen ihn in eine Ecke treiben, während der eigene König ihm keine Gelegenheit gibt, die letzte Reihe zu verlassen.

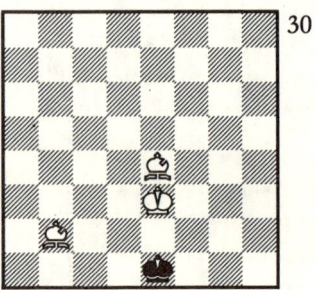

30

Weiß am Zuge

1.♗e4–c2   ♔e1–f1
2.♔e3–f3   ♔f1–e1

Der schwarze König versucht, sich zu widersetzen. Falls 2. ... ♔g1, so 3.♗e5 ♔f1 4.♗c3 ♔g1 5.♔g3, und auf 5. ... ♔f1 folgt ein Matt in drei Zügen: 6.♗d3+ ♔g1 7.♗d4+ ♔h1 8.♗e4 matt.

3.♗b2–c3+   ♔e1–f1
4.♗c2–d3+   ♔f1–g1
5.♔f3–g3   ♔g1–h1

Jetzt ist Aufmerksamkeit geboten. So würde 6.♗d4 zum Patt und damit zum Remis führen.

Richtig ist, wie die Schachspieler sagen, einen Abwartezug zu machen, z. B.
6.♗c3–d2. Nach 6. ...
♔h1–g1 wird der schwarze
König dann in zwei Zügen
matt gesetzt.

7.♗d2–e3+   ♔g1–h1
8.♗d3–e4 matt.

Zwei Läufern und dem König
fällt es nicht schwer, den gegnerischen König aus dem Zentrum des Brettes an den Rand
zu treiben.

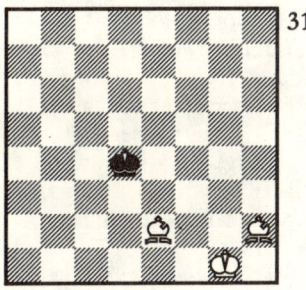
31

Weiß am Zuge

1.♔g1–f2   ♔d4–d5
2.♗e2–g4   ♔d5–d4
3.♗g4–f3   ...

Die Läufer haben den König
von einer Hälfte des Brettes
abgeschnitten.

3. ...   ♔d4–d3
4.♗h2–e5   ♔d3–d2
5.♗f3–e4   ♔d2–c1

Die Läufer haben den gegneri-
schen König mit vereinten
Kräften an den Rand gedrängt.
Nun muß man vorsichtig sein.

Das unüberlegte 6.♔e2 würde
dem König alle Felder nehmen und ihn patt setzen.
Richtig ist:

6.♔f2–e3   ♔c1–d1
7.♗e5–b2   ♔d1–e1
8.♗e4–c2

Alles Weitere ist uns bereits
bekannt.

Matt mit Läufer und Springer

Mit Läufer und Springer matt
zu setzen ist nicht einfach.
Obwohl der Springer in seiner
Stärke einem Läufer wenig
nachsteht, lassen sich zwei
Läufer weitaus leichter dirigie-
ren als Läufer und Springer.
Wir machen uns hier nur mit
einer Situation vertraut, in der
der König des Gegners schon
in eine Ecke gedrängt wurde.
Ausführlicheres über dieses
Endspiel ist im zweiten Abschnitt des Buches zu erfahren.

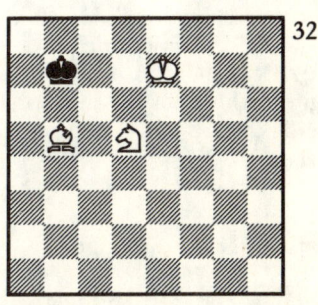
32

Weiß am Zuge

Der schwarze König befindet sich in unmittelbarer Nähe eines Eckfeldes von weißer Farbe. Auf diesem oder einem benachbarten Feld wird er auch matt gesetzt.

1.♔e7–d7   ♚b7–b8
2.♗b5–a6   ...

Damit wird der schwarze König vollends in der Ecke eingesperrt. Ihm sind nur noch drei Felder zugänglich: a7, a8 und b7.

2. ...   ♚b8–a7
3.♗a6–c8   ♚a7–b8
4.♘d5–e7   ...

Der Springer nimmt die Ausgangsposition für den entscheidenden Schlag ein. Mit der gleichen Zielsetzung konnte auch 4.♘b4 geschehen.

4. ...   ♚b8–a7
5.♔d7–c7   ♚a7–a8
6.♗c8–b7+   ♚a8–a7

Hier hat Weiß die Wahl zwischen 7.♘e7–c6 matt und 7.♘e7–c8 matt.
Merken Sie sich, daß das Matt in diesem Endspiel nur in einer Ecke möglich ist, die der Läufer beherrscht. In eine solche Ecke muß der König getrieben werden.

Matt mit zwei Springern

Ein Matt mit zwei Springern ist bei richtiger Verteidigung

nicht zu erzwingen. Es wird nur möglich, wenn der Gegner einen groben Fehler macht.

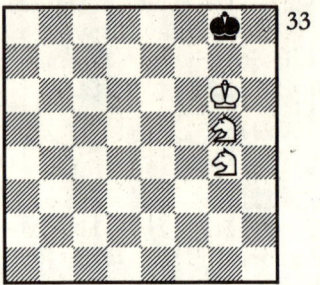

33

Weiß am Zuge

Als Antwort auf 1.♘g4–f6+ kann der schwarze König nach h8 oder f8 ziehen. Geht er in die Ecke, wird er durch 2.♘g5–f7 matt gesetzt. Nach der richtigen Erwiderung 1. ... ♚g8–f8! gelangt er indes ins Freie, und Weiß muß ganz von vorn anfangen.
Versuchen wir, auf andere Art matt zu setzen. Beginnen wir mit 1.♘e6, um den König nicht aus der Ecke herauszulassen. Nach 1. ... ♚h8 2.♔f7 ♚h7 3.♘g5+ ♚h8 zeigt sich dann, daß Weiß, um matt zu setzen, den Springer g4 auf das Feld g6 bringen müßte. Dies gelingt aber nicht: Nach 4.♘e5 hat der schwarze König keinen Zug. Das bedeutet, er ist patt und das Spiel remis. Anders lägen die Dinge, wenn Schwarz noch einen Bauern besitzen würde. In diesem Fall brächte ihm dieser keinen Nutzen, sondern nur Schaden.

Das Patt träte nicht ein, und Weiß könnte rechtzeitig matt setzen.

Verfügt Schwarz noch über einen Bauern, kommt Weiß in bestimmten Situationen selbst dann zum Erfolg, wenn der gegnerische König im Zentrum des Brettes steht: Es gelingt, ihn mit vereinten Kräften des Königs und der beiden Springer in eine Ecke zu treiben.

Mit den Grundlagen der Theorie derartiger Endspiele werden wir uns im zweiten Abschnitt des Buches befassen. Jetzt beschränken wir uns auf ein Beispiel, um zu verstehen, wie man matt setzt, wenn der gegnerische König bereits in eine Ecke gedrängt wurde.

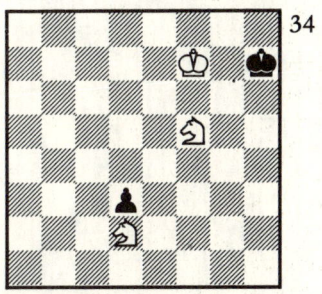

34

Weiß am Zuge

Auf den ersten Blick ist nicht zu sehen, wie hier ein Matt möglich sein soll, denn der zweite Springer ist beschäftigt: Er bewacht den schwarzen Bauern. Trotzdem gelingt es ihm, am abschließenden Mattangriff teilzunehmen.

1.♞d2–e4   d3–d2
2.♞e4–f6+   ♔h7–h8
3.♞f5–e7   …

Der König kann nicht ziehen, aber Schwarz hat die Möglichkeit, den Bauern in eine Dame zu verwandeln.

3. …   d2–d1♛

In diesem für ihn freudigen Augenblick wird Schwarz matt gesetzt.

4.♞e7–g6 matt.

Ironie des Schicksals!

Matt mit einer Leichtfigur

Man kann sich leicht davon überzeugen, daß weder ein Läufer noch ein Springer in der Lage ist, einen alleinstehenden König matt zu setzen. Verfügt die Gegenseite indes noch über einen Turmbauern, wird unter bestimmten Bedingungen ein Matt mit einem Springer möglich. Sehen wir uns die folgende Stellung an.

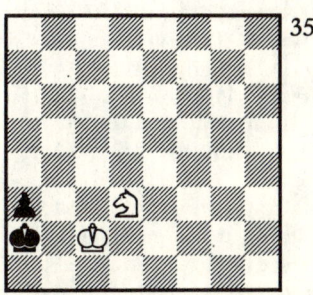

35

Weiß am Zuge

Der schwarze König, der durch seinen eigenen Bauern in der Ecke eingesperrt ist, sitzt in der Falle. Deshalb wirft der Springer mit Hilfe des Königs um ihn ein Mattnetz aus. Der weiße König bewacht den Ausgang des Gefängnisses, und der Springer führt den entscheidenden Schlag.

1.♘d3–b4+   ♚a2–a1
2.♔c2–c1   ...

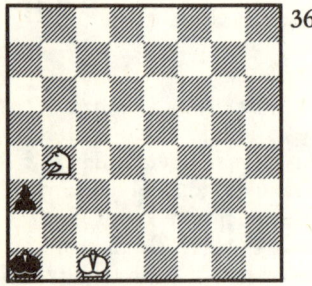

36

Schwarz am Zuge

Betrachten Sie sich diese Stellung. Weiß droht nichts, aber Schwarz muß ziehen. Dieses Zugrecht erweist sich für ihn als verhängnisvoll. Schwarz bleibt nichts anderes übrig, als die „Mausefalle", in die sein König geriet, mit 2. ... a3–a2 selbst zu schließen und sich durch 3.♘b4–c2 matt setzen zu lassen.
Eine tragikomische Situation. Weiß hat den Gegner in Zugzwang gebracht, indem er ihm das Zugrecht einräumte, das für diesen ungünstig war. Eine

derartige Position bezeichnet man als Zugzwangstellung. Der Zugzwang ist im Schach von immenser Bedeutung. Dies trifft besonders auf das Endspiel zu, wo die Anzahl der Figuren und der möglichen Züge in der Regel begrenzt ist. Sie werden dem Verfahren des Zugzwanges in diesem Buch noch oft begegnen.

Drittes Kapitel

Der Kampf von Figuren gegeneinander

Das Studium des Kampfes einzelner Figuren gegeneinander ist nicht nur für sich genommen nützlich. Um das eigentliche Wesen des Spiels zu verstehen, ist es außerordentlich wichtig, alle Besonderheiten der Figuren, ihre Vorzüge und Mängel zu erkennen. Gewöhnlich wird das Ergebnis derartiger Endspiele dadurch bestimmt, wie eine Figur die Nachteile einer anderen ausnutzen kann.

Dame gegen Dame

Selbst bei einem so völlig gleichen Kräfteverhältnis gelingt es in Ausnahmefällen, zum Erfolg zu kommen. Dies ist allerdings nur möglich, wenn König und Dame des Gegners extrem ungünstig stehen und sich ein Mattangriff auf den König organisieren läßt.

Weiß am Zuge

Die schwarzen Figuren sind in der Ecke zusammengedrängt, und dies wirkt sich auf die Kampfkraft der Dame aus. Sie büßt erheblich an Aktivität ein und kann ihrem König nicht helfen, den Angriff der weißen Figuren abzuwehren, ja, sie begünstigt ihn sogar.

1.♕d5–e4+   ♔b1–a2
2.♕e4–a4+   ♔a2–b2

Schwarz darf den König nicht nach b1 ziehen, da dieser dann durch 3.♕c2 matt gesetzt würde. Beachten Sie, daß die schwarze Dame ihrem eigenen König das lebenswichtige Feld a1 nimmt.

3.♕a4–b4+   ♔b2–a2
4.♔d2–c2

Die entstandene Situation verdient ein Diagramm. Wir lenken Ihre Aufmerksamkeit auf den Unterschied in der Aufstellung der weißen und schwarzen Figuren. Obwohl Schwarz selbst am Zuge ist, vermag er sich gegen das drohende Matt nicht zu verteidigen. Dieses Beispiel zeigt, wie relativ die Stärke von Figuren ist und wie sehr sie sich im Verlauf des Spiels ändern kann. Sie hängt von der jeweiligen Postierung der Figuren auf dem Brett und dem Zusammenwirken mit anderen Figuren ab.

Dame gegen Turm

Die Dame ist einem Turm weit überlegen. Deshalb endet der Kampf von König und Dame gegen König und Turm gewöhnlich zugunsten dieser stärkeren Figur. Der Plan des Spiels besteht darin, die eigenen Kräfte in der Nähe von König und Turm des Gegners aufzustellen und diese zu zwingen, sich zu trennen. Anschließend wird entweder der den Schutz seines Königs entbehrende Turm erobert oder der König matt gesetzt, dem es seinerseits an der Unterstützung des Turmes fehlt.

Wie aber kann der Turm gezwungen werden, seinen König im Stich zu lassen? Durch ein Verfahren, mit dem wir Sie schon bekannt gemacht haben – die Schaffung einer Zugzwangstellung, in der sich jeder Zug der schwächeren Seite als verhängnisvoll erweist.

Wir wollen uns zunächst eine wichtige Zugzwangstellung ansehen, die für dieses Endspiel charakteristisch ist.

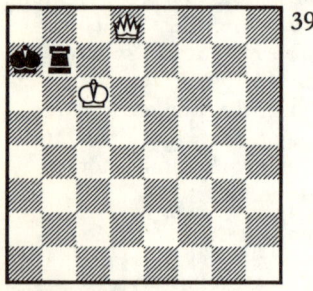

39

Schwarz am Zuge

Die schwarzen Figuren haben sich bisher gut gegenseitig verteidigt. Zu seinem Leidwesen muß Schwarz jedoch einen Zug machen. Der König darf sich nicht von der Stelle rühren, da 1. ... ♔a6 nach 2.♛c8 den Turm kosten würde.

Schnell zu sehen ist auch, daß 1. ... ♖b8 an 2.♛a5 matt scheitert.

Der Turm hat eine große Auswahl an Feldern – b4, b3, b2, b1 sowie f7, g7 und h7. Sollte es wirklich nicht möglich sein, eines von ihnen ungestraft zu betreten? Prüfen wir. Auf 1. ... ♖b4 folgt 2.♛a5+ oder 2.♛e7+ mit sofortigem Turmgewinn. Das gleiche passiert im Fall von 1. ... ♖b2 oder 1. ... ♖g7. Weiß erwidert 2.♛d4+. Somit sind statt sieben nur noch vier Abzugsfelder übriggeblieben – b3, b1, f7 und h7.

Auf 1. ... ♖b3 geschieht 2.♛d4+ ♔b8 (aber nicht 2. ... ♔a8 wegen 3.♛a4+) 3.♛f4+! Schwarz steht danach vor einer betrüblichen Wahl: 3. ... ♔c8 hätte 4.♛f8 matt zur Folge, und auf 3. ... ♔a7 entscheidet 4.♛a4+. Wenn 1. ... ♖f7, so 2.♛d4+ ♔b8 3.♛b2+! ♔a8 4.♛a2+ ♖a7 (sonst geht der Turm verloren) 5.♛g8 matt.

1. ... ♖b1 beantwortet Weiß mit 2.♛d4+ ♔b8 3.♛h8+ ♔a7 4.♛h7+, und auf 1. ... ♖h7 schließlich setzt er mit 2.♛d4+ ♔b8 3.♛e5+ ♔a7 4.♛a1+ nebst 5.♛b1+ fort.

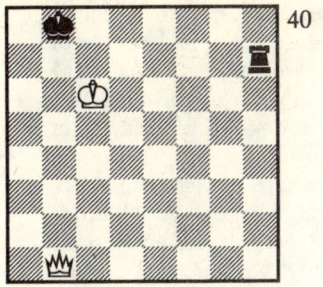

40

1. ♛d8-d4+   ♚a7-a8
2. ♛d4-h8+   ♚a8-a7
3. ♛h8-d8

Die Aufgabe ist erfüllt und alles Weitere schon bekannt. Wir konnten uns hier nochmals davon überzeugen, daß das Zugrecht keineswegs immer von Vorteil ist. In bestimmten Fällen ist es besser zu versuchen, es an den Gegner abzutreten.

Stehen König und Turm im Zentrum des Brettes, ist es notwendig, sie in eine beliebige der vier Ecken zu drängen und dort eine Zugzwangstellung zu schaffen.

Die Analyse des folgenden Beispiels gestattet, uns mit der Methode der Abdrängung des Königs vertraut zu machen.

Das Verfahren, welches Weiß hier mehrfach anwandte, wird als Doppelangriff bezeichnet. Dieser gleichzeitige Angriff auf zwei Figuren – im vorliegenden Fall der Dame auf König und Turm – ist im Schachspiel eine mächtige Waffe.

In der untersuchten Stellung demonstrierte die Dame sehr prägnant ihre Stärke, insbesondere die Möglichkeit eines Doppelangriffs, wenn die Figuren des Gegners isoliert sind. Was aber, wenn im Diagramm 39 Weiß am Zuge wäre? In diesem Fall dürfte er den Gegner nicht weiter einengen. Mehr noch: Das naheliegende 1.♛c8 würde das Spiel nur in die Länge ziehen: Auf 1. ... ♜b6+ müßte Weiß mit dem König nach c5 ausweichen, da 2.♚c7 wegen der überraschenden Folge 2. ... ♜c6+! 3.♚:c6 zu Patt und Remis führt.

Der Gewinnweg ist einfach. Schwarz muß die Zugpflicht übertragen und damit in eine Zugzwangsituation gebracht werden. Dies geschieht so:

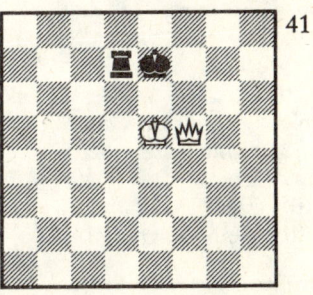

41

Weiß am Zuge

1. ♛f5-f6+   ♚e7-e8
2. ♛f6-h8+   ...

Es sieht so aus, als könne Weiß durch 2.♚e6 sofort gewinnen. In Wirklichkeit wäre dieser Zug ein fataler Fehler, der nach 2. ... ♜d6+! zum

Remis führen würde. Mit dieser Pattmöglichkeit muß man immer rechnen.

```
2. ...                    ♔e8–f7
3.♕h8–c8                  ♔f7–e7
```

Versucht Schwarz mit 3. ... ♖e7+ einen Gegenangriff, folgt 4.♔f5 ♔g7 (4. ... ♖e8 5.♕c4+ ♔e7 6.♕c7+ und 7.♔f6) 5.♕d8 ♖f7+ 6.♔g5 ♔h7 7.♕d4 ♖g7+ 8.♔f6 ♔g8 9.♕d8+ ♔h7 10.♕e8, und wir haben die gleiche Zugzwangstellung wie im Diagramm 39 vor uns, nur auf der rechten Seite.

Auch ein Abzug des Turmes entlang der d-Linie würde verlieren. Auf 3. ... ♖d3 entscheidet sofort 4.♕c4+ oder 4.♕f5+. Auf 3. ... ♖d2 geschieht 4.♕c4+ ♔e8 5.♕a4+, und wenn nun 5. ... ♔d8, 5. ... ♔e7 oder 5. ... ♔f7, so entsprechend 6.♕a5+, 6.♕b4+ oder 6.♕f4+. Im Fall von 3. ... ♖d1 beendet Weiß das Spiel mit einem Mattangriff: 4.♕c4+ ♔e7 5.♕h4+ ♔f8 6.♔e6! Diese Stellung verdient ein Diagramm.

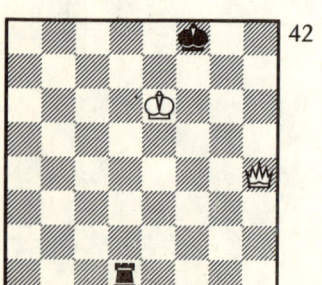

42

Beachten Sie, wie brillant die Dame ihre Aufgaben erfüllt – sie drängt den gegnerischen König ab, schafft eine Mattdrohung auf h8 und bietet dem Turm dabei keine Gelegenheit, den weißen König von hinten zu attackieren. Schwarz hat keine Verteidigung: 6. ... ♔g7 scheitert an 7.♕g4+ und 6. ... ♖g1 an 7.♕h8+ ♖g8 8.♕f6+ ♔e8 9.♕e7 matt.

Kehren wir nun zu der Stellung nach dem Textzug 3. ... ♔e7 zurück.

```
4.♕c8–g8!                 ...
```

Die Methode des Spiels bleibt ständig die gleiche – Weiß engt die schwarzen Figuren ein und zwingt sie zum Ziehen.

```
4. ...                    ♖d7–c7
```

Versuchen Sie einmal, selbst herauszufinden, wie Schwarz verliert, wenn er einen Turmzug auf der d-Linie macht. Erst dann sollten Sie sich die Lösungen ansehen. Dazu müssen Sie zunächst den nächsten Absatz mit einem Blatt Papier abdecken.

4. ... ♖d3 wird mit 5.♕h7+ und 4. ... ♖d2 mit 5.♕g5+ beantwortet. Im Fall von 4. ... ♖d1 beginnt Weiß wie einen Zug zuvor einen Mattangriff auf den König: 5.♕g5+ ♔f8 (offensichtlich die einzige Fortsetzung, die nicht sofort den Turm verliert) 6.♕f4+

♔e7 7.♕h4+ ♔f8 8.♔e6!,
und Schwarz wird entweder
matt, oder er büßt den Turm
ein.

5.♕g8–g7+   ♔e7–d8
6.♕g7–f8+   ♔d8–d7
7.♔e5–d5!   ♖c7–b7

Stellen Sie sich auch hier die
Aufgabe, selbständig zu erkun-
den, wie Weiß gewinnt, wenn
der Turm auf der c-Linie
bleibt.
Vergleichen Sie anschließend
Ihre Lösungen mit folgenden
Antworten: 7. ... ♖c3
8.♕g7+; 7. ... ♖c2 8.♕f5+;
7. ... ♖c1 8.♕f5+ ♔e8
9.♕h5+ ♔d7 10.♕g4+ ♔e8
11.♔d6! usw.

8.♕f8–f7+   ♔d7–c8
9.♕f7–e8+   ♔c8–c7
10.♔d5–c5! ♖b7–a7

Weiß hat ein und dasselbe
Manöver mit Dame und König
bereits dreimal wiederholt,
und alle weißen und schwarzen Figuren sind allmählich
aus dem Zentrum auf die
linke Seite gewandert. Der Leser, der seine Kenntnisse bereits in der selbständigen Analyse erprobte, wird unschwer
feststellen, wie Weiß reagieren
würde, wenn sich der Turm
auf andere Felder begeben
hätte.

11.♕e8–e7+   ♔c7–b8
12.♕e7–d8+   ♔b8–b7
13.♔c5–b5!

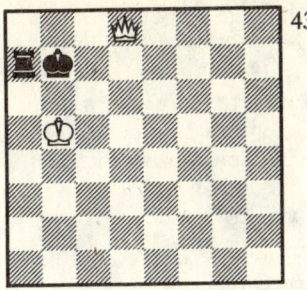

Schwarz ist in die Enge getrieben und befindet sich im Zugzwang. Auf 13. ... ♖a8 entscheidet 14.♕d7+ ♔b8
15.♔b6. Ein Abzug des Turmes nach a3 oder a2 führt zu
seinem sofortigen Verlust. Im
Fall von 13. ... ♖a1 kann
Weiß entweder in drei Zügen
den Turm erobern oder einen
Mattangriff verwirklichen. Finden Sie diese Wege selbst.
Nützlich zu wissen ist, daß es
in Ausnahmefällen gelingt,
sich mit Turm gegen Dame zu
retten. Mit einem dieser Beispiele wollen wir Sie bekannt
machen.

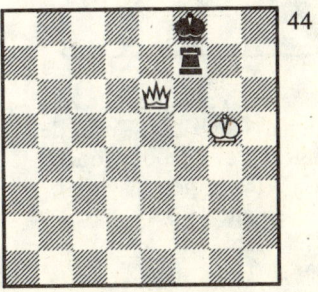

Schwarz am Zuge

35

Schwarz am Zuge kann hier die ungünstige Aufstellung der weißen Figuren ausnutzen und die Partie durch ewiges Schach remis halten. Der weiße König vermag sich den pausenlosen Angriffen des Turmes nicht zu entziehen.

1. ...   ♖f7–g7+
2.♔g5–f5!   ...

Sie erinnern sich, daß 2.♔f6 ♖g6+! sofort zum Remis führt.

2. ...   ♖g7–f7+
3.♔f5–g6   ...

Auf 3.♔e5 geschieht 3. ... ♖e7 mit Remis.

3. ...   ♖f7–g7+
4.♔g6–h6   ♖g7–h7+!

45

Noch ein erstaunlicher Zug! Schwarz setzt den Turm dem Angriff des weißen Königs aus. Wird er geschlagen, ist sein eigener König patt. Das Spiel bleibt also remis!

Dame gegen Leichtfigur

Gegen einen Läufer oder einen Springer gewinnt die Dame ohne jede Mühe.
Bei einem Läufer nähern sich Dame und König dem König des Gegners auf Feldern, die dem Läufer unzugänglich sind. Der Läufer ist nicht in der Lage, seinen König gegen den Mattangriff zu verteidigen.

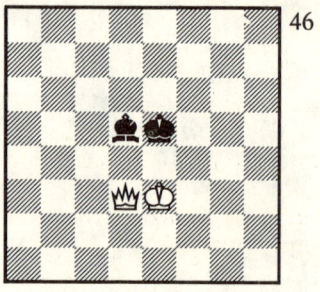

46

1.♕d3–b5   ♗e5–d6

Da der Läufer gefesselt ist, muß der König den Rückzug antreten.

2.♔e3–d4   ♗d5–e6
3.♕b5–b6+   ♔d6–e7
4.♔d4–e5   ♗e6–f7

Die schwarzen Kräfte weichen zurück. Das Spiel geht schnell zu Ende.

5.♕b6–d6+   ♔e7–e8
6.♔e5–f6

Vor dem Matt auf e7 gibt es keine Rettung. Die Abdrängung des Königs ging fast so einfach vonstatten wie in einem Endspiel der Dame gegen den alleinstehenden König.

Ein Springer kann seinen König etwas besser verteidigen als ein Läufer. Aber auch er ist im Kampf gegen eine so mächtige Figur wie die Dame chancenlos.

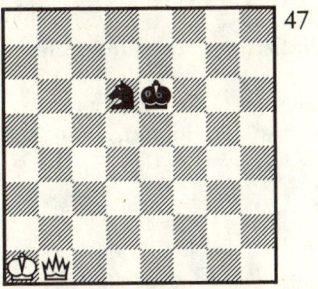

47

Der weiße König wird in den Angriff geschickt.

1.♔a1–b2   ♚e6–d5
2.♔b2–c3   ♞d6–e4+
3.♔c3–d3   ♞e4–c5+
4.♔d3–e3   …

Der König ist den Anrempelungen des Springers ausgewichen und steht nun bereit, seinen Vormarsch fortzusetzen.

4. …   ♞c5–e6
5.♛b1–f5+   ♚d5–d6
6.♔e3–e4   …

Ein weiterer Schritt vorwärts ist getan.

6. …   ♞e6–c5+
7.♔e4–d4   ♞c5–e6+
8.♔d4–c4   ♞e6–c7
9.♛f5–c5+   ♚d6–d7
10.♛c5–b6   …

Der Ring um den schwarzen König wird enger.

10. …   ♞c7–e6
11.♔c4–d5   ♞e6–c7+
12.♔d5–e5   ♞c7–e8

Die schwarzen Figuren stehen „mit dem Rücken zur Wand".

13.♛b6–e6+ ♚d7–d8
14.♛e6–f7   …

Selbstverständlich nicht 14.♔d5?? wegen 14. … ♞c7+. Vor tückischen „Gabeln" des Springers muß man stets auf der Hut sein.

14. …   ♞e8–c7
15.♔e5–d6   ♞c7–e8+
16.♔d6–c6

Schwarz kann das unweigerliche Matt nur noch hinauszögern, indem er den Springer gibt.

Turm gegen Springer

Mit einem Turm ist gegen einen Springer bei richtiger Verteidigung nicht zu gewinnen. Beachten Sie die Worte „bei richtiger Verteidigung". Das heißt, daß sich Schwarz aufmerksam und exakt zur Wehr setzen muß.

Selbst wenn die Figuren auf der letzten Reihe stehen, droht keine unmittelbare Gefahr. Hier eine kritische Stellung.

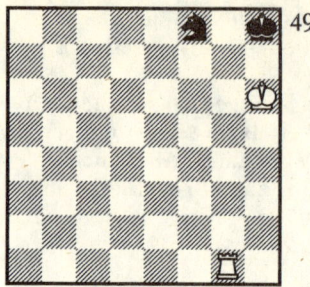

Nach 1.♔f5–f6 verfügt
Schwarz nur über eine richtige
Antwort: 1. ... ♘f8–h7+. Die
Gegenüberstellung des Königs
und des Springers darf unter
keinen Umständen zugelassen
werden. Zum Verlust führt
1. ... ♔h8 wegen 2.♔f7 ♘h7
3.♖e8+ oder 2.♖e8 ♔g8
3.♖d8. Im letzten Fall konnte
der Turm natürlich auf jedes
andere freie Feld der 8. Reihe
ziehen.
Es kann folgen:

2.♔f6–g6   ♘h7–f8+
3.♔g6–h6   ♔g8–h8
4.♖e7–f7   ♔h8–g8!

Erneut die einzige Erwiderung. Auf 4. ... ♘e6 geht
durch 5.♖f6 angesichts der
Mattdrohung sofort der Springer verloren.

5.♖f7–g7+   ♔g8–h8
6.♖g7–g1   ...

Die Diagrammstellung sieht
für Schwarz gefährlich aus.
Dennoch besitzt dieser ausreichende Verteidigungsmöglich-
keiten.

6. ...   ♘f8–d7!

Wiederum die einzige Fortsetzung. Fehlerhaft wäre 6. ...
♘h7. Nach 7.♔g6 ♔g8
8.♖g2 befindet sich Schwarz
nämlich im Zugzwang. Auf
8. ... ♘f8+ revanchiert sich
Weiß durch 9.♔f6+ seiner-
seits mit einem Schach und
läßt dann 10.♔f7 folgen.
Schlecht ist auch 6. ... ♘e6
wegen der gleichen Antwort
7.♔g6 ♘f8+ 8.♔f7 usw.

7.♔h6–g6   ...

Jetzt bringt dieser Zug nichts
Besonderes ein, da der Springer das Feld f6 unter Kontrolle genommen hat.

7. ...   ♔h8–g8
8.♖g1–g2   ♔g8–f8

Nach 8.♖d1 ♘f8+ 9.♔f6
♘h7+ käme Weiß ebenfalls
nicht weiter.
Somit ist in diesem Endspiel

eine Abdrängung des Königs und des Springers an den Rand des Brettes an und für sich nicht gefährlich. Es gibt indes einige Situationen, in denen die beengte Aufstellung von König und Springer zum Verlust führt.

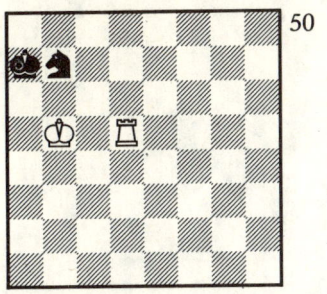

50

Diese Position war bereits im 9. Jahrhundert bekannt. Nach 1.♖d5–d7 büßt Schwarz den Springer ein.

1. ...   ♘a7–b8
2.♔b5–b6   ♔b8–a8

Die einzige Chance. Wird der Springer geschlagen, ist Schwarz patt. Weiß hat es jedoch überhaupt nicht eilig.

3.♖d7–h7   ♘b7–d8
4.♖h7–h8

nebst Matt im nächsten Zuge. Dieses Beispiel bestätigt, was wir schon am Anfang des Buches feststellten: Auf Eckfeldern oder in ihrer Nähe steht ein Springer am ungünstigsten, da seine Beweglichkeit dort stark eingeschränkt ist. In einem derartigen Endspiel

muß sich der Springer so nahe wie möglich bei seinem König aufhalten. Sind diese beiden Figuren voneinander isoliert, eröffnen sich für die stärkere Seite zwei Möglichkeiten, zum Erfolg zu kommen: Sie kann versuchen, entweder den Springer zu fangen oder den schutzlosen König matt zu setzen.

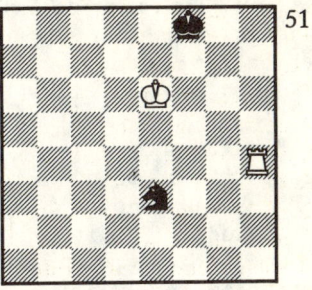

51

Weiß am Zuge

Der Springer ist von seinem König abgeschnitten. Die Aufgabe von Weiß besteht darin, ihn zu fangen. Die Stellung stammt aus einer praktischen Partie, in der W. Steinitz, einer der stärksten Schachspieler des vorigen Jahrhunderts, die weißen Steine führte.

1.♖h4–e4   ♘e3–d1

Nach f1 darf der Springer wegen 2.♖f4+ nicht ziehen. Auf 1. ... ♘g2 entscheidet 2.♔f6. Wenn dann 2. ... ♔g8, so 3.♖g4+. Im Fall von 1. ... ♘c2 wird der Springer wie folgt zur Strecke gebracht: 2.♔d5 ♘a3 3.♔c5 ♘b1 (es

39

drohte 4.♔b4 ♘c2+ 5.♔b3
♘a1+ 6.♔b2) 4.♔b4 ♘d2
5.♖e2! ♘b1 (5. ... ♘f3 oder
5. ... ♘f1 wird mit 6.♖f2 beantwortet) 6.♖b2, und die
Aufgabe ist erfüllt.

2.♖e4–f4+   ♔f8–g7
3.♖f4–f3   ...

Beachten Sie dieses Manöver.
Indem der Turm eine diagonale Aufstellung zum Springer
einnimmt, verwehrt er diesem
drei von vier Feldern.

3. ...   ♔g7–g6

Der König versucht, dem
Springer zu Hilfe zu kommen.
Auf 3. ... ♘b2 konnte 4.♔d5
♔g6 5.♔d4 ♔g5 6.♖f1! ♔g4
7.♖b1 ♘a4 8.♖b4 geschehen.
Fast genauso gestaltete sich
auch das Finale der Partie.

4.♔e6–e5   ♔g6–g5
5.♔e5–d4   ♔g5–g4
6.♖f3–f1   ♘d1–b2
7.♖f1–b1   ♘b2–a4
8.♖b1–b4 mit Gewinn.

Turm gegen Läufer

Der Kampf eines Turmes gegen einen Läufer endet gewöhnlich remis. Wie mit
einem Springer gegen den
Turm braucht man vor einer
Abdrängung keine Angst zu
haben, weil es bei genauer
Verteidigung auch am Rande
des Brettes gelingt, sich zu retten.

Wichtig ist nur, nach folgen-
der Regel zu verfahren: Der
sich zurückziehende König
muß bestrebt sein, in eine
Ecke zu gelangen, die dem
Läufer unzugänglich ist.
Hier eine kritische Stellung.

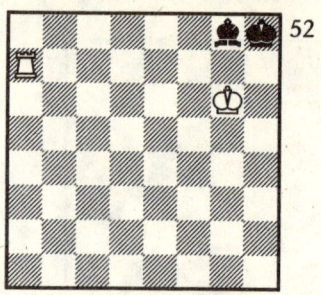
52

Der schwarze König wurde in
die Ecke getrieben und kann
sich nicht mehr bewegen.
Trotzdem verfügt Schwarz
hier über genügend Ressour-
cen, das Gleichgewicht aufrechtzuerhalten. Erstens wäre
er nach 1.♖a8 patt. Zweitens
kann er einen Abwartezug wie
1.♖b7 mit 1. ... ♗a2, 1. ...
♗c4 oder 1. ... ♗d5 beantworten. Ein Fehler, der zum
Verlust führt, wäre statt dessen 1. ... ♗e6. Nach 2.♖h7+
♔g8 3.♖e7 greift Weiß den
Läufer an und droht gleichzeitig matt. Schwarz hat dagegen
keine Verteidigung, während
er zum Beispiel nach 1. ...
♗d5 2.♖h7+ ♔g8 3.♖d7
über die rettende Antwort
3. ... ♗e4+ verfügt. Diese
Fortsetzung entzieht den Läufer unter Tempogewinn dem

Angriff und zerstört die gefährliche Gegenüberstellung der Könige.

Wir haben gesehen, daß das Hauptangriffsverfahren in diesem Endspiel darin besteht, mit dem Turm matt zu drohen und gleichzeitig den Läufer zu attackieren. Wie wir bereits wissen, wird ein derartiges Verfahren Doppelschlag genannt. Wir erinnern daran, daß ein Doppelschlag im Grunde genommen gleichbedeutend mit einem Doppelangriff ist, nur daß durch ihn auch eine Figur angegriffen und andererseits eine Mattdrohung geschaffen werden kann. Alles in allem ist der Begriff Doppelschlag weitgehender als der des Doppelangriffs.

Im vorliegenden Fall gelang es, durch einen richtigen Läuferzug den drohenden Doppelschlag zu parieren. Stände der König jedoch in einer Ecke, die man in der Theorie als „gefährlich" bezeichnet, wäre gegen den Doppelschlag keine Verteidigung möglich.

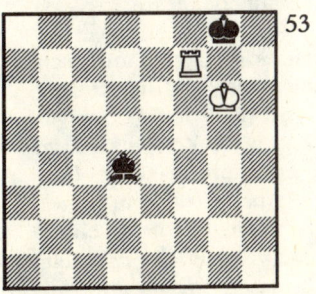
53

Schwarz am Zuge

Wie soll sich Schwarz zur Wehr setzen? Auf einen Zug des Läufers entlang der Diagonale a1–h8 entscheidet ein Doppelschlag. So folgt auf 1. ... ♝c3 die Erwiderung 2.♖c7, auf 1. ... ♝b2 der Zug 2.♖b7, auf 1. ... ♝a1 – 2.♖a7 und auf 1. ... ♝e5 – 2.♖e7, z. B. 1. ... ♝b2 2.♖b7 ♝e5 3.♖e7 ♝d6 4.♖e8+ ♝f8. Der Turm macht nun einen beliebigen Abwartezug auf der 8. Reihe und setzt durch 6.♖:f8 matt.

Am hartnäckigsten ist 1. ... ♝d4–g1!, um zu versuchen, den Läufer vor dem aufdringlichen Turm zu verbergen. Weiß gelingt es aber, ihn an die „frische Luft" zu befördern.

2.♖f7–f1	♝g1–h2
3.♖f1–f2	♝h2–g3
4.♖f2–g2!	♝g3–d6

Der Läufer muß seinen Unterschlupf verlassen. Auf 4. ... ♝f4 oder 4. ... ♝h4 entscheidet mit 5.♔f5+ bzw. 5.♔h5+ jeweils ein Abzugsschach. Das Abzugsschach ist hier eine Form des Doppelangriffs, bei dem zwei Figuren gleichzeitig zwei gegnerische angreifen. Es ist damit auch ein spezieller Fall eines Doppelschlages. Nicht besser ist 4. ... ♝e5 oder 4. ... ♝c7 wegen 5.♖e2 bzw. 5.♖c2.

| 5.♖g2–d2 | ♝d6–e7 |

Auf diese Art verteidigt Schwarz das Feld d8 vor dem

Eindringen des Turmes auf die letzte Reihe. Auf e7 steht der Läufer indes ungünstig: Er hindert den König, über f8 ins Freie zu gelangen. Weiß verfügt deshalb über die entwaffnende Antwort 6.♖d2–c2, die nach 7.♖c2–c8 leicht gewinnt. Mitunter kommt der Turm gegen den Läufer auch zum Erfolg, wenn die Kräfte beider Seiten weit voneinander entfernt stehen. Der Gewinnweg ist in diesem Fall der gleiche – ein Doppelangriff oder ein Doppelschlag.

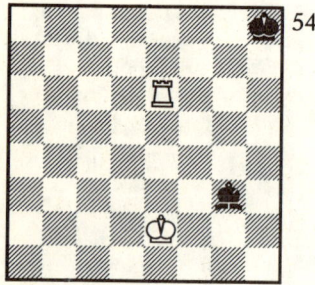

54

Weiß am Zuge

Die Situation erscheint ziemlich ruhig. Es sieht so aus, als könne Schwarz nichts passieren. Und doch ist es nur die Ruhe vor dem Sturm. Weiß spielt 1.♔e2–f3!, und schon wird klar, daß der Läufer kein einziges gutes Abzugsfeld besitzt. Auf 1. … ♗h2 oder 1. … ♗h4 entscheidet 2.♖h6+, im Fall von 1. … ♗b8 folgt 2.♖e8+, und auf 1. … ♗c7 gewinnt schließlich 2.♖e8+ ♔g7 3.♖e7+.

Viertes Kapitel

Der Kampf von Figuren gegen einen Bauern

Dame gegen Bauer

Ein Bauer ist für die Dame gewöhnlich nur dann gefährlich, wenn er unmittelbar vor dem Umwandlungsfeld steht und durch seinen König unterstützt wird, während die Dame es allein mit ihm aufnehmen muß, weil der eigene König weit vom Bauern entfernt ist.
Sehen wir uns als Beispiel folgende Stellung an.

55

Weiß am Zuge

So stark die Dame auch sein mag, allein wird sie mit dem Bauern nicht fertig. Doch wie läßt sich die Zeit gewinnen, die erforderlich ist, um den König heranzuholen, ohne daß sich der Bauer in eine Dame verwandelt? Es zeigt sich, daß die Dame hier durchaus in der Lage ist, diese

Aufgabe zufriedenstellend zu meistern. Zunächst begibt sie sich zu dem Bauern, dann zwingt sie den gegnerischen König, das Feld vor ihm zu besetzen. Die Drohung, daß der Bauer zur Dame geht, ist für einen Moment gebannt, und der König kann sich ihm um einen Schritt nähern. Diese Operation wiederholt sich mehrmals bis der König schließlich an Ort und Stelle ist.

1.♕d8–e7+   ♔e2–f2
2.♕e7–d6   ♔f2–e2
3.♕d6–e5+   ♔e2–f2
4.♕e5–d4+   ♔f2–e2
5.♕d4–e4+   ♔e2–f2
6.♕e4–d3   ...

Die weiße Dame hat sich stufenförmig von d8 nach d3 bewegt. Würde sie ihre ganze Mobilität ins Feld führen, wäre dieses Manöver etwas schneller zu verwirklichen:
1.♕e8+ ♔f2 2.♕a4! ♔e2
3.♕e4+ ♔f2 4.♕d3 usw.

6. ...   ♔f2–e1
7.♕d3–e3+   ...

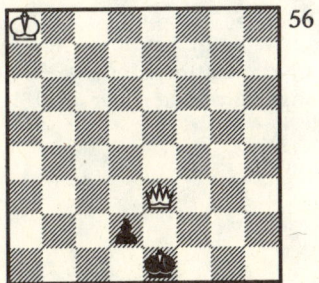

Schwarz am Zuge

Dieser gleichzeitige Angriff der Dame auf König und Bauer – es handelt sich hier ebenfalls um einen Doppelschlag – zwingt den schwarzen König, das Feld vor dem Bauern zu betreten.

7. ...   ♔e1–d1
8.♔a8–b7

Ein Tempo ist gewonnen, und Weiß hat die Möglichkeit, einen Königszug zu machen. Um sich dem Bauern zu nähern, benötigt der weiße König fünf Züge, d. h., fünfmal muß die Dame durch ein und dasselbe Angriffsverfahren den schwarzen König zwingen, das Umwandlungsfeld des Bauern zu besetzen. Das Weitere bedarf keines Kommentars.

8. ... ♔c2 9.♕e2 ♔c1
10.♕c4+ ♔b2 11.♕d3 ♔c1
12.♕c3+ ♔d1 13.♔c6 ♔e2
14. ♕c2 ♔e1 15.♕e4+ ♔f2
16.♕d3 ♔e1 17.♕e3+ ♔d1
18.♔d5 ♔c2 19.♕e2 ♔c1
20.♕c4+ ♔b2 21.♕d3 ♔c1
22.♕c3+ ♔d1 23.♔e4 ♔e2
24.♕e3+ ♔d1 25.♔d3. Weiß gewinnt den Bauern und mit ihm die Partie.

Das von Weiß angewandte Verfahren ist nicht allgemeingültig. Es hat nur bei einem Mittel- und Springerbauern Erfolg. Der Leser wird auch bemerkt haben, daß Weiß die Gewinnführung mit einem Schachgebot auf der e-Linie einleitete. Stände auf den Feldern e7, e6 oder e5 der weiße

43

König, würde er die Annäherung der Dame an den Bauern behindern, und das Endspiel wäre remis.

In der Regel wird die Dame in derartigen Stellungen mit dem Bauern fertig, wenn sie das Spiel mit einem Schach oder einer Fesselung beginnen kann.

Betrachten wir nunmehr eine Stellung mit einem Läuferbauern.

57

Weiß am Zuge

Zunächst ähnelt alles dem letzten Beispiel:

1.♕c8–d8+	♔d2–e2
2.♕d8–g5	♔e2–d1
3.♕g5–d5+	♔d1–e2
4.♕d5–c4+	♔e2–d2
5.♕c4–d4+	♔d2–e2
6.♕d4–c3	♔e2–d1
7.♕c3–d3+	♔d1–c1
8.♔a8–b7	…

Der König erhielt die Möglichkeit, den ersten Schritt zu tun.

8. …	♔c1–b2
9.♕d3–b5+	♔b2–a2

10.♕b5–c4+	♔a2–b2
11.♕c4–b4+	♔b2–a2
12.♕b4–c3	♔a2–b1
13.♕c3–b3+	…

58

Schwarz am Zuge

Alles verläuft scheinbar genauso wie zuvor, doch …

13. …	♔b1–a1!

Eine überraschende Verteidigung, die Schwarz im vorigen Beispiel nicht zur Verfügung stand. Die Wegnahme des Bauern führt zum Patt, und es droht c2–c1♕. Es gelingt daher nicht, Zeit für die Annäherung des weißen Königs zu gewinnen, so daß das Spiel remis endet.

Weiß käme nur zum Erfolg, wenn die Entfernung seines Königs zum Bauern wesentlich geringer wäre.

59

Weiß am Zuge

1. ♛c8–d8+	♔d2–e2
2. ♛d8–g5	♔e2–d1
3. ♛g5–d5+	♔d1–e2
4. ♛d5–c4+	♔e2–d2
5. ♛c4–d4+	♔d2–e2
6. ♛d4–c3	♔e2–d1
7. ♛c3–d3+	♔d1–c1
8. ♔a5–b4	♔c1–b2
9. ♛d3–d2	♔b2–b1

Gegen einen Läuferbauern läßt sich mit der Dame nur gewinnen, wenn der eigene König in der Nähe ist und entweder unmittelbar am Kampf gegen den Bauern oder am Mattangriff auf den gegnerischen König teilnehmen kann. Diese Situation ergibt sich auch bei einem Randbauern.

61

Weiß am Zuge

1. ♛c8–b8+	♔b2–c2
2. ♛b8–e5	♔c2–b1
3. ♛e5–b5+	♔b1–c2
4. ♛b5–a4+	♔c2–b2·
5. ♛a4–b4+	♔b2–c2
6. ♛b4–a3	♔c2–b1
7. ♛a3–b3+	♔b1–a1

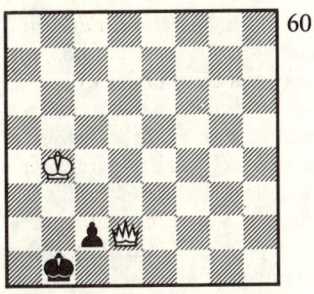

60

Weiß am Zuge

Hier wartet Weiß mit dem effektvollen Zug 10. ♔b4–b3! auf, der es Schwarz gestattet, den Bauern in eine Dame zu verwandeln.

10. …	c2–c1♛
11. ♛d2–a2 matt.	

62

Weiß am Zuge

Weiß hat den gegnerischen
König gezwungen, das Feld
vor dem Bauern zu betreten,
kann daraus aber keinen Nutzen ziehen. Da der König im
Patt steht, ist der eigene nicht
heranzuführen.
Wie bei einem Läuferbauern
kommt Weiß auch hier zum
Erfolg, wenn sich sein König
in der Nähe des Bauern aufhält.

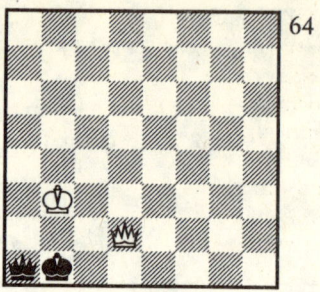

Schwarz am Zuge

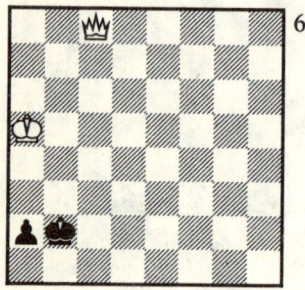

Weiß am Zuge

1. ♛c8–b8+   ♚b2–c2
2. ♛b8–e5   ♚c2–b1
3. ♛e5–e1+   ♚b1–b2
4. ♛e1–d2+   ♚b2–b1

Jetzt greift der weiße König
ins Spiel ein.

5. ♚a5–b4!   a2–a1♛
6. ♚b4–b3

Diese Stellung erinnert an
jene, die wir bereits aus dem
vorigen Kapitel kennen (Diagramm 38). Materiell gesehen
sind beide Seiten gleich stark,
doch Weiß verfügt über ein
entscheidendes positionelles
Übergewicht. Seine Kräfte wirken ausgezeichnet zusam-
men – der König schränkt gemeinsam mit der Dame die Figuren des Gegners ein, und
die Dame steht bereit, matt zu
setzen. Es ist nicht zu sehen,
wie sich Schwarz gegen diese
Drohung verteidigen soll,
denn der Versuch, mit 6. …
♛c3+ 7. ♛:c3?? auf Patt zu
spielen, wird dadurch widerlegt, daß der weiße König die
Dame schlägt.
Fassen wir zusammen, was wir
über den Kampf der Dame gegen einen Bauern, der unmittelbar vor dem Umwandlungsfeld steht, erfahren haben. Gegen einen Mittel- oder Springerbauern gewinnt die stärkere
Seite unabhängig davon, wie
weit der König von ihm ent-

fernt ist. Er darf nur nicht die Manöver der Dame behindern. Gegen einen Läufer- oder Turmbauern ist ein Erfolg nur dann möglich, wenn sich der König in der Nähe aufhält und die Dame entweder im Kampf gegen den Bauern oder bei einem Mattangriff unterstützen kann.

Ist der Bauer noch zwei Züge vom Umwandlungsfeld entfernt, wird der Gewinn in der Regel ohne Schwierigkeiten erreicht. Dabei spielt keine Rolle, auf welcher Linie der Bauer steht.

Die Theorie kennt nur wenige Stellungen, die remis sind, weil König und Dame ihre Aktionen nicht koordinieren können. Hier eines dieser Beispiele:

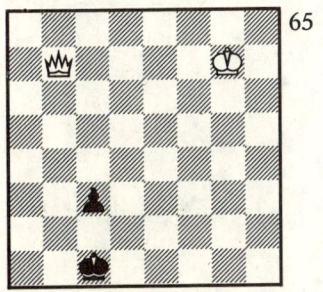

65

Weiß am Zuge

Wenn Schwarz zu c3–c2 kommt, hält er das Endspiel remis.

1.♕b7–h1+   ♔c1–b2
2.♕h1–b7+   ♔b2–c1

Es zeigt sich, daß Weiß das Vorgehen des Bauern nicht verhindern kann, da sein König ungünstig postiert ist: Er beeinträchtigt auf der Diagonale a1–h8 die Manöver der Dame. Stände der König auf f7, würde Weiß mit 2.♕h8! leicht gewinnen, z. B. 2. … ♔b3 3.♔e6! c2 4.♕a1! oder 2. … ♔c2 3.♔e6 ♔d2 4.♕d4+ ♔c2 5.♔d5 ♔b3 6.♔e4 c2 7.♕a1 usw.

Turm gegen Bauer

Einen Bauern, der durch seinen König unterstützt wird, kann der Turm nur mit Hilfe des eigenen Königs aufhalten. In diesem Fall gestaltet sich der Kampf zugunsten des Turmes. Ist der König nicht in der Lage, den Turm zu unterstützen, endet das Spiel remis. Nur in seltenen Ausnahmefällen, wenn der eigene König den Turm daran hindert, den Bauern zu kontrollieren, geht dieser zur Dame. Alle drei Möglichkeiten werden wir uns ansehen. Kritisch ist zum Beispiel die folgende Position.

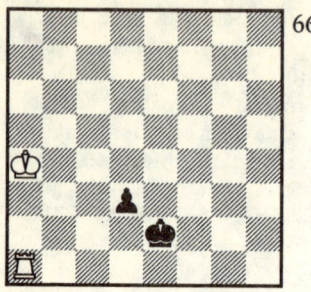

66

Weiß am Zuge gewinnt
Schwarz am Zuge hält remis

Der schwarze König läßt den weißen vorerst nicht an den Bauern heran. Weiß verdrängt seinen Widerpart jedoch auf die gleiche Art wie im Endspiel König und Turm gegen den alleinstehenden König. Er nutzt die Gegenüberstellung der Könige und treibt ihn durch ein Schachgebot vor den Bauern. Damit gewinnt er Zeit für die Annäherung des eigenen Königs.

Der Turm ist im Kampf gegen den Bauern vorläufig auf sich allein gestellt. Das Ergebnis hängt vom Zugrecht ab. Wenn Weiß am Zuge ist, kann der König dem Turm rechtzeitig zu Hilfe kommen.

1. ♔a4–b3   d3–d2
2. ♔b3–c2

1. ♖d8–e8+   ♔e2–d2
2. ♔g2–f2   ♔d2–c2
3. ♔f2–e3   d3–d2
4. ♖e8–c8+   ♔c2–d1
5. ♖c8–d8
Weiß gewinnt.

Liegt das Zugrecht indes bei Schwarz, gelingt dies nicht, und das Spiel endet nach 1. ... d3–d2 remis.
Interessant ist auch das nächste Beispiel, in dem sich der weiße König dem Bauern von der anderen Seite nähert.

Stände der weiße König auf g3, wäre der schwarze nicht zu verdrängen.

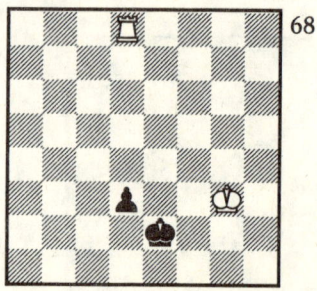

68

Weiß am Zuge

1. ♖d8–e8+   ♔e2–f1!

Nach 1. ... ♔d2 2. ♔f2 käme Weiß zum Erfolg.

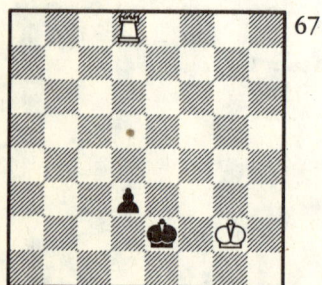

67

Weiß am Zuge

2. ♔g3–f3   d3–d2
3. ♖e8–d8   ♔f1–e1
mit Remis.

Das für den Kampf des Turmes gegen einen Bauern charakteristische Verfahren, den König vor den Bauern zu treiben, führt auch im folgenden Beispiel zum Ziel.

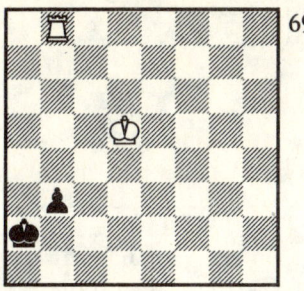

69

Weiß am Zuge

Weiß darf sich mit der Anwendung dieses Verfahrens indes nicht beeilen. Nach 1.♖a8+ ♔b2 2.♔c4 ♔c2 3.♖h8 b2 4.♖h2+ ♔c1 5.♔c3 b1♘+! ist das Endspiel, wie wir bereits aus dem dritten Kapitel wissen, remis.

| 1.♔d5–c4! | b3–b2 |
| 2.♖b8–a8+! | … |

2.♔c3 scheitert daran, daß Schwarz den Bauern auch hier in einen Springer verwandelt – 2. … b1♘+!

2. …	♔a2–b1
3.♔c4–b3	♔b1–c1
4.♖a8–c8+	♔c1–b1
5.♖c8–b8!	…

Weiß umgeht eine tückische Falle. Nur zum Remis führt 5.♖c2? ♔a1! 6.♖:b2 patt!

Jetzt ist das Patt nicht möglich.

| 5. … | ♔b1–a1 |
| 6.♔b3–c2 | |

Weiß gewinnt.

Bei einem Randbauern tritt die Pattdrohung ebenfalls auf.

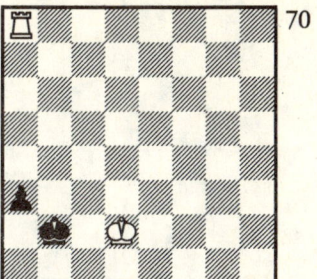

70

Weiß am Zuge

Wäre in dieser Stellung Schwarz am Zuge, könnte er durch 1. … a2 remis halten, z. B. 2.♖b8+ ♔a1!, und der König steht im Patt. Keinen Erfolg hätte er hingegen mit 2. … ♔a3 3.♔c2! a1♘+ (oder 3. … a1♕ 4.♖a8+, und die Dame geht verloren) 4.♔c3 ♔a2 5.♖b7, und Schwarz büßt den Springer ein.
Am Zuge ist jedoch Weiß, und es folgt:

1.♖a8–b8+	♔b2–a1
2.♔d2–c2	a3–a2
3.♔c2–b3	♔a1–b1
4.♔b3–a3+	♔b1–a1
5.♖b8–h8	

Weiß gewinnt.

Zum Schluß ein Beispiel, in dem König und Turm jedes Zusammenwirken vermissen lassen.

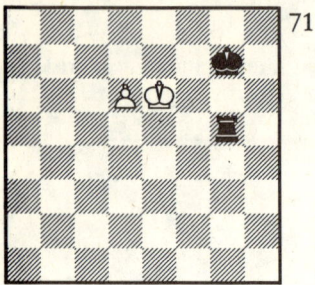

71

Weiß am Zuge

1.d6–d7   ...

Der schwarze König unterstützt den Turm nicht, sondern steht ihm in katastrophaler Weise im Wege. Schwarz kann nicht verhindern, daß sich der Bauer in eine Dame verwandelt, und kommt deshalb um eine Niederlage nicht herum. Dem Spiel fehlt es indes nicht an interessanten Feinheiten.

1. ...   ♖g5–g6+

Das sieht wie Verzweiflung, wie ein Racheschach aus. In Wirklichkeit ist das Turmschach nicht so harmlos, wie es scheint. Weiß muß genau spielen. Nur zum Remis führt 2.♔e7? ♖g1! (Schwarz rettet sich, indem er die Gegenüberstellung der Könige ausnutzt) 3.d8♕ ♖e1+ 4.♔d7 ♖d1+. Nicht besser ist 2.♔d5 wegen

2. ... ♖g1 mit der Drohung 3. ... ♖d1+.

2.♔e6–e5!   ...

Der einzige Gewinnzug.

2. ...	♖g6–g5+
3.♔e5–e4!	♖g5–g4+
4.♔e4–d3	♖g4–g1
5.♔d3–c2	...

Wohin wendet sich der weiße König? Vor den aufdringlichen Nachstellungen des Turmes kann er sich nur auf c7 verstecken. Bei der Überquerung der d-Linie ist jedoch Vorsicht geboten, um Schwarz kein Tempo einzuräumen, das er benötigt, um den Turm auf diese Vertikale zu bringen.

5. ...	♖g1–g2+
6.♔c2–c3	♖g2–g3+
7.♔c3–c4	♖g3–g4+
8.♔c4–c5	♖g4–g5+
9.♔c5–c6	♖g5–g6+
10.♔c6–c7	

Der Bauer geht zur Dame, und das Endspiel Dame gegen Turm ist für Weiß gewonnen. Zur Übung können Sie dies selbst überprüfen.

Leichtfigur gegen Bauer

Der Kampf zwischen einer Leichtfigur und einem Bauern endet gewöhnlich remis. Dort, wo die Figur durch den König unterstützt wird, steht dieses Ergebnis von vornherein fest. Uns interessieren im wesentli-

chen Beispiele, in denen sie
auf sich allein gestellt ist.
Sehen wir uns an, wie sowohl
Läufer als auch Springer mit
einem Bauern zurechtkom-
men.
Der Läufer ist eine weitreichende Figur. Er hält einen
Bauern auf, indem er ein Feld
vor ihm angreift. Lediglich in
seltenen Ausnahmefällen, in
denen nicht nur der gegnerische, sondern auch der eigene
König den Läufer behindern,
zieht dieser gegen einen Bauern den kürzeren und muß
ihn zur Dame gehen lassen.

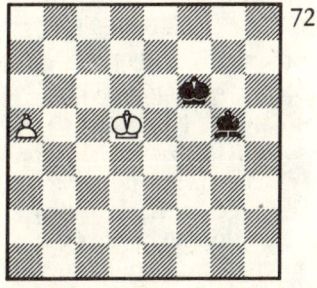

Weiß am Zuge

In dieser Stellung steckt ein
gehöriges Quantum Ironie.
Um den Bauern zu stoppen,
braucht Schwarz den Läufer
nur auf ein Feld der Diagonale g1–a7 zu bringen. Weiß
beginnt jedoch, ihm die Felder
dieser Diagonale streitig zu
machen.

1.♔d5–e4   ♗g5–h4
2.♔e4–f3!

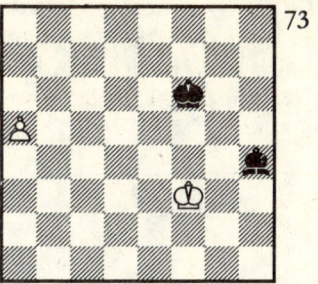

Schwarz am Zuge

Obwohl Schwarz am Zuge ist,
kann er nicht verhindern, daß
der Bauer das Umwandlungsfeld erreicht. Der weiße König
nimmt dem Läufer die Felder
e3 und f2, während der eigene
König die andere Läuferdiagonale versperrt. Stände der
schwarze König nicht auf f6,
sondern auf g6, würde das
Läufermanöver 2. ... ♗d8
(oder 2. ... ♗e7) 3.a6 ♗b6
das Remis erzwingen.
Dieses Beispiel (Diagramm
72) stellt eine seltene Ausnahme dar. Gewöhnlich kann
der Läufer einen Bauern, der
noch nicht weit vorgerückt ist,
immer aufhalten.
Ein Springer wird bedeutend
schlechter mit einem Freibauern fertig als ein Läufer. Wenn
der Springer jedoch in der
Nähe des Bauern steht und
vom König unterstützt wird,
ist das Remis auf elementare
Weise zu erreichen.
Einen Ausnahmefall, bei dem
sich der Bauer in eine Dame
verwandelt, weil der Springer

51

dem König im Wege steht und ihn daran hindert, den Bauern zu stoppen, veranschaulicht das folgende Diagramm.

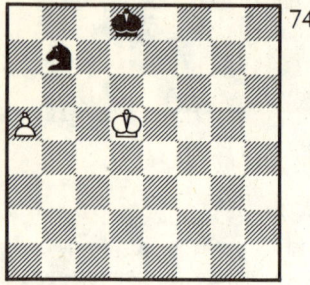

74

Weiß am Zuge

1.a5–a6	♔d8–c7
2.a6–a7	

Komplizierter ist die Aufgabe, wenn der Springer den Bauern allein bekämpfen muß. Im Gegensatz zum Läufer kann er einen Bauern nicht von weitem kontrollieren. Sofern es sich nicht um einen Randbauern handelt, hält der Springer einen auf der vorletzten Reihe stehenden Bauern aber ohne die Hilfe des Königs auf, wenn er das Umwandlungsfeld besetzen kann.

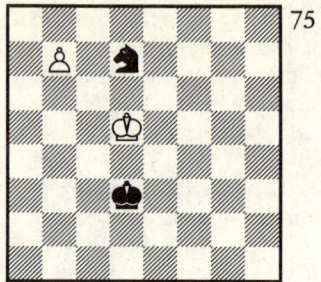

75

Weiß am Zuge

Der Springer hat die Last des Kampfes gegen den Bauern hier allein zu tragen. Deshalb versucht Weiß, den Springer von ihm abzudrängen.

1.♔d5–d6	♘d7–b8
2.♔d6–c7	♘b8–a6+
3.♔c7–b6	♘a6–b8

Es zeigt sich, daß der weiße König nicht in der Lage ist, diese Aufgabe zu bewältigen. Bei einem Turmbauern verfügt der Springer in einer derartigen Situation nicht über die erforderlichen Abzugsfelder. In der Ecke gerät er in die Falle und geht verloren.

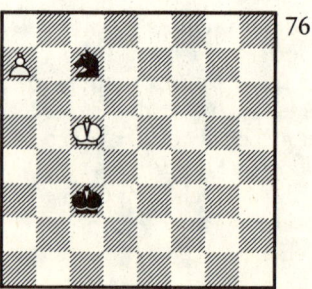

76

Weiß am Zuge

1.♔c5–c6   ♘c7–a8
2.♔c6–b7

Weiß gewinnt.

Erwähnt sei, daß sich Schwarz im letzten Beispiel retten könnte, wenn sein König nicht auf c3, sondern auf e5 stände.

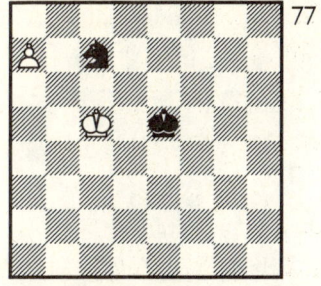

77

Weiß am Zuge

1.♔c5–c6   ♘c7–a8
2.♔c6–b7   ♔e5–d6!

Sie haben sicherlich schon des Pudels Kern erkannt: Wenn der weiße König den Springer schlägt, sitzt er in der Ecke schließlich selbst in der Falle.

3.♔b7:a8   ♔d6–c7!

Weiß ist patt, das Spiel remis. Hat der Randbauer die Schwelle des Umwandlungsfeldes noch nicht erreicht, wird der Springer auch allein erfolgreich mit ihm fertig.

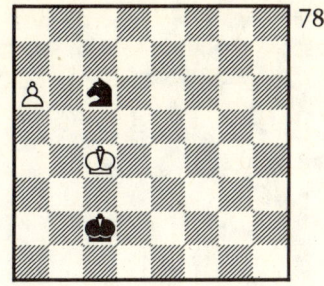

78

Weiß am Zuge

1.♔c4–c5   ♘c6–a7
2.♔c6–b6   ♘a7–c8+
3.♔b6–b7   ♘c8–d6+
4.♔b7–c7   ♘d6–b5+
5.♔c7–b6

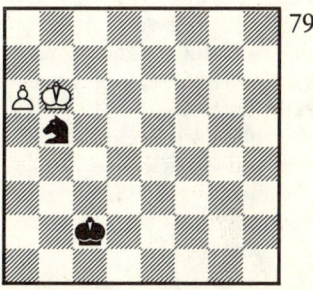

79

Es sieht so aus, als hätte Weiß den Springer abgedrängt. Schwarz antwortet jedoch 5. … ♘b5–d6!, wonach 6.a6–a7 angesichts des Doppelschlages – der „Gabel" 6. … ♘d6–c8+ nur zum Abtausch des Bauern führen würde.

In diesem Manöver liegt das Unterpfand für die erfolgreiche Verteidigung. Indem er um den Bauern „herumhüpft", verhindert der Springer, daß dieser vorrückt. Die Fähigkeit, mit Doppelschlägen – Gabeln – aufzuwarten, ist eine wichtige taktische Eigenschaft des Springers.

Fünftes Kapitel

Seltene Remisstellungen

In der Regel reicht das Übergewicht von einer Leichtfigur und einem Bauern vollauf zum Gewinn. Der Weg zum Ziel ist elementar einfach. Er besteht aus zwei Etappen: Zunächst muß der Bauer in eine Dame verwandelt und dann der gegnerische König matt gesetzt werden.

Hier wollen wir Sie mit einer Reihe von Ausnahmen bekannt machen, in denen der große Materialvorteil nicht zu realisieren ist.

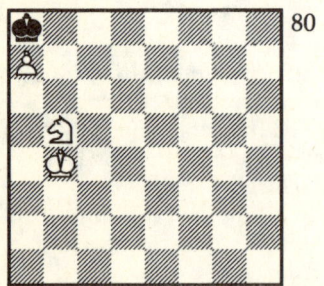

Der Bauer hat die Schwelle des Umwandlungsfeldes erreicht. Es gelingt ihm jedoch nicht, den letzten Schritt zu tun: Der König ist aus der Ecke nicht zu vertreiben.

1.♔b4–c5   ♚a8–b7
2.♔c5–d6   ♚b7–a8
3.♔d6–c6

Schwarz ist patt, das Spiel remis.
Der Springer konnte hier auch auf c6 oder c8 stehen.

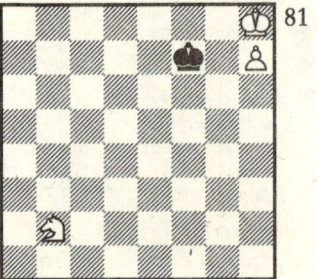

Weiß am Zuge gewinnt
Schwarz am Zuge hält remis

In dieser Stellung wird die Verwandlung des Bauern in eine Dame durch den eigenen König behindert, der das Feld vor ihm blockiert, während der König des Gegners alle Ein- und Ausgänge bewacht. Weiß hat aber noch einen Springer. Kann dieser den ersten Zug machen, gelingt es ihm tatsächlich, seinem König zu Hilfe zu kommen und ihn aus dem Gefängnis zu befreien.

1.♘b2–d3   ♚f7–f8
2.♘d3–e5   ♚f8–e7
3.♔h8–g7

Ist jedoch Schwarz am Zuge, erweist sich der Springer als machtlos, den gegnerischen König zu verdrängen.

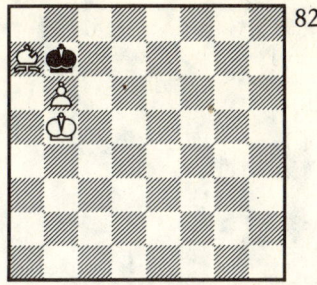

82

1. ...	♔f7–f8
2. ♘b2–d3	♔f8–f7
3. ♘d3–e5+	♔f7–f8

Weiß muß, da er sich im Zugzwang befindet, den Springer wegziehen und die Kontrolle über das Feld f7 aufgeben.

Als wir uns mit den Eigenschaften des Springers vertraut machten, stellten wir bereits fest, daß er mit jedem Zuge die Farbe des Feldes wechselt. In der vorliegenden Situation bewegte sich der schwarze König auf den Feldern f7 und f8 hin und her, d. h., er zog ebenfalls von einem weißen auf ein schwarzes Feld und umgekehrt. Diese Wechselbeziehung kann Weiß, wenn Schwarz am Zuge ist, nicht durchbrechen. Um zu gewinnen, müßte er den Gegner an den Zug bringen. Dies ist indes unmöglich.

Für derartige Stellungen gibt es eine einfache Regel: Die schwächere Seite hält remis, wenn sie ihren König auf ein Feld ziehen kann, das dieselbe Farbe trägt wie jenes, auf dem sich gerade der Springer befindet.

Es gibt auch Stellungen, in denen das Übergewicht von einem Läufer und einem Bauern nicht zum Gewinn ausreicht.

Ursache dafür, daß Weiß den Bauern hier nicht zur Dame führen kann, ist die höchst ungünstige Postierung des Läufers, der sich nicht in der Lage sieht, das Vorrücken des Bauern zu unterstützen.

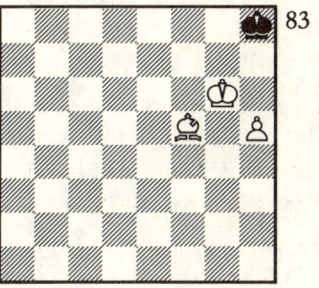

83

In dieser Stellung kann der Läufer nicht mithelfen, den schwarzen König aus der Ecke zu vertreiben. Die Kenntnis solcher Positionen ist äußerst nützlich. Sie bewahrt vor vielen Fehlern. Hier ein Beispiel.

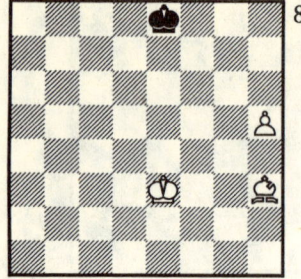

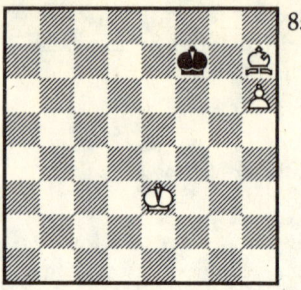

Weiß am Zuge

Schwarz hält remis, wenn sein
König das Eckfeld h8 erreicht.
Weiß gelingt es aber, ihm
durch genaue Züge den Weg
zu verlegen und den Bauern
in eine Dame zu verwandeln.

1.♗h3–e6!   …

Nur Remis ergäbe 1.h6 ♔f7,
wonach der König in die Ecke
gelangt.

1. …   ♔e8–e7
2.h5–h6!   ♔e7–f6

Der König droht, das Feld g6
zu betreten.

3.♗e6–f5!   ♔f6–f7
4.♗f5–h7!   …

Der Läufer hat dem König
den Zugang zum Bauern über
die Felder g6 und g8 auf originelle Art verwehrt. Es bleibt
aber noch das Feld g5.

4. …   ♔f7–f6
5.♔e3–f4!   …

Der König tritt in Aktion und
nimmt Schwarz die letzte Ret-
tungschance.

5. …   ♔f6–f7
6.♔f4–f5   ♔f7–f8
7.♔f5–f6   ♔f8–e8
8.♔f6–g7

Weiß führt den Bauern zur
Dame.

Systematischer Kurs der Endspiele

In diesem Abschnitt werden die hauptsächlichen, in der Praxis am häufigsten vorkommenden Endspieltypen behandelt. In ihnen bietet sich in der Regel keine Möglichkeit, mit den vorhandenen Kräften matt zu setzen, so daß nach anderen Gewinnchancen gesucht werden muß.

In dieser Zwischenphase auf dem Wege zum Erfolg ist es erforderlich, die Bauern vorzurücken, um wenigstens einen von ihnen in eine Dame zu verwandeln und ein zum Mattsetzen ausreichendes Kräfteübergewicht zu erlangen.

In solchen Endspielen ergibt sich somit ein neues strategisches Ziel – einen Bauern zur Dame zu führen.

Diese Endspiele haben darüber hinaus auch andere charakteristische Besonderheiten. Die erste besteht darin, daß der König zu einer aktiven, zu einer Angriffsfigur wird. Da ihm kein Matt mehr droht, hört er auf, Angriffsobjekt zu sein. Er kann aufatmen, aus dem Bauernunterschlupf hervorkommen, in dem er sich während des Mittelspiels versteckte, und endlich offensiv am Kampf teilnehmen. Im Endspiel greift der König Figuren und Bauern an und dringt oft selbst ins feindliche Lager ein.

Die zweite Besonderheit dieser Endspiele ist, daß der relative Wert jeder einzelnen Figur wächst, da in der Regel wenige von ihnen auf dem Brett verbleiben.

Reicht es im Mittelspiel zum Gewinn, auf irgendeinem begrenzten Brettabschnitt ein entscheidendes Kräfteübergewicht zu schaffen, ist es im Endspiel wichtig, nicht nur alle Kampfeinheiten einzeln zu mobilisieren, sondern auch ihr Zusammenwirken zu gewährleisten.

Ein Endspiel richtig zu behandeln bedeutet, alle vorhandenen Kräfte maximal zu aktivieren und ihr exaktes Zusammenspiel zu sichern.

Die dritte Besonderheit dieser Endspiele besteht darin, daß die Rolle der Bauern erheblich zunimmt. Während im Mittelspiel ein Mehrbauer gewöhnlich noch nicht entscheidend ist, wird er im Endspiel in vielen Fällen zu einem Faktor, der den Gewinn garantiert, wenn es gelingt, ihn in eine Dame zu verwandeln.

Die vierte Besonderheit dieser Endspiele ist, daß der zu verfolgende Plan im wesentlichen durch die Gegebenheiten der Stellung diktiert wird. Unabhängig von seinem Stil und Geschmack ist jeder Schachspieler genötigt, etwa ein und denselben Angriffs- oder Verteidigungsplan zu wählen. Dieser Plan ist oft für die entsprechende Endspielgattung typisch, und nur er führt zu dem gewünschten Ziel – zum Gewinn der Partie oder zum Remis.

Die fünfte und letzte Besonderheit dieser Endspiele besteht darin, daß im Vergleich zum Mittelspiel die Rolle der Theorie, der Sachkenntnisse wächst. Da im Endspiel verhältnismäßig wenige Figuren und Bauern beteiligt sind, läßt es sich leichter klassifizieren und erforschen. In den Jahrhunderten der Entwicklung des Schachspiels wurden ungezählte Endspielstellungen gründlich analysiert und nicht nur die Endergebnisse, sondern auch die beiderseits besten Pläne exakt ermittelt. In solchen Stellungen tritt das Wissen in den Vordergrund, und selbst die größte Kunstfertigkeit vermag am unvermeidlichen Ausgang nichts zu ändern. Im Grunde genommen sind viele Endspielpositionen logische Aufgaben mit einer genau vorherbestimmten Lösung.

Erstes Kapitel

Bauernendspiele

In Bauernendspielen sind nur Könige und Bauern am Kampf beteiligt. Trotz eines derart einfachen Kräfteverhältnisses zeichnen sie sich durch ungewöhnliche Kompliziertheit und tiefen Ideengehalt aus. Trügerische Einfachheit – so könnte man das Wesen von Bauernendspielen umreißen.

König und Bauer gegen König

Dieses Endspiel ist in der Praxis oft anzutreffen, so daß man seine Grundlagen gut kennen muß. Charakteristisch ist der Kampf der Könige rings um den Bauern herum: Die eine Seite ist bestrebt, den Bauern zur Dame zu führen, die andere will dies verhindern.

Der König kann den Vormarsch eines Bauern am besten behindern, wenn er eines der Felder vor ihm besetzt. Er vermag sich auf diesem jedoch nicht ewig zu behaupten. Die Zugpflicht zwingt ihn, zurückzuweichen, das Feld zu räumen und dem Bauern den Weg freizugeben. Dieser rückt mit Unterstützung seines Königs vor, bis schließlich die folgende kritische Stellung er-

reicht wird, in der es für den
König kein Zurück mehr gibt.

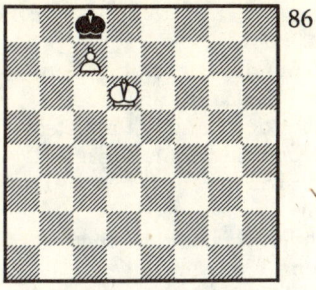

86

Wir haben eine Situation beiderseitigen Zugzwanges vor
uns. Das Zugrecht ist hier für
beide Seiten nachteilig. Weiß
am Zuge muß 1.♔d6–c6 spielen, was zu Patt und Remis
führt. Schwarz am Zuge ist zu
1. ... ♚c8–b7 genötigt, wor-
auf Weiß 2.♔d6–d7 antwortet
und den Bauern in eine Dame
verwandelt.
Weiß muß, wenn er den Bauern vorrückt, diese Stellung
mit schwarzer Zugpflicht anstreben, während Schwarz danach trachten wird, daß Weiß
am Zuge ist.
Versuchen wir zu ermitteln,
wie dies möglich ist. Sehen
wir uns eine Stellung mit
einem weißen Bauern auf c5
an.

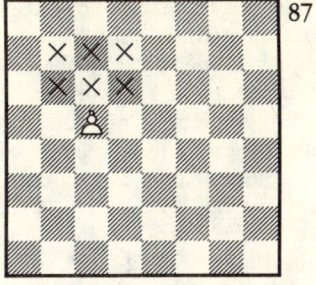

87

Es ist klar, daß Weiß den Bauern automatisch zur Dame
führt, wenn es ihm gelingt,
mit dem König eines der drei
Felder b7, c7 oder d7 zu besetzen. Welche Folgen ergeben sich, wenn sich der weiße
König auf d6 aufhält? Steht
der schwarze König auf c8,
entscheidet das Umgehungsmanöver 1.♔c6 ♚d8 2.♔b7
(oder 1. ... ♚b8 2.♔d7), steht
er auf d8, geschieht 1.c6 ♚c8
2.c7 ♚b7 3.♔d7.
Setzen wir die Analyse fort,
werden wir leicht feststellen,
daß Weiß auch gewinnt, wenn
er mit dem König die Felder
c6 oder b6 okkupieren kann.
Dabei spielt keine Rolle, wo
sich der König des Gegners
befindet.
Diese sechs Felder – b7, c7,
d7, b6, c6 und d6 – werden in
der Theorie der Bauernendspiele als Schlüsselfelder des
Bauern c5 bezeichnet: Die Besetzung auch nur eines von
ihnen durch den weißen König führt zur Verwandlung
des Bauern in eine Dame.
Schwarz hält das Endspiel re-

mis, wenn er verhindert, daß der weiße König auf die Schlüsselfelder gelangt. Dazu muß, wie leicht zu erkennen ist, bei weißem König auf d5 der schwarze auf d7 oder c7, bei weißem König auf b5 der schwarze auf b7 oder c7 stehen. Im Fall von 1.c6 hat Schwarz den König dann so zurückzuziehen, daß er auf 2.♔b6 oder 2.♔d6 entsprechend 2. ... ♚b8 bzw. 2. ... ♚d8 antworten kann. Befindet sich sein König z. B. auf c7, hat er folglich nur eine rettende Erwiderung, nämlich 1. ... ♚c8. Dieser Zug erfüllt die gestellten Bedingungen, während 1. ... ♚d8 (oder 1. ... ♚b8) nach 2.♔d6 (bzw. 2.♔b6) 2. ... ♚c8 3.c7 zu Zugzwang und Verlust führt.

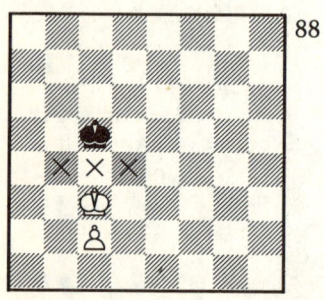

88

Eine weitere wichtige Stellung beiderseitigen Zugzwanges. Hier sind b4, c4 und d4 die Schlüsselfelder.
Nehmen wir an, Schwarz sei am Zuge. Er muß 1. ... ♚b5 (oder 1. ... ♚d5) spielen, und nach 2.♔d4 (bzw. 2.♔b4)

geht der Bauer automatisch zur Dame, z. B. 2. ... ♚c6 3.♔c4 ♚b6 4.♔d5 (Umgehung) 4. ... ♚c7 5.♔c5 ♚d7 6.♔b6!
Durch das Umgehungsmanöver des Königs hat Weiß eines der Hauptschlüsselfelder besetzt und kann beginnen, den Bauern zur Dame zu führen.
Anders liegen die Dinge, wenn Weiß am Zuge ist. Auf 1.♔b3 erwidert Schwarz 1. ... ♚b5, während 1.♔d3 entsprechend 1. ... ♚d5 zur Folge hätte. Damit wird das Vordringen des weißen Königs unterbunden. Nach 2.c4+ ♚c5 3.♔c3 ♚c6 (möglich ist auch 3. ... ♚d6 oder 3. ... ♚b6) 4.♔d4 ♚d6 5.c5+ ♚d7 6.♔d5 ♚c7 7.c6 ♚c8! 8.♔d6 ♚d8! hält Schwarz, wie wir bereits wissen, remis.
Um dem gegnerischen König die drei Schlüsselfelder zu verwehren, stellte ihm Schwarz seinen eigenen gegenüber, er nahm, wie man sagt, die Opposition ein. Die Opposition der Könige ist das einzige Mittel im Kampf um drei nebeneinander liegende Schlüsselfelder.
In einigen Schachlehrbüchern wird die Opposition der Könige zum Schwerpunkt der Bauernendspiele gemacht. Das ist nicht ganz richtig. Wie wir noch des öfteren sehen werden, ist es der Kampf um die Schlüsselfelder, der das Leit-

motiv der meisten Bauernendspiele bildet. Nur dann, wenn drei Schlüsselfelder nebeneinander liegen, muß man die Opposition anstreben, um eine Umgehung zu verhindern.

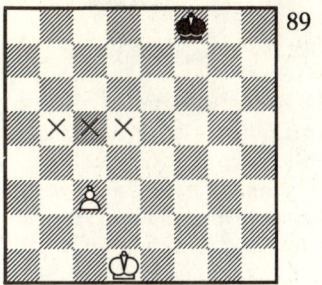

89

Versuchen wir, ausgehend von der Theorie der Schlüsselfelder, diese Stellung zu beurteilen.

Die Schlüsselfelder des Bauern c3 sind d5, c5 und b5. Das bedeutet, daß bei weißem König auf d4 der schwarze auf d6, bei weißem König auf c4 der schwarze auf c6, bei weißem König auf b4 der schwarze auf b6 stehen müßte. Auf jedes der genannten drei Felder gelangt der weiße König in drei Zügen, während der schwarze König das Feld d6 in zwei, das Feld c6 in drei und das Feld b6 in vier Zügen erreicht. Die Rechnung ist folglich einfach: Wenn der weiße König sofort das Feld b4 ansteuert, kann der schwarze nicht rechtzeitig das Feld b6 besetzen und zieht den kürzeren:

1.♔d1–c2!	♚f8–e7
2.♔c2–b3!	♚e7–d6
3.♔b3–b4!	♚d6–c6
4.♔b4–c4!	

Schwarz befindet sich im Zugzwang und kann ein Umgehungsmanöver des weißen Königs nicht verhindern. Dieser gelangt auf eines der Schlüsselfelder und stellt den Sieg damit sicher.

Hat der gegnerische König ein Feld vor einem Randbauern besetzt, gelingt es wegen eines möglichen Patts nicht, ihn zu verdrängen. Aber auch bei einem Randbauern gibt es Schlüsselfelder, deren Einnahme durch den eigenen König die Verwandlung des Bauern in eine Dame gewährleistet. In der folgenden Stellung sind dies die Felder g7 und g8.

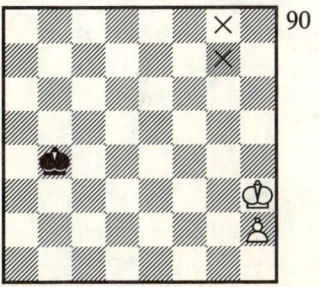

90

Die Beurteilung der Position hängt vom Zugrecht ab. Weiß am Zuge kann den König rechtzeitig nach g7 führen und gewinnen:

| 1.♔h3–g4 | ♚b4–c5 |
| 2.♔g4–g5 | ♚c5–d6 |

3.♔g5–g6   ♚d6–e7
4.♔g6–g7

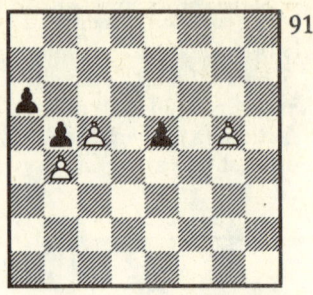

91

Schwarz kann den Vormarsch des Bauern nicht behindern. Ein anderes Bild ergibt sich, wenn Schwarz am Zuge ist:

1. ...   ♚b4–c5
2.♔h3–g4   ♚c5–d6
3.♔g4–g5   ♚d6–e7
4.♔g5–g6   ♚e7–f8
5.♔g6–h7   ...

Weiß muß diesen Zug machen. Anderenfalls gelangt der schwarze König in die Ecke, aus der er nicht mehr zu vertreiben wäre.

5. ...   ♚f8–f7
6.h2–h4   ♚f7–f8
7.h4–h5   ♚f8–f7
8.h5–h6   ♚f7–f8

Weiß hat die Wahl, wie er das Remis herbeiführen soll – er kann entweder seinen eigenen oder den König des Gegners patt setzen.
Stehen die Könige weit von den Bauern entfernt, läßt sich mit Hilfe der „Quadratregel" auch ohne Variantenberechnung schnell ermitteln, ob ein König den Bauern erreicht oder nicht. Mit dieser Regel haben wir Sie bereits auf Seite 14 vertraut gemacht.

Felder und Entfernungen

Erinnern wir uns, was wir über die Einteilung der Bauern wissen.

Die Bauern b4 und b5, die den Eindruck erwecken, als würden sie sich mit der Stirn gegeneinanderstemmen, nennt man blockierte Bauern: Sie können sich nicht bewegen. Der Bauer a6 ist rückständig. Die Bauern c5, e5 und g5 sind Freibauern, da ihr weiteres Vorrücken nicht durch Bauern des Gegners behindert wird. Freibauern haben ihre Unterscheidungsmerkmale. Der Bauer c5 ist ein gedeckter, die Bauern e5 und g5 sind isolierte Freibauern. Wenn sich beide Könige auf dem Damenflügel aufhalten, ist der Bauer g5 am weitesten entfernt. Man bezeichnet ihn deshalb als entfernten Freibauern.
Es sind die verschiedenartigsten Bauernkonstellationen denkbar, und jede von ihnen besitzt ihre eigenen Schlüsselfelder. Hier ein Beispiel:

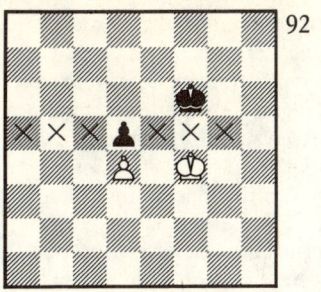

92

Wir haben eine höchst einfache Stellung mit blockierten Bauern vor uns. Der weiße Plan zerfällt in zwei Etappen. Zunächst ist notwendig, den gegnerischen Bauern zu erobern, und anschließend muß der eigene in eine Dame verwandelt werden. Das Schicksal des schwarzen Bauern ist offensichtlich besiegelt, wenn es dem weißen König gelingt, eines der Felder e5, f5, g5, a5, b5 oder c5 zu betreten. Auch diese Felder können wir mit Fug und Recht als Schlüsselfelder bezeichnen, führt doch ihre Besetzung durch den König der stärkeren Seite (in diesem Falle Weiß) zur Verwirklichung des Nahziels – zum Gewinn des Bauern. Ein blockierter Bauer hat folglich sein eigenes System von Schlüsselfeldern.

Die Verwirklichung des ersten Ziels (Bauerngewinn) garantiert noch nicht, daß auch das zweite (Verwandlung des Bauern) erreicht wird. Erleidet die schwächere Seite im Kampf um den Bauern eine Niederlage, kann sie dem Gegner immer noch verwehren, den Freibauern zur Dame zu führen. Ein derartiger Fall liegt hier vor. Schwarz am Zuge muß den gegnerischen König auf die Schlüsselfelder seines Bauern lassen.

1. …	♔f6–e6
2.♔f4–g5	♔e6–e7
3.♔g5–f5	♔e7–d6
4.♔f5–f6	♔d6–d7
5.♔f6–e5	♔d7–c6
6.♔e5–e6	…

Schwarz verliert den Bauern. Es folgt jedoch:

6. …	♔c6–c7!
7.♔e6:d5	♔c7–d7!

Das Spiel endet remis: Der weiße König gelangt nicht auf die Schlüsselfelder des Freibauern.

Beim Leser könnte nun die Frage auftauchen, welchen praktischen Nutzen der Begriff der Schlüsselfelder habe. Anhand der folgenden Beispiele wollen wir nachweisen, daß dieser Begriff die Analyse einer ganzen Reihe von Bauernendspielen erleichtert und es gestattet, schnell und fehlerlos einen exakten Plan zu entwerfen.

N. Grigorjew, 1921

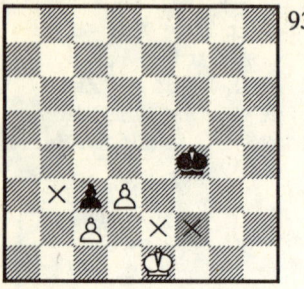

93

Schwarz am Zuge

Weiß droht, die Partie durch
1.♔e2 (oder 1.♔f2) sofort zu
entscheiden. Es würde ihm danach gelingen, den d-Bauern
in Marsch zu setzen und
einen zweiten Bauern zu erobern. Man kann leicht feststellen, daß e2 und f2 Schlüsselfelder sind. Auch das dritte
Schlüsselfeld – b3 – läßt sich
unschwer ermitteln. Wenn
Weiß dieses Feld mit dem König betreten könnte, würde er
den Bauern c3 ebenfalls gewinnen. Schwarz hält remis,
wenn er verhindern kann, daß
der gegnerische König eines
der Schlüsselfelder besetzt.
Dies ist nur nach 1. ...
♔f4–f3! möglich, z. B.

2.♔e1–d1	♔f3–e3
3.♔d1–c1	♔e3–d4
4.♔c1–b1	♔d4–c5
5.♔b1–a2	♔c5–b4

Der König ist rechtzeitig zur
Stelle.
Sie können sich selbst davon

überzeugen, daß der Zug 1. ...
♔e3 verloren hätte.
Als sich der weiße König von
e1 nach a2 begab, gelangte der
schwarze auf einem einzig
möglichen Weg von f3 nach
b4, um die Besetzung des
Schlüsselfeldes b3 zu verhindern. Die Marschrouten der
Könige wiesen eine gegensei-
tige Abhängigkeit auf. Auf je-
den Zug des weißen Königs
hatte der schwarze nur eine
Antwort. Dem Feld e1 ent-
sprach nur das Feld f3, dem
Feld d1 nur e3, dem Feld c1
nur d4, dem Feld b1 nur c5,
dem Feld a2 nur b4.
Derart voneinander abhängige
Felder erhielten die Bezeich-
nung Gegenfelder. Um dem
weißen König die Schlüsselfelder streitig zu machen, mußte
der schwarze stets auf die jeweiligen Gegenfelder ziehen.
Die Einhaltung der Gegenfelder ist somit ein Hilfsmittel
im Kampf der Könige um
Schlüsselfelder.
Wie das folgende Beispiel
zeigt, ist die Niederlage un-
ausbleiblich, wenn ein Gegenfeld nicht behauptet werden
kann.

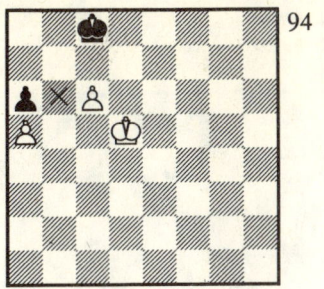

94

Auf den ersten Blick sieht es so aus, als könne sich Schwarz erfolgreich verteidigen. Im Fall von 1.♔c5 mit der Drohung, auf das Schlüsselfeld b6 vorzudringen, hat Schwarz die einzige, aber ausreichende Erwiderung 1. ... ♚c7. Auf 1.♔d6 geschieht 1. ... ♚d8. Wir haben wiederum eine Stellung mit Gegenfeldern vor uns. Dem Feld c5 entspricht das Feld c7, dem Feld d6 das Feld d8, dem Feld d5 das Feld c8. In unmittelbarer Nähe des Bauern kann Schwarz das jeweilige Gegenfeld behaupten. Versuchen wir deshalb, den weißen König vorübergehend zurückzuziehen. Nach 1.♔d5–d4 scheitert 1. ... ♚c7 an 2.♔c5. Schwarz muß also 1. ... ♚c8–d8 (oder 1. ... ♚b8) spielen. Was aber, wenn Weiß mit 2.♔d4–c4 einen weiteren Abwartezug macht? Schwarz gelingt es in diesem Falle nicht, das Gegenfeld einzuhalten:

2. ...	♚d8–c8
3.♔c4–d5!	♚c8–d8
4.♔d5–d6	

Wir lernten hier eines der einfachsten Beispiele für die Anwendung der Gegenfeldmethode kennen, das sogenannte „Dreiecksverfahren" (auf den Feldern d5, d4 und c4). Durch ein Dreiecksmanöver seines Königs durchbrach Weiß das Gleichgewicht zu seinen Gunsten.

Nunmehr wollen wir uns einige Besonderheiten der Geometrie des Schachbretts ansehen.

I. Maiselis, 1921

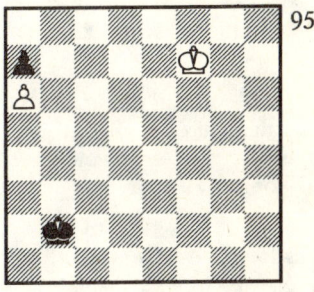

95

Weiß am Zuge gewinnt den Bauern a7. Um die Partie zu retten, müßte Schwarz in dem Augenblick, da Weiß den Bauern schlägt, mit dem König nach c7 gelangen. Dann könnte Weiß keines der Schlüsselfelder (b7 oder b8) besetzen.

Der weiße König kann sich dem Bauern a7 in ein und derselben Zugzahl auf den verschiedensten Wegen nähern, z. B. über e7–d7–c7–b7, über e6–d6–c6–b7, ferner über e6–d5–c6–b7 oder schließlich über e8–d7–c6–b7!

Ist es nicht merkwürdig, daß auf dem Schachbrett der Weg entlang einer Geraden nicht kürzer ist als ein Zickzackkurs? Kennt man diese erstaunliche Besonderheit des Schachbrettes, kann man versuchen, den König so an den Bauern heranzuführen, daß er gleichzeitig die Annäherung des schwarzen Königs an das Feld c7 verhindert. Eine solche Aufgabenverbindung läßt sich hier erfolgreich verwirklichen.

1.♔f7–e6   ♚b2–c3
2.♔e6–d5!   …

Der weiße König drängt den schwarzen seitlich ab. Dieser ist gezwungen auszuweichen und kommt zu spät.

2. …   ♚c3–b4
3.♔d5–c6   ♚b4–a5
4.♔c6–b7   ♚a5–b5
5.♔b7:a7   ♚b5–c6
6.♔a7–b8

Weiß gewinnt.

Die seitliche Abdrängung wird in Bauernendspielen oft angewandt. Die Kenntnis dieses Verfahrens gestattet, auch die folgende Studie leicht zu lösen.

N. Grigorjew, 1931
(Schluß einer Studie)

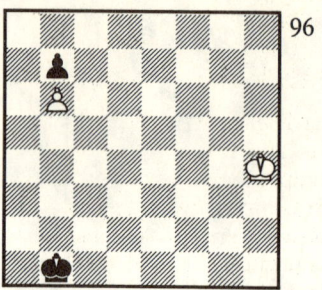

96

Remis

Der Versuch des weißen Königs, bis c7 vorzustoßen, erleidet ein Fiasko. In ebenfalls fünf Zügen befindet sich der schwarze König nämlich auf a6, wonach der Bauer b6 verlorengeht. Da Weiß den Bauern b6 nicht verteidigen kann, muß er einen anderen Plan in die Tat umsetzen – in dem Augenblick, da der schwarze König den Bauern schlägt, mit dem König das Feld b4 betreten und dem Gegner die Schlüsselfelder des Bauern b7 (a5, b5 und c5) verwehren.

Ein zu direktes Vorprellen des Königs führt indes nicht ans Ziel: 1.♔g4? ♚c2 2.♔f4 ♚d3! Der schwarze König drängt seinen Opponenten ab.

Der genannte Verteidigungsplan ist erfolgreich zu verwirklichen, wenn Weiß durch ein feines Königsmanöver den Störversuchen des Gegners ausweicht.

1. ♔h4–g3!   ♚b1–c2
2. ♔g3–f2!   ♚c2–d3
3. ♔f2–e1!   ♚d3–c4
4. ♔e1–d2   ♚c4–b5
5. ♔d2–c3   ♚b5:b6
6. ♔c3–b4

Das Ziel ist erreicht.
Das Thema der Aufgabenverbindung, das auf der originellen Geometrie des Schachbretts beruht, kommt am prägnantesten in der folgenden berühmten Studie zum Ausdruck.

R. Réti, 1921

97

Remis

Wie kann hier von Remis die Rede sein? Der weiße König ist katastrophal weit vom schwarzen Bauern entfernt, und auf den Bauern c6 darf man, wie es scheint, keinerlei Hoffnungen setzen.
Trotzdem läßt sich dieses Rätsel lösen. Während er den gegnerischen Bauern verfolgt, muß der weiße König bemüht sein, dem eigenen Bauern zu Hilfe zu kommen. Eine solche

„Jagd auf zwei Hasen" führt zum Erfolg.

1. ♔h8–g7!   ♚a6–b6
2. ♔g7–f6!   h5–h4
3. ♔f6–e5   h4–h3
4. ♔e5–d6!   …

Zwar hat Weiß den gegnerischen Bauern nicht eingeholt, ist dafür aber an der Seite seines eigenen aufgetaucht, um ihn zu unterstützen.

4. …   h3–h2
5. c6–c7   ♚b6–b7
6. ♔d6–d7

mit Remis.

Verwertung eines Übergewichts

In Bauernendspielen reicht ein Mehrbauer meist völlig aus, um die Partie zu gewinnen. Dieses Übergewicht zu verwerten bereitet keine Schwierigkeiten. Es ist notwendig, einen Freibauern zu bilden und diesen zur Dame zu führen. Sollte der gegnerische König ihn aufhalten, läßt sich dessen damit verbundene Ablenkung gewöhnlich nutzen, um mit dem eigenen König zu den Bauern am anderen Flügel durchzubrechen und dort einen entscheidenden Materialvorteil zu erzielen.
Vor Bildung des Freibauern empfiehlt es sich, die Aufstellung des eigenen Königs zu

verbessern, um den Vormarsch des Bauern zum Umwandlungsfeld mit größtem Effekt und ohne dem Gegner irgendeine Chance zu bieten, zu verwirklichen.

Hier ein Lehrbeispiel.

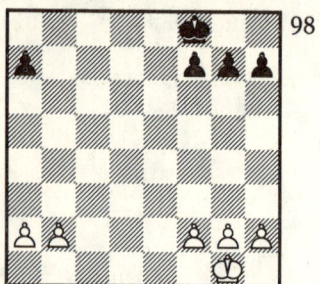

98

Zunächst wird der König ins Spiel gebracht.

1.♔g1–f1	♚f8–e7
2.♔f1–e2	♚e7–d6
3.b2–b4	…

Um den gegnerischen König nicht nach c5 zu lassen. Möglich ist auch 3.♔d3 ♚c5 4.♔c3 a5 5.b3 nebst 6.a3 und 7.b4.

3. …	♚d6–d5
4.♔e2–d3	f7–f5
5.f2–f4	g7–g6
6.g2–g3	a7–a6
7.a2–a4	♚d5–c6

Der König kann seine aktive Position nicht behaupten und muß zurückweichen.

8.♔d3–d4	♚c6–d6
9.b4–b5	a6:b5
10.a4:b5	♚d6–c7
11.♔d4–e5	…

Am einfachsten. Weiß gibt den Freibauern auf, macht dafür jedoch am anderen Flügel reiche Beute. Die Alternative wäre 11.♔c5 ♚b7 12.b6 ♚b8 13.♔c6 ♚c8 14.b7+ ♚b8 15.♔b6 h6 16.h4 g5 (ein verzweifelter Versuch, auf Patt zu spielen) 17.hg hg 18.fg f4 19.g6 f3 20.g7 f2 21.g8♛ matt.

11. …	♚c7–b6
12.♔e5–f6	♚b6:b5
13.♔f6–g7	♚b5–c4
14.♔g7:h7	♚c4–d4
15.♔h7:g6	

Weiß gewinnt.

W. Bähr, 1936

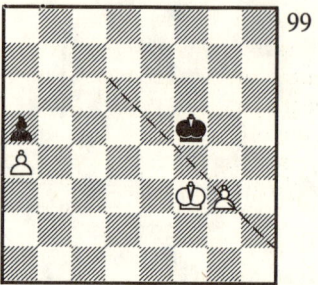

99

Weiß gewinnt

Ein impulsiver Zug mit dem Bauern würde den Gewinn verschenken: 1.g4+? ♚g5 2.♔g3 ♚g6 3.♔f4 ♚f6 4.♔e4 (das weitere Vorrücken des Bauern führt zum Patt) 4. … ♚g5 5.♔d4 ♚:g4 6.♔c4 ♚f5 7.♔b5 ♚e6 8.♔:a5 ♚d7 9.♔b6 ♚c8 mit Remis.

Richtig ist, den a-Bauern sofort anzugreifen.

1.♘f3–e3!	♚f5–g4
2.♘e3–d4	♚g4:g3
3.♘d4–c4	♚g3–f4
4.♘c4–b5	♚f4–e5
5.♚b5:a5	♚e5–d6
6.♚a5–b6!	...

Der weiße König kann seinen Opponenten fernhalten und sich die Schlüsselfelder sichern.

| 6. ... | ♚d6–d7 |
| 7.♚b6–b7 | |

Weiß gewinnt.
Zur schnelleren Beurteilung derartiger Positionen hat der Analytiker Bähr eine einfache Regel formuliert: In Stellungen mit blockierten Bauern auf a4 und a5 wird die Gewinnzone des Freibauern durch die Diagonale d6–h2 begrenzt.
Einige Besonderheiten bei der Verwertung eines Mehrbauern zeigt das folgende Beispiel.

Aljechin–Yates
Hamburg 1910

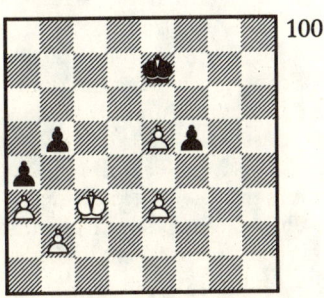

100

Ein Angriff auf die gegnerischen Bauern brächte Weiß nichts ein, da Schwarz seinerseits über die Bauern e5 und e3 herfallen würde. Zum Ziel führt ein lehrreiches Manöver mit dem König.

1.♚c3–d3!	♚e7–d7
2.e3–e4!	f5–f4
3.♚d3–e2	♚d7–e6
4.♚e2–f2!	

In derartigen Stellungen könnte man die Bauern e4 und f4 als vom Typ „Rührmich-nicht-an" bezeichnen, da es nachteilig ist, sich ihnen als erster zu nähern. Der schwarze König muß dies dennoch tun, da ihm nichts anderes übrigbleibt, als den Bauern e5 zu schlagen. Darauf entscheidet jedoch 5.♚f2–f3.
Die Besonderheiten der Bauernstruktur, der Vorrat an Tempi und die Aufstellung der Könige sind die hauptsächlichen Faktoren, die die Stellungsbeurteilung und die beiderseitigen Pläne in einem Bauernendspiel bestimmen. Ein entfernter Freibauer oder die Möglichkeit, einen solchen zu bilden, stellt in einem Bauernendspiel unter sonst gleichen Bedingungen in der Regel ein entscheidendes positionelles Übergewicht dar. Der Gewinnplan besteht darin, den König des Gegners durch den Vorstoß dieses Bauern abzulenken und mit dem eigenen König ins feindliche Lager einzubrechen. Hier ein charakteristisches Beispiel:

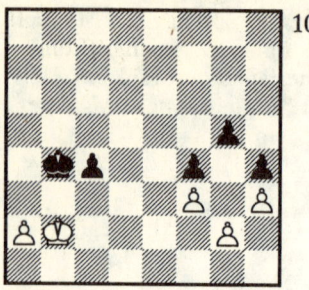

101

Der entfernte Freibauer a2 ist viel gefährlicher als der Bauer c4. Nach dem zwangsläufigen Abtausch dieser Bauern steht der weiße König bedeutend näher an den Bauern des Königsflügels als der schwarze. Dies entscheidet.

1.♔b2–c2   ♔b4–a3

Wenn sich Schwarz mit 1. ... ♔c5 abwartend verhält, ist er nach 2.♔c3 ♔b5 3.a3 ♔c5 4.a4 ♔d5 5.a5 ♔c5 6.a6 unter für ihn noch ungünstigeren Bedingungen zum Abtausch gezwungen.

2.♔c2–c3   ♔a3:a2
3.♔c3:c4   ♔a2–b2
4.♔c4–d4   ♔b2–c2
5.♔d4–e4   ♔c2–d2
6.♔e4–f5   ♔d2–e2
7.♔f5:g5   ♔e2–f2
8.♔g5:f4   ♔f2:g2
9.♔f4–g4

Weiß gewinnt.

In Bauernendspielen ist es wichtig, die Möglichkeit eines Durchbruchs zu beachten, mit dem durch das Opfer eines oder mehrerer Bauern irgend-

einem anderen der Weg zum Umwandlungsfeld geebnet wird. Diese Möglichkeit kann sich selbst dann ergeben, wenn keine Freibauern vorhanden sind.

C. Cozio, 1766

102

Der schwarze König steht von den Bauern entfernt, und Weiß verwirklicht einen charakteristischen Durchbruch.

1.b5–b6!   c7:b6
2.a5–a6!   b7:a6
3.c5–c6

Der Bauer ist nicht aufzuhalten. Die Alternative besteht hier in 1. ... ab 2.c6! bc 3.a6! usw.
Ist Schwarz am Zuge, kann er den Durchbruch mit 1. ... b6 zuverlässig unterbinden.
Ein Kampf um Tempi wird in Bauernendspielen jeglicher Art geführt. Deshalb sind Reservetempi nicht hoch genug einzuschätzen. Sie gestatten, eine Auseinandersetzung um Schlüsselfelder für sich zu entscheiden, eine Zugzwangstel-

lung zu schaffen und ins Lager des Gegners einzubrechen. Es folgen zwei Stellungen, in denen das Vorhandensein von Reservetempi die Strategie des Spiels bestimmt.

Nach N. Grigorjew

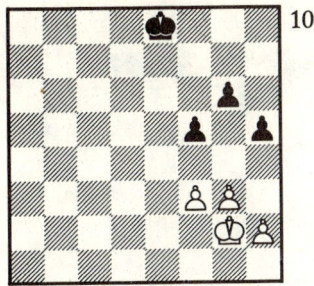

103

Weiß gewinnt

Um zu gewinnen, muß Weiß mit dem König ins gegnerische Lager eindringen. Seine drei Reservetempi gestatten ihm, dieses Ziel zu erreichen. Ein Tempo benötigt er, um den König nach g5 zu bringen, ein zweites, um nach h6 zu gelangen, und das letzte, um die entscheidende Umgebung zu vollziehen und die Schlüsselfelder zu erobern.

1.♔g2–h3   ♚e8–f7

Der Zug 1. ... g5 scheitert an 2.f4!, z. B. 2. ... gf 3.gf ♔f7 4.♔h4 ♔g6 5.h3! (das entscheidende Tempo) 5. ... ♔h6 6.♔g3 ♔g6 7.♔f3 ♔f6 8.♔e3 ♔e6 9.♔d4 ♔d6 10.h4!

2.♔h3–h4   ♚f7–f6

Der Versuch, mit 2. ... f4 3.gf! ♔f6 einen Gegenangriff einzuleiten, schlägt fehl. Nach 4.♔g3 ♔f5 5.h4 ♔e6 6.♔f2 ♔f6 7.♔e2 ♔e6 8.♔d3 ♔f5 9.♔e3 ♔f6 (9. ... ♔e6 10.♔e4 ♔f6 11.f5 g5 12.hg+ ♔:g5 13.♔e5, und Weiß gewinnt) 10.♔e4 ♔e6 11.f5+ gf 12.♔d4 ♔d6 13.f4 gerät Schwarz in Zugzwang.

3.f3–f4   ♚f6–f7
4.♔h4–g5   ♚f7–g7
5.h2–h3!   ♚g7–f7
6.♔g5–h6   ♚f7–f6
7.♔h6–h7   ♚f6–f7
8.h3–h4!   ♚f7–f6
9.♔h7–g8

Weiß gewinnt.
Stände der weiße Bauer in der Ausgangsstellung auf f4, bringt der Marsch des Königs nach g5 keinen Erfolg: Es fehlt ein Tempo. Dafür würde in diesem Fall ein Umgehungsmanöver von links gewinnen, bei dem nur zwei Tempi erforderlich sind.

Nach N. Grigorjew

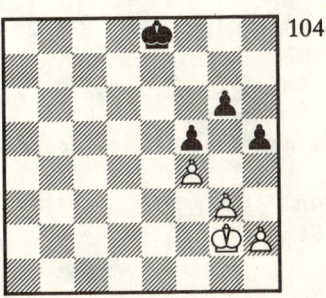

104

Weiß gewinnt

1.♔g2–f3 ♚e8–e7
2.♔f3–e3 ♚e7–e6
3.♔e3–d4 ♚e6–d6
4.h2–h3! ♚d6–e6
5.♔d4–c5 ♚e6–e7
6.♔c5–c6 ...

Nur so! Nach 6.♔d5 ♚d7
7.♔e5 ♚e7 8.h4 ♚f7 9.♔d6
hält Schwarz das Gleichgewicht mit 9. ... ♚f6 aufrecht.

6. ... ♚e7–e6
7.h3–h4! ♚e6–e7
8.♔c6–c7 ♚e7–e6
9.♔c7–d8! ...

Ziel des Königsmanövers ist
eine Umgehung.

9. ... ♚e6–f7
10.♔d8–d7 ♚f7–f6
11.♔d7–e8! ...

Weiß gewinnt.
Auch eine aktive Verteidigung
hätte Schwarz nicht gerettet:
9. ... ♚d5 10.♔e7 ♚e4
11.♔f6 ♚f3 12.♔:g6 ♚:g3
13.♔g5! ♚f3 14.♔:f5 bzw.
13. ... ♚h3 14.♔:h5.
Wir haben uns bereits davon
überzeugt, daß der König in
Bauernendspielen der Haupt-
akteur ist. Er kämpft um
Schlüsselfelder, greift Bauern
an, drängt den gegnerischen
König ab.
Im folgenden Beispiel wird
die Auseinandersetzung durch
die unterschiedliche Aufstellung der Könige entschieden.

M. Botwinnik, 1952

105

1.♔c4–d5 ♚g7–f8!

Schwarz versucht, den Plan
seines Gegners, der den König
nach e7 führen will, zu verei-
teln.

2.♔d5–d6 ♚f8–e8
3.f4–f5 g6–g5

Falls 3. ... gf 4.gf ♚d8, so 5.f6
♚e8 6.♔c7 ♚f8 7.♔d8 usw.

4.♔d6–c7! ♚e8–e7
5.♔c7–c8! ♚e7–d6

Schwarz geht gezwungenerma-
ßen zum Gegenangriff über.
Auf 5. ... ♚e8 entscheidet
6.f6.

6.♔c8–d8 ♚d6–e5
7.♔d8–e7 f7–f6
8.♔e7–f7 ♚e5–f4
9.♔f7:f6 ♚f4:g4
10.♔f6–g6

Der weiße Bauer geht als erster zur Dame.

Zweites Kapitel

Springerendspiele

Von Springerendspielen
spricht man, wenn außer den
Königen nur Springer und
Bauern auf dem Brett sind.
Wir untersuchen hier zwei Typen von Springerendspielen:
Stellungen, in denen ein
Springer gegen Bauern kämpft,
und Stellungen, in denen
beide Seiten einen Springer
besitzen.

Springer gegen Bauern

Der Springer kann einen Bauern stoppen, indem er ein
Feld auf dessen Weg zum Umwandlungsfeld besetzt. Folglich darf er nicht zu weit vom
Bauern entfernt sein. Der
Springer ist indes eine plumpe
Figur. Seine Aufstellung in
der Nähe des Bauern sagt
noch nichts darüber aus, ob er
wirklich in der Lage ist, ihn
aufzuhalten. Denken Sie
daran, daß ein Turmbauer für
einen Springer am gefährlichsten ist.
Wie ein Springer mit einem
Bauern zurechtkommt, der die
vorletzte Reihe erreicht hat,
haben Sie bereits erfahren
(siehe die Seiten 52 und 53).
Das folgende Beispiel zeigt,
wie der Springer einen entfernt stehenden Bauern einholen kann.

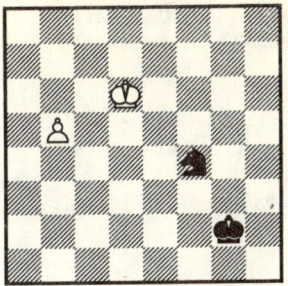

106

Um den Bauern aufzuhalten,
muß der Springer nach b7
oder b8 gelangen. Von rechts
kann er sich dem Bauern nicht
nähern, weil ihn der gegnerische König daran hindert.
Deshalb muß er von der anderen Seite kommen.

1. ...	♘f4–d3!
2.b5–b6	♘d3–b4
3.b6–b7	♘b4–a6

mit Remis.

Wenn der Springer den Bauern scheinbar nicht mehr erreichen kann, kommt ihm mitunter die Aufstellung des gegnerischen Königs zu Hilfe.

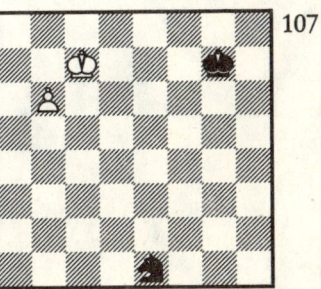

107

Schwarz am Zuge kann sich
retten.

1. ...	♘e1–d3
2.b6–b7	♘d3–c5!
3.b7–b8♕	♘c5–a6+

Ihm half der gegnerische König aus der Patsche. Das gleiche wäre der Fall, wenn dieser auf a2 stände.

1. ...	♘e1–d3
2.b6–b7	♘d3–b4+!
3.♔a2–b3	♘b4–c6

Diese wichtige Eigenschaft des Springers, durch ein Schachgebot ein fehlendes Tempo zu gewinnen, sollte der Leser niemals außer acht lassen.

Sehr gut werden die Möglichkeiten des Springers durch das folgende Beispiel verdeutlicht.

N. Grigorjew, 1938
(Schluß einer Studie)

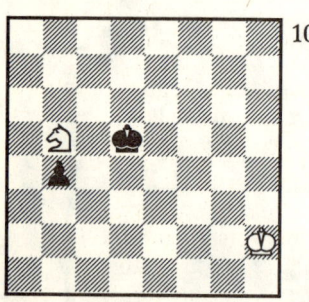
108

Weiß am Zuge

Schwarz droht, den Springer mit 1. ... ♔c5 zu verdrängen und den Bauern zur Dame zu führen. Weiß hält remis, wenn er in dem Augenblick, da der Bauer auf b2 auftaucht, mit

dem Springer nach a3, c3 oder d2 gelangt.

Zunächst muß die Aufstellung des Springers verbessert und der gegnerische König zu einer Erklärung gezwungen werden.

1.♘b5–c7+!	♔d5–c4

Die für Weiß gefährlichste Antwort. Auf 1. ... ♔d4 würde er mit 2.♔g2 beginnen, den König anzunähern, da er für den Fall von 2. ... b3 die Fortsetzung 3.♘b5+ nebst 4.♘a3 parat hat. Auf 1. ... ♔c6 brächte er den Bauern durch 2.♘a6! b3 3.♘b4+ und 4.♘d3 sofort unter Kontrolle.

2.♘c7–e8!	...

Ein bemerkenswerter Zug. Um ungehindert vordringen zu können, geht der Springer noch einen Schritt zurück. Das Feld e8 ist ein wichtiger Knotenpunkt. Je nachdem, wie der schwarze König manövrieren wird, befindet Weiß über den Weg des Springers nach b1. Die Marschroute kann zwischen e8–c7–b5–a3 und e8–f6–e4–d2 schwanken. Auf sofort 2. ... b3 folgt 3.♘d6+ ♔b4 4.♘e4 b2 5.♘d2 bzw. 3. ... ♔d3 4.♘b5 b2 5.♘a3. Schwarz versucht deshalb, dem Springer das Feld d6 zu nehmen.

2. ...	♔c4–c5
3.♘e8–f6!	♔c5–d4
4.♘f6–e8!	...

Wieder auf dem Knotenpunkt. *J. Awerbach, 1956*

4. ...   ♔d4–e5

Nach 4. ... b3 5.♘d6 ♔c3
6.♘e4+! ♔c2 7.♘d6! b2
8.♘c4! fängt Weiß den Bauern
rechtzeitig ab.

5.♘e8–c7!   ♔e5–d6
6.♘c7–e8+!   ...

Erneut die einzige rettende
Antwort. Zum Verlust führt
6.♘b5+? ♔c5 7.♘c7 b3
8.♘e6+ ♔c4!

6. ...   ♔d6–c5
7.♘e8–f6   ♔c5–d4
8.♘f6–e8!   b4–b3
9.♘e8–d6   ♔d4–c3
10.♘d6–e4+!   ...

Aber nicht 10.♘b5+ wegen
10. ... ♔b4, und Schwarz gewinnt.

10. ...   ♔c3–c2
11.♘e4–d6!   b3–b2
12.♘d6–c4   b2–b1♕
13.♘c4–a3+ mit Remis.

Es ist nützlich, sich noch mit
einer anderen wichtigen Eigenschaft des Springers vertraut zu machen – der Fähigkeit, „Barrieren" gegen den
feindlichen König zu errichten.

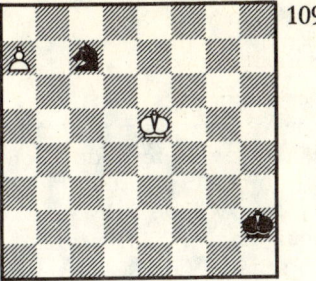

109

Weiß am Zuge

Auf den ersten Blick erscheint
alles elementar einfach. Der
Bauer steht direkt vor dem
Umwandlungsfeld. Der
schwarze König ist weit und
kann offenbar nicht rechtzeitig
in den Kampf eingreifen. Der
Springer muß sich folglich allein mit dem Bauern und dem
ihn unterstützenden König
auseinandersetzen. Wie wir
bereits wissen, ist er dazu bei
einem Randbauern auf der
vorletzten Reihe nicht in der
Lage. Weiß greift mit dem König den Springer an, vertreibt
ihn von dem Bauern und verwandelt diesen in eine Dame.
All das wäre tatsächlich so,
könnte sich der König dem
Bauern auf direktem Wege nähern, wozu er theoretisch nur
drei Züge benötigte. In Wirklichkeit ist hier der kürzeste
Weg zum Bauern versperrt.
Vor dem weißen König tut
sich eine Barriere auf. Dank
dem günstig postierten Sprin-

ger sind ihm die Felder d5 und e6 völlig unzugänglich, und auf 1.♔d6 oder 1.♔d4 folgt 1. ... ♘b5+ nebst 2. ... ♘:a7.

Der König muß sich auf einem Umweg zum Bauern begeben, der ihn nicht drei, sondern fünf Züge kostet. In dieser Zeit kann der schwarze König herangeführt werden, um seinen Widersacher auf a8 einzusperren. Dies geschieht so:

1.♔e5–f6   ♔h2–g3
2.♔f6–e7   ♔g3–f4
3.♔e7–d7   ♘c7–a8
4.♔d7–c8   ♔f4–e5
5.♔c8–b7   ♔e5–d6
6.♔b7:a8   ♔d6–c7

Weiß ist patt, das Spiel remis. Eine ähnliche Situation zeigt das folgende Diagramm.

J. Awerbach, 1956

110

Dem weißen König sind die Felder d5 und d7 unzugänglich, während 1. ... ♔d6 oder 1. ... ♔e7 an 2.♘c8+ nebst 3.♘:a7 scheitert. Der König

muß die Barriere umgehen und hat dabei die Wahl zwischen den Marschrouten e5–d4–c5–c6–b7 und f7–e8–d8–c7–b7. In beiden Fällen benötigt er, um das Feld b7 zu erreichen, fünf Züge, so daß Schwarz durch das Springeropfer auf a8 seinen König wiederum nach c7 bringen und den Gegner patt setzen kann.

Im Endspiel wachsen Stärke und Bedeutung der Bauern. Deshalb stellen drei Bauern in der Regel eine mehr als ausreichende Kompensation für den Springer dar.

Im Kampf gegen drei Bauern ist es sehr wichtig, ein „gegenseitiges Einvernehmen" zwischen Springer und König zu erreichen, die Pflichten zwischen ihnen zu verteilen.

J. Awerbach, 1954

111

Das Ergebnis hängt hier vom Zugrecht ab. Weiß am Zuge gelingt es rechtzeitig, ein maximales Zusammenwirken seiner Kräfte zu organisieren.

1. ♘c4–e3+   ♔d5–d4
2. ♘e3–c2+!   ♔d4–d3
3. ♘c2–a1!   ...

Die Besetzung dieses Feldes bildet die Pointe der Verteidigung. Der Springer bremst jetzt zuverlässig den a- und b-Bauern, und der König kann sogar aktiv werden.

3. ...   ♔d3–d2
4. ♔b3–c4!   ♔d2–c1
5. ♘a1–b3+   ♔c1–b2
6. ♘b3:c5   a3–a2
7. ♘c5–b3

Die Pflichtenverteilung ist perfekt – der Springer bewacht den a-Bauern, der König den b-Bauern.
Ist Schwarz am Zuge, kann er die weißen Pläne durch das feine Königsmanöver 1. ... ♔c6!! durchkreuzen. Falls nun 2. ♘e3, so 2. ... ♔b5 3. ♘c4 a2. Am hartnäckigsten ist 2. ♔c2 ♔b5 3. ♘d6+ ♔a4! 4. ♘c4 b3+ 5. ♘c3 a2 6. ♔b2 ♔b4 7. ♘e3 c4 8. ♘d5+ ♔c5 9. ♘c3 ♔d4.

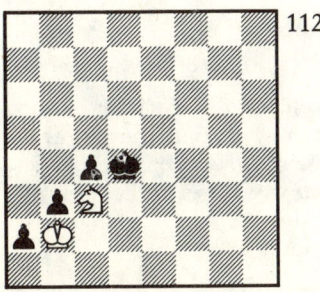

112

Weiß am Zuge
Schwarz gewinnt

Wir haben eine Stellung erreicht, die bereits 1880 von Horwitz analysiert wurde.
Eine mögliche Fortsetzung ist:

10. ♘c3–a4   c4–c3+!
11. ♘a4:c3   a2–a1♕+
12. ♔b2:a1   ♔d4:c3

Schwarz gewinnt. Andere Antworten helfen ebensowenig, z. B. 10. ♘e2+ ♔d3 11. ♘c1+ ♔d2 12. ♔a1 b2+ 13. ♔:b2 a1♕+ 14. ♔:a1 ♔:c1 usw.
Ein Ausnahmefall ist die folgende Stellung.

W. Tschechower, 1938

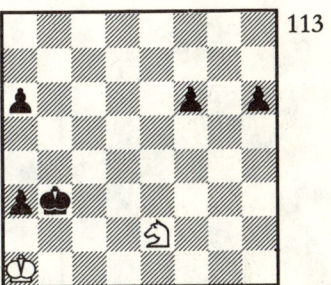

113

Remis

Die weißen Kräfte sind zersplittert. Um zu gewinnen, brauchte sich Schwarz nur mit dem König zu den Bauern am anderen Flügel zu begeben. Dies gelingt ihm jedoch nicht. Weiß errichtet durch 1. ♘e2–g3! auf der gesamten c-Linie eine Barriere. Es droht 2. ♘e4 f5 3. ♘g3 f4 4. ♘e2 f3 5. ♘d4+ mit Bauerngewinn. Der schwarze König kann kein einziges Feld der c-Linie betreten, ohne daß ein Bauer verlorengeht. Sie können dies selbst überprüfen, z. B. 1. ... ♔c2 2.♘e4 f5 3.♘g3 f4 4.♘e2 f3 5.♘d4+.

Springer und Bauern gegen Springer mit und ohne Bauern

Der König kann einen Bauern am besten bekämpfen, wenn er vor ihm steht. Er benötigt aber die aktive Unterstützung des Springers.

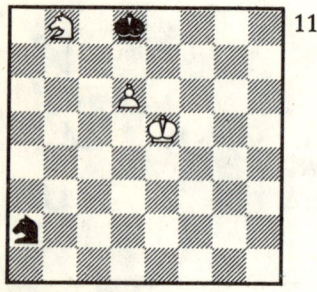
114

Der schwarze König ist gezwungen, den Kampf gegen die weiße Übermacht allein aufzunehmen.

1.♔e5–e6   ♘a2–b4

Der Springer versucht, zu Hilfe zu eilen.

2.d6–d7   ♔d8–c7
3.♘b8–a6+!!   ...

Ein effektvoller Schlag, der das Spiel beendet. Weiß durfte nicht sofort 3.♔e7 ziehen,

weil er nach 3. ... ♘d5+ über ein Remis nicht hinauskäme. Deshalb lenkt er zunächst den Springer ab.

3. ...   ♘b4:a6
4.♔e6–e7

Der Bauer ist nicht aufzuhalten.
Steht der gegnerische Bauer direkt vor dem Umwandlungsfeld, rettet in der Regel nur ein ewiges Schach.

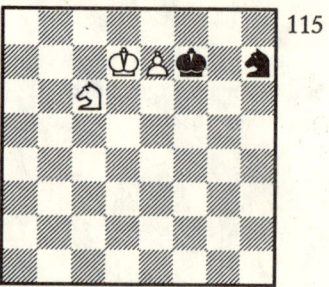
115

Schwarz am Zuge

Zum Remis führt:

1. ...   ♘h7–f8+
2.♔d7–d8   ...

Falls 2.♔d6, so 2. ... ♘g6.

2. ...   ♘f8–e6+ usw.

Weiß würde gewinnen, wenn er mit dem Springer das ewige Schach abwenden könnte. Sehen wir uns eine Stellung an, in der der weiße Springer das Feld e6 kontrolliert.

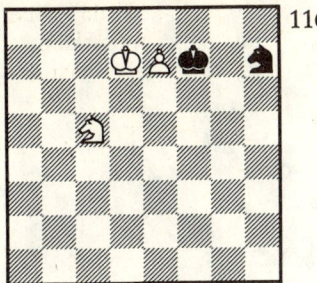

116

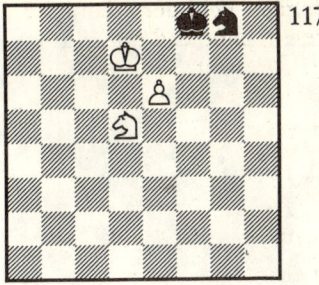

117

Schwarz am Zuge

Schwarz am Zuge

Jetzt hat Schwarz es schwer.

1. ...	♞h7–f6+
2.♔d7–d8	♞f6–e8
3.♞c5–e6!	♞e8–d6

Oder 3. ... ♞f6 4.♞g5+ nebst 5.♞e4! mit Ablenkung des Springers.

| 4.♔d8–d7 | ♞d6–e8 |
| 5.♞e6–g5+ | |

mit Ablenkung des Königs.

Folglich gewinnt Weiß in derartigen Stellungen, indem er die feindlichen Figuren vom Kampf gegen den Bauern ablenkt. Die Ablenkung wird durch ein Springeropfer bewirkt. Merken Sie sich: Ein Ablenkungsopfer des Springers ist in diesen Endspielen ein typisches Verfahren. Droht der Bauer nicht sofort zur Dame zu gehen, erhöhen sich die Chancen der schwächeren Seite, ihn aufzuhalten.

Wir haben eine typische Remisstellung vor uns. Die schwarzen Kräfte handeln in voller Übereinstimmung. Der Springer stoppt den Bauern. Der König manövriert in seiner Nähe und greift nur in den Kampf ein, wenn dies erforderlich ist, z. B. 1. ... ♔g7 2. ♔e8 ♞h6! 3.♞e7 (3.e7 ♞f5) 3. ... ♔f6 4.♔d7 ♔g7 5.♞d5 ♞g8, und Weiß hat nichts erreicht.
Je näher ein Bauer dem Brettrand steht, desto gefährlicher ist er für den Springer. Wie wir bereits wissen, vermindert die Nähe des Brettrandes die Kampfqualitäten des Springers erheblich. Betrachten wir eine Stellung mit einem Turmbauern.

R. Réti, 1929

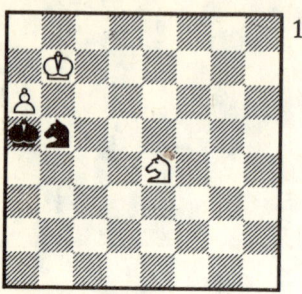

118

Anzug beliebig
Weiß gewinnt

Wenn Schwarz am Zuge ist,
gelingt es Weiß, den gegnerischen König schnell zum
Rückzug zu zwingen und anschließend durch ein Opferan-
gebot den Springer abzulenken: 1. ... ♔b4 2.♔b6 ♔c4
3.♘c3! ♘d6 4.♔c7 ♔c5 5.a7
usw.

Ist er selbst am Zuge, muß
Weiß, um zu gewinnen, die
Zugpflicht an den Gegner
übertragen. Durch ein geistrei-
ches Manöver läßt sich dies
verwirklichen.

1.♘e4–c5! ♔a5–b4

Die Fortsetzung 1. ... ♘d6+
2.♔c7! ♘b5+ 3.♔c6 ♘a7+
4.♔b7 ♘b5 5.♘e4 würde
Weiß die Aufgabe nur erleichtern.

2.♔b7–b6 ♘b5–d6
3.♘c5–e4! ♘d6–c8+
4.♔b6–c7! ...

Notwendige Genauigkeit.
Nach 4.♔b7 ♔b5 5.♘c3+

♔a5 könnte sich Schwarz retten.

4. ... ♔b4–b5
5.♔c7–b7 ♔b5–a5
6.♘e4–c5 ♘c8–d6+
7.♔b7–c7 ♘d6–b5+
8.♔c7–c6 ♘b5–a7+
9.♔c6–b7 ♘a7–b5
10.♘c5–e4

Weiß hat sein Ziel erreicht.
Schwarz ist am Zuge.
In einem Springerendspiel mit
großer Bauernzahl läßt sich
ein Mehrbauer fast so einfach
verwerten wie in einem Bauernendspiel. Der Gewinnplan ist
in seinen Grundzügen der
gleiche: Nachdem man die
Aufstellung der Figuren (König und Springer) und Bauern
verstärkt hat, wird ein Freibauer gebildet und zur Dame
geführt. Das Weitere hängt
von den Methoden der Verteidigung ab. Wenn der Springer
den Freibauern bekämpft,
muß er vertrieben werden.
Kommt der König dem Springer zu Hilfe, gelingt es gewöhnlich, diese Ablenkung
der Kräfte zu nutzen, um mit
König oder Springer zu den
Bauern am anderen Flügel
durchzubrechen und dort ein
entscheidendes Übergewicht
zu erzielen.

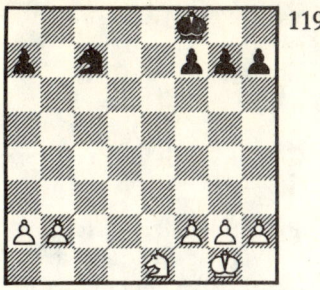

119

Zunächst verbessert Weiß die
Aufstellung seines Königs. Er
führt ihn auf den Damenflügel, wo ein Freibauer gebildet
werden soll.

1.♔g1–f1 ♔f8–e7
2.♔f1–e2 ♔e7–d6
3.♔e2–d3 ♔d6–c5

Schwarz will die Bildung eines
Freibauern verhindern.

4.♘e1–c2 ♘c7–d5
5.g2–g3 a7–a5
6.b2–b3 f7–f5
7.a2–a3 g7–g6
8.b3–b4+! ...

Weiß opfert den Mehrbauern,
um wegen seines bedeutend
aktiveren Königs in ein gewonnenes Bauernendspiel einzulenken. Dieses Verfahren –
die Ersetzung eines Übergewichts durch ein anderes –
bezeichnet man als Transfor-
mierung eines Vorteils. Wir
werden ihm noch des öfteren
begegnen. Schwarz lehnt das
Opfer ab, und es beginnt die
nächste Etappe – der Kampf
um das weitere Vorrücken des
Bauern.

8. ... a5:b4
9.a3:b4+ ♔c5–d6
10.♔d3–d4 ♘d5–c7
11.f2–f4 ♘c7–b5+
12.♔d4–c4 ♘b5–c7
13.♘c2–e3 ...

Am einfachsten. Zum Gewinn
führte auch 13.b5, doch erfor-
derte dies eine weitgehende
und exakte Berechnung, da
Schwarz die Möglichkeit hat,
durch das Opfer des Springers
Komplikationen zu schaffen,
z. B. 13. ... ♘:b5 14.♔:b5
♔d5 15.♘e1 ♔e4 16.♔c5
♔e3 17.♔d5 ♔f2 18.♔e5!
(dieses Rückopfer gewinnt
wertvolle Zeit) 18. ... ♔:e1
(oder 18. ... ♔g1 19.♘f3+
♔g2 20.♔f6!) 19.♔f6 ♔f2
20.♔g7 ♔g2 21.♔:h7 ♔:h2
22.♔:g6 ♔:g3 23.♔:f5 usw.

13. ... ♔d6–c6
14.♔c4–d4 ♔c6–d6

Falls 14. ... ♔b5, so 15.♘d5.

15.♘e3–c4+ ♔d6–c6

Nach 15. ... ♔e6 wird der b-
Bauer gefährlich: 16.♘e5 ♔d6
17.♘f7+ ♔e7 18.♘g5 h6
19.♘f3 ♔f6 (es drohte
20.♘h4) 20.♔c5 ♘e6+
21.♔d6 g5 22.b5 ♘d8 23.♘d4
♘b7+ 24.♔c7 ♘c5 25.b6
♔g6 26.♔c6 ♘a6 27.b7 usw.

16.♔d4–e5 ♔c6–b5
17.♘c4–e3 ♘c7–a6

Auf 17. ... ♔:b4 folgt
18.♘d5+!

18.♘e3–d5 ♔b5–c4

81

19. ♘d5–f6	h7–h5
20. ♘f6–d5	♘a6–b8
21. ♘d5–e7	

Weiß liquidiert die Bauern des
Gegners am Königsflügel.
Bei Materialgleichheit stellt
ein entfernter Freibauer oder
die Möglichkeit, einen solchen
zu bilden, einen gewichtigen
Positionsvorteil dar. Der
Springer hat keine große
Reichweite, es fällt ihm
schwer, an einem Spiel an
zwei Flügeln teilzunehmen.
Bekämpft er einen Freibauern,
ist er praktisch an diesen gebunden.

Tschigorin–Marshall
Karlsbad 1907

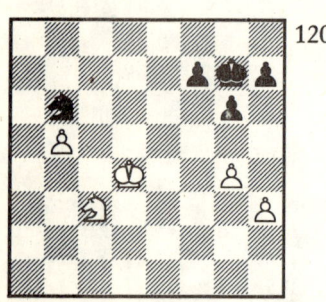

120

Weiß am Zuge

Weiß verfügt über einen entfernten Freibauern und kann
durch eine Blockade verhindern, daß sich Schwarz am Königsflügel einen eigenen Freibauern verschafft. Dies reicht
aus, um die Partie zu gewinnen.

1. ♘c3–d5!	♘b6–d7
2. g4–g5!	h7–h6
3. ♘d5–f6!	♘d7–b6
4. h3–h4	h6:g5
5. h4:g5	♔g7–f8
6. ♔d4–c5	♘b6–a4+
7. ♔c5–d6	...

Weiß läßt den gegnerischen
König vorerst nicht nach e7.
Auf 7. ... ♘b6 entscheidet
nun 8. ♘d7+.

7. ...	♔f8–g7
8. ♔d6–c6	♔g7–f8
9. b5–b6	· ♘a4:b6
10. ♔c6:b6	♔f8–e7
11. ♔b6–c7	♔e7–f8

Der Versuch, zum Gegenan-
griff überzugehen, schlägt
fehl: 11. ... ♔e6 12. ♔d8 ♔f5
13. ♘h7 usw.

12. ♔c7–d7	♔f8–g7
13. ♔d7–e7	♔g7–h8

Eine Falle. Nach 14. ♔:f7 wäre
Schwarz patt. Weiß hat indes
andere Möglichkeiten.

14. ♘f6–e8	♔h8–g8
15. ♔e7–f6	

Schwarz gab auf.

Barcza–Simagin
Moskau 1949

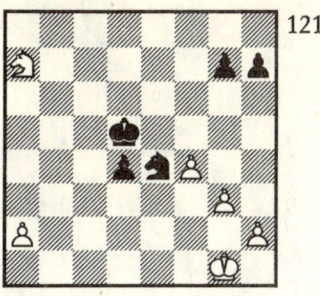

121

Schwarz am Zuge

Weiß hat einen Mehrbauern, der noch dazu ein entfernter Freibauer ist. Dies gibt hier aber nicht den Ausschlag. Der von seinen Figuren unterstützte schwarze Bauer in der Brettmitte entpuppt sich als viel gefährlicher, da Weiß seine zersplitterten Kräfte schwer koordinieren kann, um ihn aufzuhalten. Schwarz muß allerdings schnell und energisch handeln.

1. …	d4–d3
2.♔g1–f1	♘e4–c3
3.♔f1–e1	♔d5–d4
4.♔e1–d2	…

Es drohte 4. … ♔e3.

| 4. … | ♘c3–e4+ |
| 5.♔d2–c1 | ♘e4–d6!! |

Der einzige Gewinnweg. Die Vereinigung der weißen Kräfte darf nicht zugelassen werden. Nur zum Remis führte 5. … ♔e3 6.♘b5 d2+ 7.♔c2 ♔e2 wegen 8.♘d4+.

| 6.♔c1–d2 | … |

Oder 6.♘c6+ ♔c3! 7.♘e7 d2+ 8.♔d1 ♘e4 9.♘d5+ ♔c4, und Schwarz gewinnt.

6. …	♘d6–c4+
7.♔d2–c1	d3–d2+
8.♔c1–c2	♔d4–e3
9.♘a7–b5	…

Der Springer eilt zu Hilfe, doch es ist bereits zu spät.

| 9. … | ♘c4–a3+!! |

Weiß gab auf. Nach 10.♘:a3 ♔e2 geht der Bauer zur Dame.

Drittes Kapitel

Läuferendspiele

Von Läuferendspielen spricht man, wenn außer den Königen nur Läufer und Bauern auf dem Brett sind. Wir untersuchen folgende Typen von Läuferendspielen: Stellungen, in denen ein Läufer gegen Bauern kämpft, und Stellungen, in denen beide Seiten einen Läufer besitzen, wobei es sich zum einen um gleichfarbige, zum anderen um ungleichfarbige Läufer handelt.

Läufer gegen Bauern

Der Läufer ist eine weitreichende und flinke Figur. Von einem Rand des Brettes kann er Felder am anderen Flügel angreifen. Diese Qualitäten gestatten ihm, leicht mit einem gegnerischen Bauern zurechtzukommen, ganz gleich, wo sich dieser befindet. Es genügt, aus der Ferne ein Feld auf dessen Weg unter Kontrolle zu nehmen.

Verfügt der Gegner über mehrere Bauern, muß der Läufer in präziser Abstimmung mit dem König handeln.

Sehen wir uns einige Beispiele an, die ein gelungenes Zusammenwirken der Figuren demonstrieren.

M. Henneberger, 1916
(Schluß einer Studie)

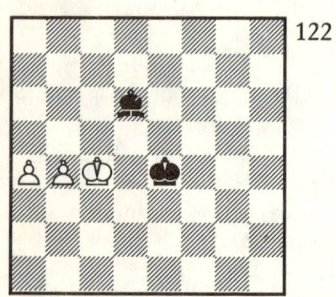

122

Schwarz am Zuge hält remis

Der schwarze König steht ungünstig. Es wäre natürlich wünschenswert, ihn so zu postieren, daß er die Bauern von vorne angreift. Dieser Plan führt jedoch nicht zum Erfolg:
1. ... ♚e5 2.a5 ♚e6 3.a6 ♝b8 4.♔c5 ♔d7 5.♔b6 ♔c8 6.a7, und Weiß gewinnt.

Richtig ist, zunächst die Aufstellung des Läufers zu verbessern, damit dieser die Bauern wirksamer bekämpfen kann. Diesem Ziel dient der Zug 1. ... ♝d6–f4! (möglich ist auch 1. ... ♝g3 oder 1. ... ♝h2), der ein Überwechseln auf die Diagonale a7–g1 vorbereitet. Hier zwei Hauptfortsetzungen:

a) 2.♔c5 ♝e3+! 3.♔c6 ♔d4! 4.b5 ♔c4 5.a5 (5.b6 ♔b4 6.b7 ♝a7) 5. ... ♔b4 6.a6 ♔a5, und die beiden schwarzen Figuren wirken ausgezeichnet zusammen.

b) 2.a5 ♝e3! 3.b5 ♔e5! (der König wählt jene Seite, auf der ihn der König des Gegners nicht behindern kann) 4.b6 ♔e6 5.♔b5 ♔d7 6.♔a6 (6.a6 ♔c8 7.♔c6 ♝:b6) 6. ... ♔c6 7.♔a7 ♝f2, und Weiß kommt nicht weiter.

N. Grigorjew, 1927

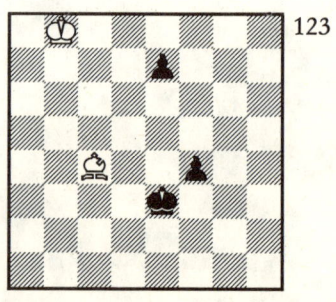

123

Remis

Die sofortige Annäherung des Königs an die Bauern bleibt

erfolglos: 1.♔c7 e5 2.♔d6
♔d4! 3.♗a6 e4 4.♔e6 f3
5.♗b7 (es drohte 5. … e3)
5. … f2 6.♗a6 ♔e3 7.♔e5
♔f3 8.♔d4 e3 9.♗b7+ ♔e2
10.♗a6+ ♔d2, und Schwarz
gewinnt.
Zum Remis führt 1.♗c4–e6!
Weiß bringt den Läufer in
eine günstigere Position und
gewinnt dabei ein Tempo, um
den König heranzuholen und
die Pflichten unter den Figuren zu verteilen.

1. …	f4–f3
2.♗b8–c7	f3–f2
3.♗e6–h3	♔e3–f3!

Dieser Zug sieht für Weiß
sehr gefährlich aus. Leichter
hätte er es im Fall von 3. …
e5 4.♔d6 ♔d4 5.♔e6 e4
6.♔f5 e3 7.♗f1 ♔c3 8.♔f4
♔d2 9.♔f3. Seine Figuren
wirken danach perfekt zusammen.

4.♔c7–c6!	…

Erneut die einzige Antwort.

4. …	e7–e5
5.♔c6–d5	e5–e4
6.♔d5–d4	e4–e3
7.♔d4–d3	e3–e2

Es scheint, Weiß sei zu spät
gekommen.

8.♗h3–g4+!!	♔f3:g4
9.♔d3:e2	♔g4–g3
10.♔e2–f1 remis.	

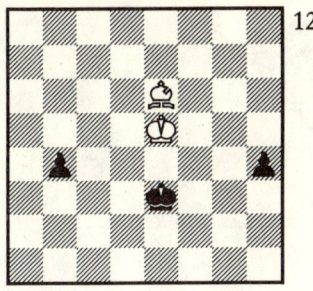

124

Remis

Weiß steht vor schwierigen
Problemen. Er muß die Funk-
tionen seiner Figuren abgren-
zen. Welchem Bauern soll sich
der König zuwenden?
Nach 1.♔f6 ♔f4 2.♔g6 ♔g3
3.♔f5 h3 4.♔e4 h2 zeigt sich,
daß der König dem Läufer im
Wege steht. Richtig ist, nach
der anderen Seite zu gehen.

1.♔e5–d6!	♔e3–d4
2.♔d6–c6	♔d4–c3
3.♔c6–d5!	b4–b3
4.♔d5–e4	b3–b2
5.♗e6–a2	

Dies führt zu einer exakten
Pflichtenverteilung und zum
Remis.
Im Kampf gegen Bauern ist es
außerordentlich wichtig, das
Prinzip der „persönlichen Ob-
hut" zu befolgen. Wie im Fuß-
ball ist es dabei möglich, die
„Manndeckung" zu ändern.

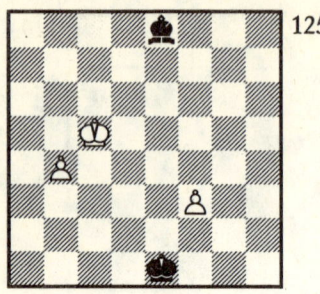

125

Schwarz am Zuge

Es scheint, daß der König zu weit von den Bauern entfernt ist und den Läufer deshalb nicht wirksam unterstützen kann. Trotzdem gelingt es Schwarz, das Zusammenwirken seiner Kräfte herzustellen.

1. ...   ♔e1–e2
2.f3–f4   ♔e2–e3
3.f4–f5   ♔e3–e4
4.f5–f6   ♔e4–e5
5.b4–b5   ...

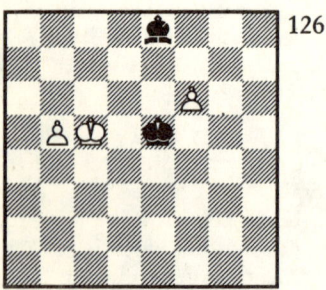

126

Jetzt ändert Schwarz die Pflichten seiner Figuren – der König begibt sich überraschend zum b-Bauern.

5. ...   ♔e5–e6!!

6.b5–b6   ♔e6–d7!
7.♔c5–b5   ♔d7–c8+
8.♔b5–a6   ♔c8–b8

Remis.

Ist das Zusammenspiel der Figuren nicht herzustellen oder wird es gestört, zieht die Läuferpartei im Kampf gegen die Bauern gewöhnlich den kürzeren.

H. Otten, 1892

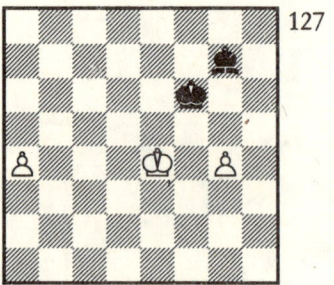

127

Weiß gewinnt

Wäre Schwarz am Zuge, würde er die Partie durch eine exakte Pflichtenverteilung remis halten: entweder nach 1. ... ♔e6, wobei sich der König zum a-Bauern begibt und der Läufer den g-Bauern kontrolliert, oder nach 1. ... ♔g6 2.a5 ♗f8 3.♔d5 ♗h6 4.a6 ♗e3, wobei diesmal der Läufer den a-Bauern und der König den g-Bauern bewacht. Am Zuge ist jedoch Weiß. Er gewinnt, da er die ungünstige Aufstellung des gegnerischen Königs ausnutzen kann.

1.a4–a5   ♖g7–f8
2.♞e4–d5   ♖f8–h6
3.g4–g5+!

Der Bauer wird geopfert, um das Zusammenwirken der Figuren zu stören. Auf 3. ... ♚:g5 entscheidet nun 4.a6, und auch nach 3. ... ♖:g5 4.♞e4 ♖h4 5.♞f3 ist es der eigene König, der dem Läufer im Wege steht (vgl. Diagramm 73).
Besitzt der Gegner drei verbundene Bauern, muß der Verteidiger vor allem bemüht sein, ihnen ihre Beweglichkeit zu nehmen. Hier eine der typischen Stellungen, die dabei anzustreben sind.

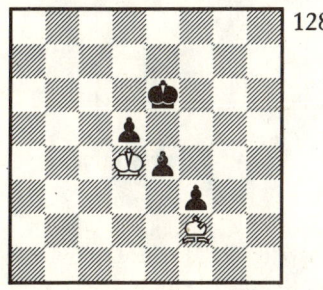

128

Remis

Die weißen Figuren sind optimal postiert: Der König greift die einzige Schwäche des Gegners – den Bauern d5 – an, so daß es Schwarz nicht gelingt, irgend etwas zu unternehmen.

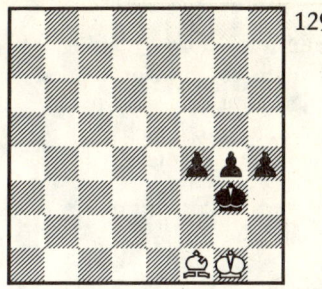

129

Remis

Selbst in einer solchen Stellung kann Weiß auf Rettung hoffen, wenn er den Läufer unverzüglich in den Rücken der Bauern überführt.

1.♗f1–b5!   f4–f3
2.♗b5–d7!   ♚g3–f4
3.♗d7–e6   g4–g3
4.♖g1–f1   ♚f4–e3
5.♗e6–h3!

Die Idee, weshalb der Läufer die Bauern von hinten angreifen mußte, wird deutlich. Weiß hat die Pflichten der Figuren exakt verteilt: Der König läßt den gegnerischen König nicht durch, der Läufer stoppt den g-Bauern, der für ihn am gefährlichsten ist. Es drohte 5. ... g2+ 6.♚g1 ♚e2, wonach Schwarz gewinnt, z. B. 7.♗g4 h3! 8.♗h5 h2+ 9.♚:h2 ♚f2.
Konnte Schwarz stärker spielen? Prüfen wir: 1. ... h3 2.♗d7 f3 3.♗e6! ♚f4 4.♗d7 ♚e3 5.♗:g4 f2+ 6.♚f1 h2 7.♗f3!, ebenfalls mit Remis.
Ein Läufer ist im Durchschnitt so stark wie drei Bauern.

87

Wenn es jedoch gelingt, den Bauern ihre Beweglichkeit zu nehmen, ist ein Remis auch gegen eine größere Anzahl von Bauern möglich.
Hier zwei Beispiele.

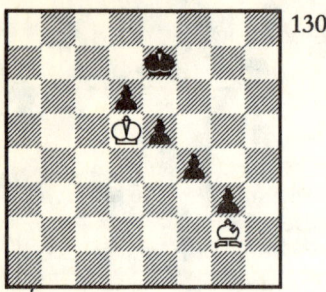

130

Schwarz am Zuge. Remis

Die weißen Figuren sind ideal postiert, und Schwarz kann nicht gewinnen.

1. ...	♚e7–f6
2.♔d5:d6	♚f6–f5
3.♔d6–d5	e5–e4
4.♗g2–h3+	...

Dies führt am einfachsten zum Remis.

| 4. ... | ♚f5–g5 |
| 5.♔d5:e4 usw. | |

S. Loyd, 1868

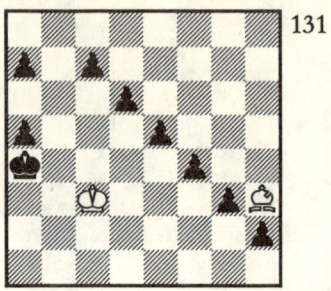

131

Remis

Schwarz hat acht (!) Bauern für den Läufer. Nach

1.♗h3–d7+	♚a4–a3
2.♗d7–c6	♚a3–a2
3.♔c3–c2	

ergibt sich indes eine tragikomische Situation – die Bauern sind festgelegt, und der König kann ihnen nicht zu Hilfe kommen.
Ein wahrer Triumph der Blokkade!

Gleichfarbige Läufer

a) Läufer und Bauer gegen Läufer

Gelingt es dem König der schwächeren Seite, ein dem Läufer unzugängliches Feld vor dem Bauern zu besetzen, ist das Remis offenkundig. Bedeutend schwieriger gestaltet sich die Verteidigung, wenn der König ein solches Feld nicht erreichen kann.

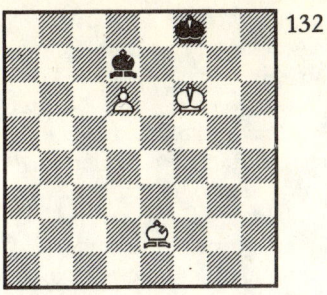

132

Weiß am Zuge verhindert mit
1.♗e2–h5, daß der schwarze
König nach d8 durchbricht.

| 1. … | ♗d7–h3 |
| 2.♔f6–e5 | … |

Um den Läufer zu verdrängen,
muß Weiß den König nach c7
bringen. Nehmen wir zunächst an, Schwarz würde
seine Abwartetaktik beibehalten.

2. …	♗h3–d7
3.♔e5–d5	♗d7–a4
4.♔d5–c5	♗a4–d7
5.♔c5–b6	♗d7–a4
6.♔b6–c7	♗a4–b5

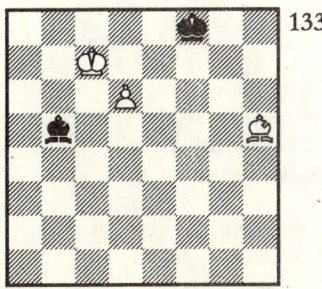

133

Weiß gewinnt

Es ist eine Stellung erreicht,

in der es Weiß gelingt, die
Diagonale des schwarzen Läufers durch das Manöver
♗h5–f3–c6 zu sperren. Wäre
der schwarze Läufer auf der
Diagonale c8–h3 geblieben,
würde das Manöver
♗h5–f3–b7–c8 entscheiden.
Eine passive Verteidigung
führt also zum Verlust. Der
Läufer allein ist nicht in der
Lage, mit den überlegenen
Kräften des Gegners fertig zu
werden.
Kann Schwarz die Pläne seines
Gegners durchkreuzen? Die
Überdeckung der Diagonale
erfolgte durch einen Zug des
Läufers nach c6, der nur abzuwenden wäre, wenn der
eigene König auf c5 stände. Es
ist leicht zu sehen, daß der
Bauer dann nicht weiterkommt.

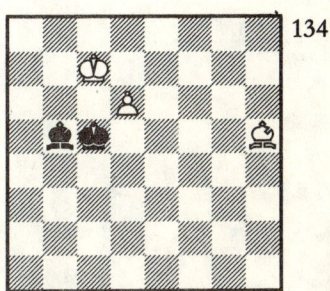

134

Remis

1.♗h5–g4	♗b5–a4
2.♗g4–d7	♗a4–d1
3.♗d7–c6	♗d1–g4

Der schwarze Läufer wurde
von der einen Diagonale ver

trieben, ist aber auf die andere übergewechselt. Weiß konnte seine Position nicht verbessern.

Kehren wir nunmehr zum Diagramm 132 zurück. Während sich der weiße König nach c7 begibt, muß der schwarze rechtzeitig nach c5 gelangen.

2.♔f6–e5   ♗f8–g7!
3.♔e5–d5   ♗g7–f6
4.♔d5–c6   ♗f6–e5
5.♔c6–c7   ♗e5–d4
6.♗h5–e8   ♗d4–c5

Schwarz hat sein Ziel erreicht. Eine Abdrängung ist nicht möglich.

Die Kontrolle des Sperrungsfeldes rettet jedoch nicht immer. Ist die Beweglichkeit des Läufers eingeschränkt, kann eine Zugzwangsituation eintreten.

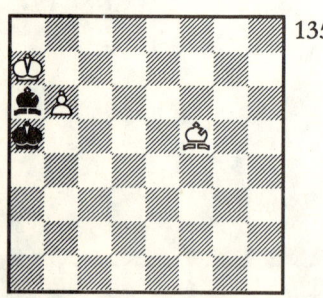

135

Weiß bringt den Gegner durch einen einfachen Abwartezug des Läufers auf der Diagonale h3–d7 in Zugzwang und gewinnt.

Für derartige Stellungen gibt es eine wichtige Regel: Die schwächere Seite kann sich nur retten, wenn auf der Diagonale, von der aus ihr Läufer den Bauern kontrolliert, mindestens drei freie Felder vorhanden sind. Im letzten Beispiel waren es nur zwei.

Sehen wir uns eine weitere Stellung an, die diese Regel bestätigt.

L. Centurini, 1847

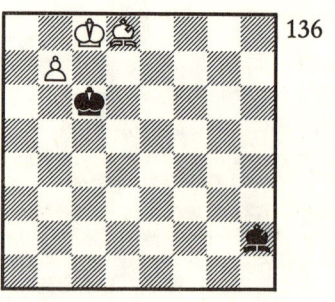

136

Weiß gewinnt

Stände sein König auf a8, käme Weiß leicht zum Erfolg, indem er den Läufer über a7 nach b8 führen und den schwarzen Läufer abdrängen würde. Der König ist jedoch weniger günstig postiert, so daß Schwarz versuchen kann, den Läufer nicht nach a7 zu lassen.

Auf 1.♗d8–h4 setzt er mit 1. ... ♔c6–b5! 2.♗h4–f2 ♔b5–a6! fort.

Was soll Weiß nun unternehmen? Auf den Abwartezug 3.♗e3 folgt 3. ... ♗d6! 4.♗g5

♔b5 5.♗d8 ♔c6, und der schwarze König ist rechtzeitig zur Stelle. Falls nun 6.♗e7, so erwidert Schwarz 6. … ♗h2, und es ist wieder die Ausgangsstellung erreicht. Dennoch gibt es einen Gewinnweg. Er wird durch den Zug 3.♗f2–c5! eingeleitet, der dem schwarzen Läufer das wichtige Feld d6 nimmt. Auf 3. … ♗h2–f4 geschieht jetzt 4.♗c5–e7 ♗a6–b5 5.♗e7–d8 ♔b5–c6 6.♗d8–g5! (der entscheidende Tempogewinn) 6. … ♗f4–h2 7.♗g5–e3, und der Läufer gelangt nach a7. Die weitere Folge könnte noch sein 7. … ♗g3 8.♗a7 ♗h2 9.♗b8 ♗g1 10.♗g3 ♗a7 11.♗f2 mit Gewinn.

Die Kenntnis derart kritischer Stellungen ist sehr wichtig, um in komplizierteren Endspielen den richtigen Weg zum Gewinn bzw. Remis zu finden. Hier ein Beispiel aus der Großmeisterpraxis.

Capablanca–Janowski
New York 1916

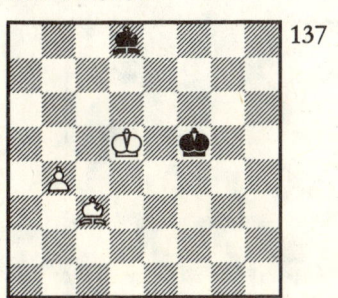

137

Schwarz am Zuge hält remis

Schwarz hielt seine Lage für aussichtslos und gab auf. Bei richtiger Verteidigung ist diese Stellung jedoch nicht zu gewinnen, wenngleich sie der schwächeren Seite große Findigkeit und Exaktheit abverlangt. Um eine spätere Sperrung der Läuferdiagonale zu verhindern, muß der König von hinten kommen.

1. …	♔f5–f4!
2.♗c3–d4	…

Oder 2.♗e5+ ♔e3 3.b5 ♔d3 4.♔c6 ♔c4 mit klarem Remis.

2. …	♔f4–f3!
3.b4–b5	♔f3–e2!
4.♔d5–c6	♔e2–d3
5.♗d4–b6	♗d8–g5
6.♔c6–b7	…

Die gefährlichste Fortsetzung.

6. …	♔d3–c4
7.♔b7–a6	♔c4–b3!
8.♗b6–f2	♗g5–d8
9.♗f2–e1	…

Würde sein Läufer nach a5 gelangen, käme Weiß zum Erfolg. Nach

| 9. … | ♔b3–a4! |

ist der schwarze König jedoch rechtzeitig zur Stelle. Stände sein Läufer in der Ausgangsstellung auf d2 (statt auf c3), würde Weiß gewinnen.

138

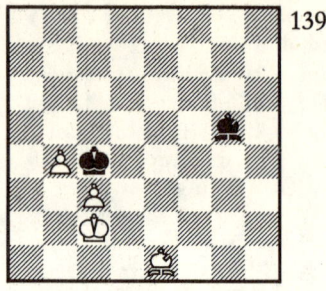

139

Schwarz am Zuge
Weiß gewinnt

1. ...	♔f5–g4
2.b4–b5	♔g4–f3
3.♔d5–c6	♔f3–e4

Das Pech von Schwarz besteht darin, daß es ihm nicht gelingt, durch 3. ... ♔e2 ein Tempo zu gewinnen. Weiß würde 4.♗f4 ♔d3 5.♗c7 antworten, wonach der Bauer zur Dame geht. Der König muß deshalb das Feld f4 kontrollieren.

4.♔c6–b7!! ...

Der einzige Gewinnzug.

4. ...	♔e4–d3
5.♗d2–e1!	♔d3–c4
6.♔b7–a6	♔c4–b3
7.♗e1–a5	♗d8–g5
8.b5–b6,	

und Weiß gewinnt.

Besitzt die stärkere Seite zwei Mehrbauern, ist die Verwertung dieses Vorteils in der Regel elementar einfach. Es gibt aber auch Ausnahmen, bei denen ein Gewinn unmöglich ist.

Remis

Eine klassische Blockadestellung. Der schwarze König hat einen Bauern zuverlässig festgelegt und bewacht den anderen. Versuche von Weiß, sich zu befreien, sind vergeblich, z. B. 1.♔d1 ♔d3 2.b5 ♗d8 nebst 3. ... ♔c4 oder 1.♔b2 ♗f4 2.♔a3 ♗g5 3.♔a4 ♗d8! (der König wird nicht nach a5 gelassen) 4.b5 ♗b6.
Zum Schluß eine weitere Ausnahme.

Benediktsson–Olafsson
Reykjavik 1956

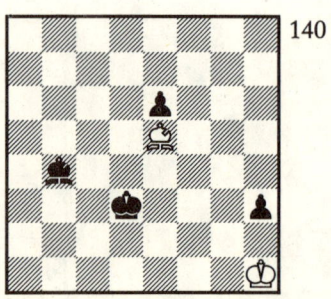

140

Schwarz am Zuge

Eine Besonderheit dieser Stellung besteht darin, daß es Schwarz bei richtiger Verteidigung des Gegners nicht gelingt, den Bauern e6 vorzurükken. Wenn Weiß seinen Läufer für den e-Bauern opfern kann, endet die Partie sofort remis, da der König nicht aus der Ecke h1 zu vertreiben ist.

1. ... &b4–c3
2.&e5–d6 &d3–e4
3.&d6–e7 ...

Einfacher war, mit dem Läufer zu manövrieren, ohne die Kontrolle über das Feld e5 aufzugeben. Aber auch der Textzug verliert noch nicht. 3. ... e5 träfe nämlich auf die Erwiderung 4.&f6.

3. ... &c3–e5
4.&e7–b4 &e5–c7
5.&b4–c3!

Nun kann alles wieder von vorn beginnen.
In der Partie griff Weiß mit 5.&e7? fehl, und nach 5. ... &f5 6.&h4 &f4! 7.&e1 e5 8.&c3 e4 hatte Schwarz eine Gewinnstellung erreicht. Es folgte 9.&d4 &g4 10.&f2 &f3 11.&h4 e3 12.&f2 e2 13.&e1 &g3 14.&b4 &f2 15.&c5+ &f1 16.&b4 &e1 17.&e7 &d2 18.&h4 &e3. Weiß gab auf.

b) Verwertung eines Übergewichts

In Endspielen mit gleichfarbigen Läufern führt ein Mehrbauer in der Regel zum Gewinn. Der Plan zur Verwertung des Übergewichts läßt sich unter Vorbehalt in folgende Hauptetappen einteilen:
1. König und Läufer beziehen die günstigsten Positionen (Verstärkung der Figurenstellung).
2. Die Bauern werden so vorteilhaft wie möglich angeordnet, die Bildung eines Freibauern wird vorbereitet (Verstärkung der Bauernstellung).
3. Es wird ein Freibauer gebildet und mit Unterstützung des Königs vorgerückt. Alles Weitere hängt vom Plan des Verteidigers ab.
4. Versucht der Gegner, den Freibauern mit dem Läufer zu blockieren, müssen Läufer und König ihn verdrängen oder ihm die Diagonale sperren und so den weiteren Vormarsch des Bauern sichern.
5. Wenn der König den Bauern aufhält, wird seine dadurch verursachte Ablenkung genutzt, um mit dem eigenen König die Bauern am anderen Flügel anzugreifen und dem Gegner dort entscheidenden Materialverlust zuzufügen. Sehen wir uns an, wie Weiß sein Übergewicht in der folgenden Stellung verwertet.

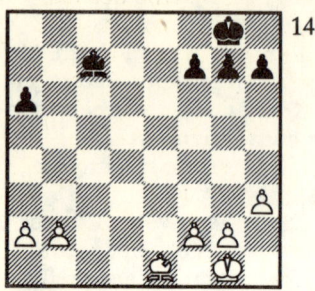

141

Weiß gewinnt

1.♔g1–f1	♚g8–f8
2.♔f1–e2	♚f8–e7
3.♔e2–d3!	...

Der König strebt nach c4, um bei der Bildung eines Freibauern zu helfen.

3. ...	♚e7–d7
4.♔d3–c4	♚d7–c6
5.♗e1–c3	g7–g6
6.b2–b4	♗c7–b6
7.f2–f3	♗b6–c7
8.a2–a4	♗c7–b6
9.♗c3–d4	...

Der Läufer hat eine starke Position bezogen. Von diesem Feld aus will er den Freibauern unterstützen.

9. ...	♗b6–c7
10.b4–b5+	a6:b5
11.a4:b5+	♔c6–b7

Der Versuch, den weißen König nicht nach d5 zu lassen, verliert sofort. Auf 11. ... ♔d6 geschieht 12.♗c5+ ♔d7 13.b6 ♗g3 14.♔d5 ♗f4 15.♗d4 nebst 16.♗e5.

12.♔c4–d5 ...

Bis jetzt verlief alles nach Plan. Der schwarze König ist durch den Freibauern abgelenkt, und Weiß schickt sich an, mit dem König die Bauern am anderen Flügel anzugreifen. Der Kampf ist jedoch nicht zu Ende. Es muß noch eine weitere Hürde überwunden werden. Indem nämlich der schwarze Läufer aus der Ferne die Zugänge zu den Bauern kontrolliert, versucht er, das Vordringen des weißen Königs zu verhindern.

12. ... ♗c7–b8

Nach 12. ... ♗f4 13.♗e5 ♗e3 14.♔d6 bricht der König sofort ins schwarze Lager ein. Jetzt hingegen brächte 13.♗e5 ♗a7 14.♔d6 wegen 14. ... ♗b8+ nichts ein. Auch im Fall von 14.♗d6 ♗f2! 15.♔e5 ♗g3+ käme Weiß nicht weiter.

Wie ist der Läufer zu bändigen? Ist es nicht möglich, seine Beweglichkeit einzuschränken? Wie sich herausstellt, ja.

13.♗d4–f2	♗b8–c7
14.g2–g3	h7–h5
15.h3–h4	♗c7–b8
16.b5–b6	

Das Problem ist gelöst. Schwarz befindet sich im Zugzwang und ist gegen das Manöver 17.f4, 18.♗d4 und 19.♗e5 machtlos. Auch 16. ...

♗c8 17.♔c6 ♗e5 18.f4 ♗b8 19.b7+ ♔d8 20.♗b6+ ♔e7 21.♗c7 kann ihn nicht retten. Wie Sie sehen, treten in einem Läuferendspiel im Vergleich zu Springer- oder Bauernendspielen zusätzliche Schwierigkeiten auf, die die Verwertung eines materiellen Übergewichts komplizieren. Selbst in diesem Idealfall mußte sich Weiß nicht wenig anstrengen, um eine Zugzwangsituation zu schaffen und mit dem König ins gegnerische Lager einzudringen. Bei Materialgleichheit übt ein Freibauer wesentlichen Einfluß auf die Stellungsbeurteilung aus. In der Regel reicht ein Freibauer allein aber noch nicht zum Gewinn, vor allem wenn auf dem Brett nur wenig Bauern verblieben sind.

Lissizyn–Löwenfisch
Leningrad 1932

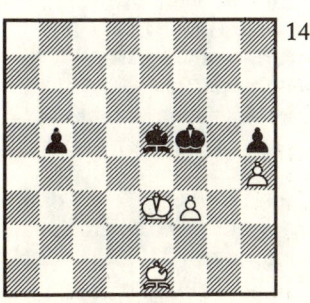

142

Schwarz am Zuge

Schwarz hat einen entfernten Freibauern. Außerdem steht der weiße h-Bauer auf einem Feld von der Farbe des Läufers und muß verteidigt werden. Weiß kommt allerdings entgegen, daß nur noch wenig Material auf dem Brett ist und das Umwandlungsfeld des schwarzen h-Bauern dem Läufer unzugänglich ist (ein Opfer des Läufers gegen den b-Bauern würde Weiß das Remis sichern).

   1. ...   ♗e5–f6!

Weiß befindet sich im Zugzwang: Auf 2.♔e2 geschieht 2. ... ♔f4, während ein Läuferzug entweder zum Verlust des Bauern h4 oder zum Vormarsch des schwarzen Freibauern führt.

   2.f3–f4   ♗f6–b2

Nur Remis ergäbe 2. ... ♔g4 wegen 3.♔e4 ♗e7 4.f5 b4 5.f6! ♗f8 6.f7 b3 7.♔d3 bzw. 4. ... ♗f6 5.♔d5 ♔:f5 6.♔c6 ♔g4 7.♔:b5 ♗:h4 8.♗a5 ♗g3 9.♗d8 ♗f4 10.♔c4 ♗g5 11.♗:g5 und 12.♔d3.

   3.♗e1–d2   ♗b2–g7
   4.♗d2–b4   ♗g7–f6
   5.♗b4–e1   ♗f6–e7!

Erneut in Zugzwang geraten, bleibt Weiß nichts anderes übrig, als den König zu ziehen.

   6.♔e3–f3   ♗e7–d6
   7.♗e1–d2   ♗d6–c7!

Weiß ist durch die Verteidigung des Bauern f4 gebunden und muß Zugeständnisse machen. Auf einen Zug des Läufers entlang der Diagonale c1–e3 entscheidet 8. ... b4, und 8.♗g3 hätte 8. ... ♔e4 zur Folge. Weiß entschließt sich, den f-Bauern zu geben.

8.♗d2–c3	♗c7:f4
9.♗c3–b4	♗f4–e5
10.♗b4–a5	♗e5–f6
11.♗a5–e1	♗f6–e7!
12.♔f3–g3	♔f5–e4

Wieder mußte Weiß dem Zugzwang Tribut zollen. Jetzt entscheidet die Annäherung des schwarzen Königs an den b-Bauern.

13.♗e1–a5	♔e4–d3
14.♗a5–e1	♔d3–c4
15.♔g3–f4	♗e7–f6
16.♔f4–f5	♗f6–c3
17.♗e1–g3	b5–b4
18.♗g3–d6	b4–b3
19.♗d6–a3	♔c4–d3
20.♔f5–g5	♔d3–c2
21.♔g5:h5	♗c3–d2
22.♔h5–g4	♗d2–c1

Schwarz gewann.

In diesem Beispiel war Weiß durch den schwachen Bauern h4 völlig gebunden, was von Schwarz genutzt wurde, um wiederholt eine Zugzwangsituation zu schaffen. Stehen in einem Läuferendspiel Bauern auf Feldern von der Farbe des Läufers, ist dies in der Regel ein schwerwiegender Nachteil. Erstens können diese Bauern durch den gegnerischen Läufer angegriffen werden und bedürfen deshalb des ständigen Schutzes. Zweitens ist der Läufer nicht in der Lage, die Felder zwischen den Bauern zu kontrollieren, so daß sie dem gegnerischen König zugänglich sind. All das ist aus dem folgenden Beispiel gut zu ersehen.

Smyslow–Keres
Moskau 1951

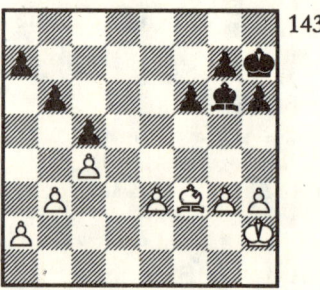

143

Schwarz am Zuge gewinnt

Der schwarze Vorteil ist unbestritten. Die weißen Bauern am Damenflügel sind schutzbedürftig, und der weiße Läufer ist deshalb weitgehend gebunden. Auch am anderen Flügel stehen die schwarzen Bauern günstiger als die des Gegners. Der schwarze König kann ebenfalls aktiv am Kampf teilnehmen, so daß Schwarz alles in allem ein entscheidendes Übergewicht besitzt, das er wie folgt verwertete:

1. ...	♗g6–b1
2.a2–a3	a7–a5!

Legt die schwachen weißen Bauern fest.

3.♗f3–d1   ♔h7–g6

Jetzt greift der schwarze König ins Spiel ein.

4.♔h2–g2   ♔g6–f5
5.♔g2–f3   ♔f5–e5

Allmählich läuft Weiß Gefahr, in Zugzwang zu geraten.

6.a3–a4   g7–g5
7.♔f3–e2   ♗b1–f5!
8.g3–g4   ...

Offensichtlich erzwungen. Auf 8.h4 folgt 8. ... ♗g4+ mit leichtem Gewinn.

8. ...   ♗f5–b1
9.♔e2–f3   f6–f5
10.g4:f5   ...

Nicht besser ist 10.♔e2 ♗e4 11.♔f2 f4 12.ef ♔:f4. Weiß befindet sich danach im Zugzwang und muß den gegnerischen König in sein Lager lassen.

10. ...   ♔e5:f5
11.♔f3–f2   ♗b1–e4
12.♔f2–g3   ♔f5–g6

Die letzte Reserve, der h-Bauer, wird mobilisiert.

13.♔g3–f2   h6–h5
14.♔f2–g3   h5–h4+
15.♔g3–f2   ♔e4–f5
16.♔f2–g2   ♔g6–f6
17.♔g2–h2   ♔f6–e6

Weiß gab auf, da der schwarze König nach 18.♔g2 ♔e5 19.♔h2 ♗b1 20.♔g2 ♔e4 in

sein Lager eindringt, z. B.
21.♔f2 ♔d3 22.♔f3 ♔d2
23.♗e2 ♗f5 24.e4 ♗:e4+
25.♔:e4 ♔:e2 26.♔f5 ♔f3
27.♔:g5 ♔g3 usw.

Das untersuchte Beispiel veranschaulicht den Gewinnplan in Stellungen, in denen gegnerische Bauern auf Feldern von der Farbe des Läufers stehen. Dieser Plan gliedert sich in mehrere Etappen:
1. Die schwachen Bauern des Gegners werden festgelegt.
2. Die gegnerischen Kräfte werden an die Verteidigung dieser Bauern gebunden.
3. Der König wird aktiviert, er besetzt die Zugänge zum feindlichen Lager.
4. Der Kulminationspunkt des Planes ist die Herbeiführung einer Zugzwangsituation, d. h. einer Stellung, in der jede beliebige Antwort des Gegners für ihn schwerwiegende Folgen hat – entweder das Eindringen des Königs oder materielle Verluste.

Ungleichfarbige Läufer

In Endspielen mit ungleichfarbigen Läufern hat ein materielles Übergewicht gewöhnlich keine entscheidende Bedeutung. Während in vielen anderen Endspielen zwei Mehrbauern fast ausnahmslos zum Gewinn reichen, ist dies bei ungleichfarbigen Läufern keineswegs so.

C. Salvioli, 1887

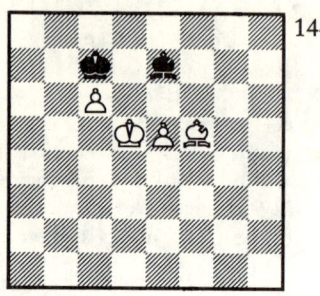

144

Remis

Weiß kann nicht gewinnen:

1. ♔d5–e6   ♝e7–b4
2. ♗f5–e4   ♚c7–d8
3. ♔e6–f7   ♝b4–a3
4. e5–e6   ♝a3–b4

Schwarz gelingt es, den Läufer für beide Bauern zu geben. Es genügt jedoch, die Stellung etwas zu verändern, um ein anderes Resultat zu erhalten.

C. Salvioli, 1887

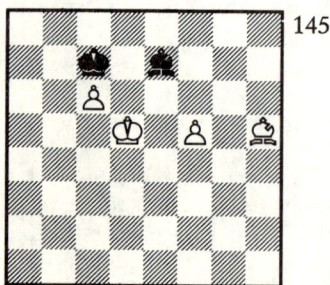

145

Weiß gewinnt

Hier wird der schwarze König nicht so erfolgreich mit den Bauern fertig.

1. ♗h5–f3   ♚c7–d8
2. ♔d5–e6   ♝e7–b4
3. f5–f6   ♝b4–a5
4. f6–f7   ♝a5–b4
5. ♔e6–f6   ♝b4–c3+
6. ♔f6–g6   ♝c3–b4
7. ♔g6–g7

Weiß gewinnt für einen von ihnen den Läufer und führt den anderen zur Dame.
Man darf aber nicht denken, daß alles nur auf den Abstand zwischen den Bauern hinauslaufe. So ist die folgende Stellung nicht zu gewinnen, obwohl der Zwischenraum zwischen den Bauern ebenfalls zwei freie Linien beträgt.

J. Awerbach, 1950

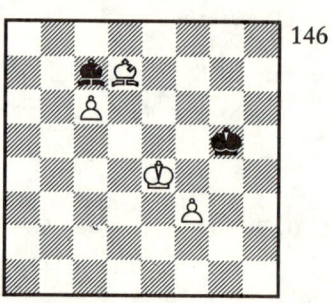

146

Remis

Wesentlich ist, daß der weiße König seine Bauern hier nicht unterstützen kann, und ohne jede Hilfe sind sie nicht in der Lage vorzurücken.
Das nächste Diagramm zeigt eine typische Remisstellung mit zwei verbundenen Bauern.

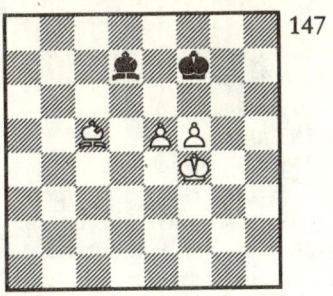

147

Remis

Der schwarze Läufer greift
einen der Bauern an und verhindert das Vorgehen des anderen. Weiß kann nichts unternehmen.
Selbst drei verbundene Mehrbauern garantieren nicht den
Gewinn, wenn es dem Gegner
möglich ist, sie zu blockieren.

A. Chéron, 1952

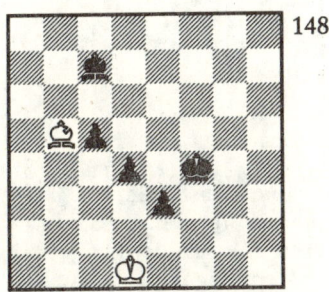

148

Weiß am Zuge hält remis

Um zu gewinnen, muß
Schwarz den Bauern mit dem
König zu Hilfe kommen. Es
gelingt indes nicht, ins weiße
Lager einzudringen.

1.♔d1–e2!	♔f4–e4
2.♗b5–c4	♗c7–g3
3.♗c4–b5	♔e4–d5
4.♔e2–d3	♗g3–e1
5.♗b5–a6	♔d5–c6
6.♔d3–c2!	...

Weiß gruppiert seine Kräfte
rechtzeitig um.

6. ...	♔c6–b6
7.♗a6–c4	♔b6–a5
8.♔c2–b3!	

Dem schwarzen König ist der
Weg verlegt.
Ähnliches trifft zu, wenn
beide Seiten über Bauern verfügen. Ein Mehrbauer und
selbst zwei können sich auch
dann für einen Gewinn als un-
zureichend erweisen.
Sehen wir uns ein typisches
Beispiel mit einem Mehrbauern an. Etwa die gleiche Stellung war bei gleichfarbigen
Läufern für Weiß gewonnen.
Hier dagegen ergibt sich ein
elementares Remis.

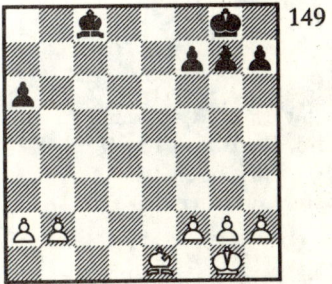

149

Das Spiel kann folgenden Verlauf nehmen:

1.♔g1–f1	♚g8–f8
2.♔f1–e2	♚f8–e7
3.♔e2–d3	♝c8–e6
4.b2–b3	♚e7–d6
5.♗e1–b4+	♚d6–c6
6.♔d3–c3	g7–g6
7.a2–a4	♚c6–b6
8.♗b4–f8	h7–h5
9.b3–b4	♝e6–d5
10.g2–g3	♝d5–e6

Wie Sie sehen, gelingt es Weiß nicht einmal, einen Freibauern zu bilden. Vielleicht sollte sich der König sofort zu den Bauern des Königsflügels begeben?

11.♔c3–d4	♝e6–b3!

Es ist nützlich, die gegnerischen Bauern festzulegen.

12.a4–a5+	♚b6–b5
13.♔d4–e5	♝b3–e6
14.♔e5–f6	♚b5–c6

Obwohl der schwarze König am anderen Flügel steht, wird der Läufer mit der Verteidigung der Bauern ausgezeichnet fertig.

15.♔f6–g5	♚c6–b5
16.h2–h4	♚b5–c6
17.f2–f3	♝e6–d5!

Schwarz muß auf der Hut sein. Es drohte 18.g4! mit Bildung eines gefährlichen Freibauern auf der h-Linie.

18.♔g5–f4	♚c6–b5
19.g3–g4	♚b5–c6
20.g4:h5	g6:h5

Weiß kann nichts mehr unternehmen.

Dieses Beispiel demonstriert anschaulich die charakteristischen Besonderheiten von Endspielen mit ungleichfarbigen Läufern:

1. Der Vormarsch eines Freibauern kann nicht durch den Läufer unterstützt werden: Felder, die der gegnerische Läufer bedroht, sind ihm unzugänglich.

2. Der Läufer ist auch nicht in der Lage, gegnerische Bauern anzugreifen, die auf Feldern anderer Farbe stehen.

Diese Besonderheiten spiegeln sich in drei Hauptremisstellungen wider, die für derartige Endspiele typisch sind.

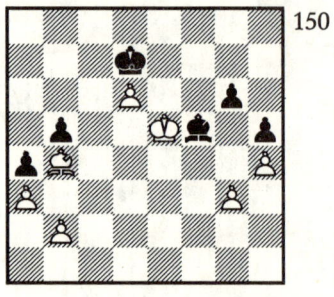

150

Um remis zu halten, braucht Schwarz nur „auf der Stelle zu treten". Der Läufer kommt bei der Verteidigung der Bauern an beiden Flügeln auch ohne die Hilfe seines Königs mühelos zurecht.

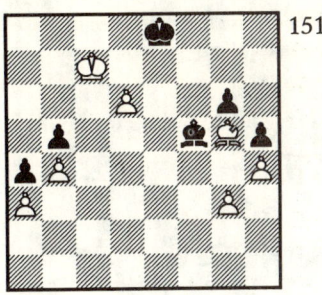

151

Die schwarzen Figuren stehen hier weniger günstig als im vorigen Beispiel. Trotzdem kann Weiß nichts ausrichten. Schwarz hat sich nur vor einer kleinen Ungenauigkeit zu hüten. Auf 1.♔b6 muß nicht 1. ... ♗d3?? geschehen, was nach 2.♔c6 verliert, sondern 1. ... ♗d7.

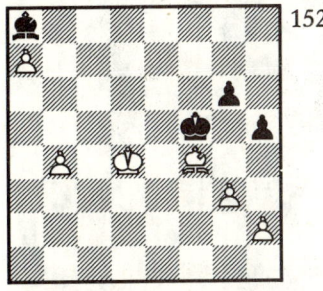

152

Weiß ist nicht in der Lage, sein großes materielles Übergewicht zu verwerten, da Schwarz eine Annäherung des Königs an die Bauern verhindert.

1.♔d4–c5   ♔f5–e6!
2.♔c5–b6   ♔e6–d7!
3.b4–b5   ♔d7–c8!

Ein grober Fehler wäre, mit dem Läufer das Feld a8 zu verlassen, z. B. 3. ... ♗f3 4.a8♕! ♗:a8 5.♔a7 ♗f3 6.♔b8 (Weiß hat einen Teil des Materials zurückgegeben, ist aber mit dem König durchgebrochen und kann nun das Vorgehen des b-Bauern unterstützen) 6. ... ♗g2 7.b6 ♔c6 8.♔a7, und Weiß gewinnt. Während in den vorigen Beispielen eine passive Taktik ausreichte, rettete sich Schwarz hier durch eine aktive Verteidigung. Dabei mußte er sehr wachsam mit dem König manövrieren, um den König des Gegners nicht durchzulassen.

In welchen Fällen kann man ein Endspiel mit ungleichfarbigen Läufern gewinnen? Die folgenden Beispiele geben auf diese Frage Antwort.

Kotow–Botwinnik
Moskau 1955

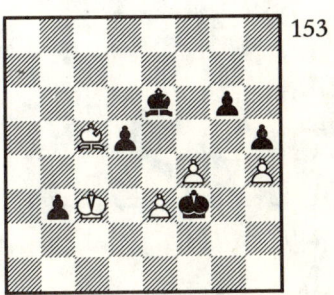

153

Schwarz am Zuge

Es scheint, als hätten wir eine

typische Remisstellung vor
uns. Der König stoppt den
Freibauern, der Läufer verteidigt die Bauern an beiden Flügeln.
Es folgen jedoch zwei effektvolle Bauernopfer.

1. ...   g6–g5!!
2.f4:g5   ...

Zum Verlust führt auch 2.hg
h4 3.♗d6 ♗f5 4.g6 ♗:g6 5.f5
♗:f5 6.♔:b3 ♔g2, und der h-
Bauer kostet Weiß den Läufer.

2. ...   d5–d4+!
3.e3:d4   ♔f3–g3
4.♗c5–a3   ♔g3:h4
5.♔c3–d3   ♔h4:g5
6.♔d3–e4   h5–h4
7.♔e4–f3   ♗e6–d5+

Weiß gab auf.

*Awerbach–Ljublinski
Moskau 1950*

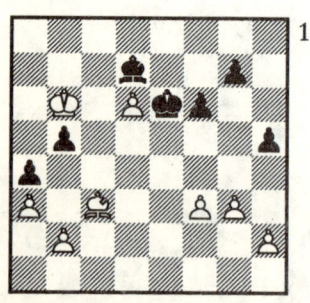

154

Weiß am Zuge

Stände der schwarze König
auf e8, könnte Weiß kaum etwas Wesentliches erreichen.
So aber hat er die Möglichkeit,

sich einen Freibauern am Königsflügel zu verschaffen.

1.♔b6–c7   ♗d7–e8
2.h2–h4   ♗e8–d7
3.g3–g4!   h5:g4
4.f3:g4   ♗d7–e8
5.h4–h5

Schwarz gab auf. Im Fall von
5. ... ♗d7 entscheidet 6.♗:f6!
gf 7.h6.

*Euwe–Yanofsky
Groningen 1946*

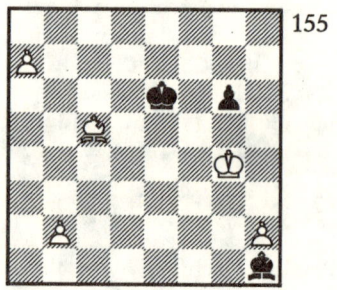

155

Weiß am Zuge

Auf den ersten Blick sieht es
so aus, als ob der weiße König
nicht zu den Bauern am Damenflügel durchbrechen
könne. Trotzdem gelingt ihm
dies.

1.♔g4–g5   ♔e6–f7
2.♗c5–d4   ♗h1–g2
3.h2–h4   ♗g2–h1
4.b2–b4   ♗h1–g2
5.b4–b5   ♗g2–h1
6.♗d4–f6!   ...

Der Schlüsselzug des weißen
Planes. Der Läufer schneidet

den gegnerischen König vom Damenflügel ab und kontrolliert den schwarzen Bauern.

6. ...	♗h1–g2
7.h4–h5!	g6:h5
8.♔g5–f5!	

Der Weg des weißen Königs zum Damenflügel ist frei. Schwarz gab auf.

Die hauptsächlichen Möglichkeiten, in diesem Endspiel zum Erfolg zu kommen, sind die Bildung eines zweiten Freibauern oder ein Durchbruch des Königs.

Viertes Kapitel

Läufer gegen Springer

Sind verschiedenartige Figuren auf dem Brett, spricht man von gemischten Endspielen. Die Kampfqualitäten von Läufer und Springer weisen starke Unterschiede auf. Der Läufer zieht auf geraden, der Springer auf verschlungenen Wegen. In Stellungen, in denen das Spiel auf beiden Flügeln verläuft, ist ein Läufer zweifellos besser als ein Springer. Findet der Kampf indes auf einem begrenzten Abschnitt des Brettes statt, gleichen sich die Möglichkeiten beider Figuren einander an. All diese Besonderheiten werden wir uns anhand von Beispielen ansehen.

Läufer und Bauer gegen Springer

Im Kampf Läufer und Bauer gegen Springer hängt das Ergebnis davon ab, ob die stärkere Seite den Springer maximal einschränken und eine Zugzwangstellung herbeiführen kann. Ist ihr dies möglich, gewinnt sie, anderenfalls muß sie sich trotz des Mehrbauern mit einem Remis begnügen.

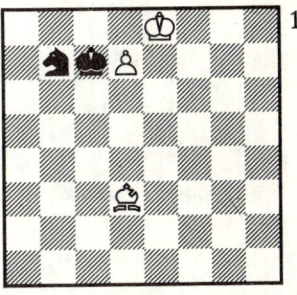

156

Weiß gewinnt

Weiß gewinnt durch ein einfaches Manöver des Königs und des Läufers, das Schwarz in Zugzwang bringt.

1.♔e8–e7!	♘b7–d8
2.♗d3–e4!	♘d8–f7
3.♗e4–f3	♘f7–d8
4.♗f3–d5!	

Die Gewinnmethode ist für derartige Endspiele typisch. Eine Ausnahme bildet die folgende Stellung.

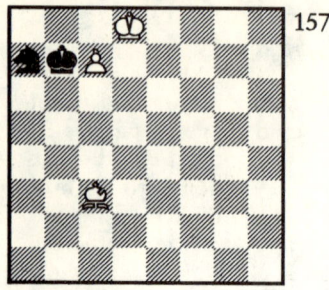

157

Remis

1.♔d8–d7	♘a7–c8
2.♗c3–d4	♘c8–e7
3.♗d4–e3	♘e7–c8
4.♗e3–c5	...

Bisher lief alles so ab wie im vorigen Beispiel. Jetzt nutzt Schwarz eine Pattmöglichkeit, um das rettende Remis zu erzwingen.

| 4. ... | ♔b7–a8! |
| 5.♔d7–c6 | ♘c8–b6!! |

mit Remis.

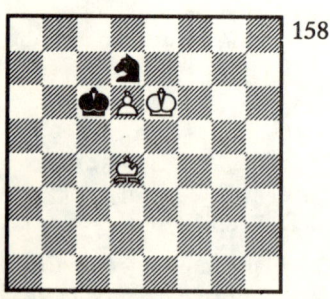

158

Schwarz am Zuge hält remis

In dieser Stellung ist es Weiß nicht gelungen, den Springer völlig einzuschränken. Nach

1. ... ♘f8+ oder 1. ... ♘b8 hält Schwarz remis.
Versetzt man eine derartige Stellung jedoch an den Brettrand, kann sich dies negativ auf die Beweglichkeit des Springers auswirken.

159

Weiß gewinnt

Nach 1.♗g4–d7 befindet sich Schwarz sofort im Zugzwang. Komplizierter gestaltet sich die Aufgabe, wenn Schwarz am Zuge ist. Um zu gewinnen, muß Weiß dann mit König und Läufer so manövrieren, daß das Zugrecht wechselt. Er erreicht dies wie folgt: 1. ... ♘e8 2.♗d7 ♘g7 3.♔h7 ♘h5 4.♗g4 ♘g7 5.♗h3 ♘h5 (oder 5. ... ♘e8 6.♗d7 ♘g7 7.♔h6) 6.♔h6 ♘g7 7.♗d7. In den bisher untersuchten Beispielen war das Feld vor dem Bauern dem Läufer unzugänglich. Sehen wir uns nunmehr Stellungen an, in denen der Läufer dieses Feld angreifen kann.

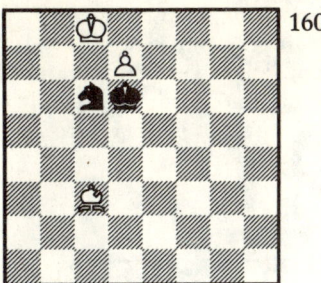

160

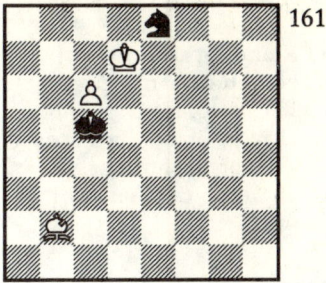

161

Weiß am Zuge gewinnt
Schwarz am Zuge hält remis

Schwarz am Zuge

Die Aufgabe von Weiß besteht darin, den Springer zu verdrängen. Ist er am Zuge, gelingt dies:

1.♗c3–b4+ ♔d6–e6
2.♔c8–c7 ♔e6–d5
3.♗b4–a3

Schwarz ist im Zugzwang und muß den Bauern zur Dame gehen lassen.
Ist jedoch Schwarz am Zuge, kann er sich retten, indem er die Aufstellung seiner Figuren verbessert: 1. ... ♘e7+ (oder 1. ... ♘a7+) 2.♔d8 ♘c6+ 3.♔e8 ♔e6.
Schwarz hat eine Umgruppierung vorgenommen und gleichzeitig den gegnerischen König abgedrängt. Weiß gelingt es nicht mehr, eine Zugzwangsituation herbeizuführen. Die Stellung ist daher remis.

In dieser alten Stellung ergibt sich die Zugzwangsituation durch ein originelles Manöver des weißen Läufers. Der einzige Zug für Schwarz ist hier 1. ... ♔c5–b6. Sofort zum Verlust führt 1. ... ♔b5 oder 1. ... ♔d5 wegen 2.♗d4.

2.♗b2–e5 ♔b6–c5!

Nach 2. ... ♔b5 3.♗d4! wäre Schwarz im Zugzwang.

3.♗e5–c3 ♔c5–b6
4.♗c3–a5+ ♔b6–b5
5.♗a5–d8 ...

Weiß behält das Feld b6 unter Kontrolle und pariert die Schachdrohung auf f6.

5. ... ♔b5–c5
6.♗d8–h4 ♔c5–b5
7.♗h4–g5!

Dieser Abwartezug entscheidet. Schwarz hat keine befriedigende Antwort, z. B. 7. ... ♔c5 8.♗e3+ ♔d5 9.♗d4! ♘d6 10.c7, und Weiß gewinnt.

105

Springer und Bauer gegen Läufer

Im Kampf Springer und Bauer gegen Läufer hängt das Ergebnis davon ab, ob es gelingt, den Läufer abzudrängen oder die Diagonale, auf der er wirkt, durch den Springer zu sperren.

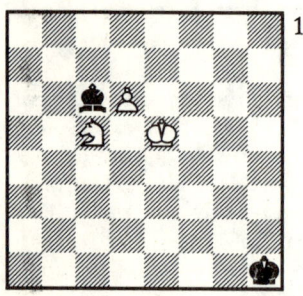

162

Remis

Hier kann der Läufer seine Pflichten ausgezeichnet erfüllen, z. B. 1.♔e6 ♗b5 2.♔e7 ♗c6 3.♔d8 ♗b5 4.♔c7 ♔g1 5.♘d3 ♔h1 (der König vertraut darauf, daß der Läufer allein mit dem Bauern fertig wird) 6.♘e5 ♗e8! (gegen die Drohung 7.♘c6 gerichtet) 7.♘d7 ♔g1 8.♔d8 ♗g6 9.♔e7 ♗f5 10.♘c5 ♗c8! 11.♘d7 ♔h1 12.♔d8 ♗a6 13.♔c7 ♗b5 14.♘e5 ♗e8!, und Weiß hat nichts erreicht. Der schwarze Läufer ließ den Bauern nicht vorrücken, ohne daß ihm der König zu Hilfe kommen mußte. Dies war möglich, weil der Läufer auf den Diagonalen a4–e8 und c8–h3 über nicht weniger als fünf Felder verfügte, während König und Springer gemeinsam nur vier unter Kontrolle bringen können.

J. Awerbach, 1958

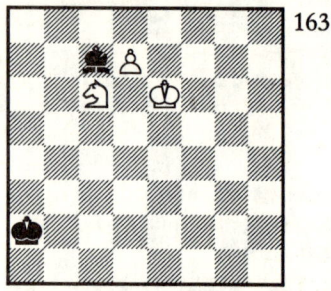

163

Weiß am Zuge gewinnt
Schwarz am Zuge hält remis

In dieser Stellung kommt Schwarz nicht mehr ohne die Unterstützung des Königs aus. Dem Läufer stehen auf der Diagonale a5–d8 vier Felder zur Verfügung, von denen ihm bereits zwei durch den Springer genommen sind. Wenn der weiße König nach b7 gelangt, kann sich der Läufer nicht auf dieser Diagonale halten, und Weiß gewinnt. Ist Weiß am Zuge, führt er den König sofort nach b7.

1.♔e6–d5   ♔a2–a3

Auf 1. … ♔b3 tritt eine weitere Drohung in Aktion. Weiß kann durch das Manöver 2.♘d4+ und 3.♘e6 die Läuferdiagonale sperren, da es gegen 4.♔c6 und 5.♘c7 keine Verteidigung gibt.

2.♔d5–c4! ...

Auf die natürliche Fortsetzung 2.♔c5 folgt 2. ... ♔a4, wonach gar Weiß im Zugzwang wäre, z. B. 3.♘d4 ♗d8! 4.♘e6 ♗h4!, und der Läufer ist auf eine längere Diagonale übergewechselt.

2. ... ♔a3–a4
3.♔c4–c5!

Jetzt ist Schwarz in Zugzwang geraten. Er muß mit dem König zurückweichen und dem gegnerischen den Weg frei geben. Nach 3. ... ♔a3 4.♔b5 ♔b2 5.♔a6 nebst 6.♔b7 ist alles entschieden.
Wenn die Diagonale, auf der der Läufer den Bauern bewacht, aus weniger als fünf Feldern besteht, hängt der Ausgang des Kampfes folglich davon ab, ob der König Entlastung bringen kann. Gelingt es ihm, die Vertreibung des Läufers bzw. die Sperrung der Diagonale zu verhindern, endet die Partie remis, anderenfalls zieht die schwächere Seite den kürzeren.
Ist Schwarz am Zuge, kann er die Drohung des Gegners entkräften: 1. ... ♔b3! 2.♔d5 (2.♘d4+ ♔c4) 2. ... ♔c3! 3.♔c5 ♔d3! (Ziel des schwarzen Königs ist der Punkt d6) 4.♔b5 ♔e4 5.♔a6 ♔d5 6.♔b7 ♔d6.

Schwarz konnte zwar den Marsch des weißen Königs nach b7 nicht unterbinden, dafür aber dem Läufer von der anderen Seite zu Hilfe kommen. Durch dieses Manöver behauptet er den Läufer auf der Diagonale a5–d8, und Weiß muß sich mit einem Remis begnügen.
Bei einem Randbauern sieht die Aufgabe der stärkeren Seite ziemlich einfach aus. Der Läufer verfügt über nur eine Diagonale. Wenn der gegnerische König weit genug entfernt steht, ist deshalb die Vertreibung des Läufers oder die Sperrung der Diagonale mühelos zu erreichen. Aber auch hier gibt es interessante Besonderheiten, die man kennen sollte.

Nach B. Horwitz, 1885

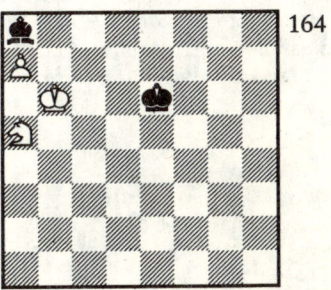

164

Weiß gewinnt

Der Plan von Weiß sieht vor, den König nach b8 zu bringen, den Läufer zu vertreiben und dann durch den Zug ♘b7

107

die Diagonale zu sperren. Wie kann Schwarz dies verhindern?

1.♔b6–c7   ♔e6–e7
2.♔c7–c8!   ...

Eine erste Feinheit! Es zeigt sich, daß eine zu direkte Taktik nur ein Remis zur Folge hätte. Auf 2.♔b8 geschieht 2. ... ♔d8! 3.♔:a8 (3.♘b7+ ♔d7) 3. ... ♔c7!, und Weiß kann seinen König nicht aus dem Gefängnis befreien. In der Herbeiführung dieser uns schon bekannten Stellung (siehe S. 54) liegt die Hauptressource der schwarzen Verteidigung.

2. ...   ♔e7–e8

Schlechter ist 2. ... ♔d6 3.♔b8 ♔d7 4.♘b7!, und Schwarz befindet sich im Zugzwang: Auf 4. ... ♔c6 entscheidet 5.♔:a8 ♔c7 6.♘d6! Weiß steht vor der Aufgabe, diese Zugzwangstellung auch in der Hauptvariante zu erreichen.

3.♘a5–c4!   ♔e8–e7

Läuferzüge scheitern an 4.♘d6+ nebst 5.♘b7.

4.♔c8–b8   ♔e7–d8
5.♘c4–d6   ♔d8–d7
6.♘d6–b7!   ♔d7–c6
7.♔b8:a8   ♔c6–c7
8.♘b7–d6!

Weiß ist am Ziel. Schwarz kann die Waffen strecken.

Verwertung eines Übergewichts

Verfügt die Läufer- oder Springerpartei über einen Mehrbauern, stellt dies einen großen, in der Regel entscheidenden Vorteil dar. Die Verwertung des materiellen Übergewichts erfolgt nach dem bereits bekannten Plan: Es muß ein Freibauer gebildet und zur Dame geführt werden. Mit einzelnen Besonderheiten, die bei der Verwirklichung dieses Planes auftreten, möchten wir Sie anhand von Beispielen vertraut machen.

Bontsch-Osmolowski–Konstantinopolski
Moskau 1949

165

Weiß am Zuge

Weiß hat schon alle Vorbereitungen getroffen, einen Freibauern zu bilden, und kann zu aktiven Schritten übergehen.

1.g4–g5   h6:g5+
2.h4:g5   f6:g5+
3.♔f4:g5   ♔d6–e5
4.♗e2–d3   ...

Weiß umgeht die Falle 4.f6?
♘h7+.

| 4. ... | ♘f8–d7 |
| 5.♔g5–g6 | ♘d7–f6 |

Der Bauer ist nicht voranzubringen: Das Feld f6 ist dem Läufer unzugänglich. Weiß nutzt deshalb den Umstand, daß die schwarzen Figuren durch den Bauern abgelenkt sind, um mit dem König einen langen Marsch zu den Bauern am anderen Flügel anzutreten.

6.♔g6–f7!	♘f6–d5
7.♗d3–c4	♘d5–e3
8.♗c4–e6	♘e3–g4

8. ... ♘:f5 würde in ein hoffnungsloses Bauernendspiel führen.

9.♔f7–e7	♘g4–f6
10.♗e6–c8	♘f6–e4
11.♔e7–d7	♔e5:f5

Die Wiederherstellung des materiellen Gleichgewichts hilft nicht mehr – der weiße König steht bereits in der Nähe der schwarzen Bauern.

12.♔d7–c6+	♔f5–e5
13.♔c6:b6	♘e4–d6
14.♗c8–a6	♔e5–d5
15.♗a6–b5	...

Weiß hat keine Eile. Der Bauer a5 läuft nicht weg.

15. ...	♘d6–c8+
16.♔b6:a5	♔d5–d6
17.♗b5–a6	♘c8–e7
18.♔a5–b6	♘e7–d5+
19.♔b6–b7	♘d5–e3

| 20.♗a6–e2 | c5–c4 |
| 21.a4–a5 | |

Schwarz gab auf.

Befindet sich das materielle Übergewicht auf seiten des Springers, bleibt der Plan in seinen Grundzügen der gleiche. Hier ist jedoch nicht zu empfehlen, sich mit der Bildung eines Freibauern oder gar mit seinem Vormarsch zu beeilen. Dies könnte zur Erhöhung der Beweglichkeit des Läufers als einer weitreichenden Figur führen.
Zunächst ist wichtig, die Bauernformation des Gegners zu schwächen, um dessen Kräfte vom Freibauern abzulenken oder eine Bresche für den eigenen König zu schlagen.
Hier ein charakteristisches Beispiel.

Löwenfisch–Rauser
Tbilissi 1937

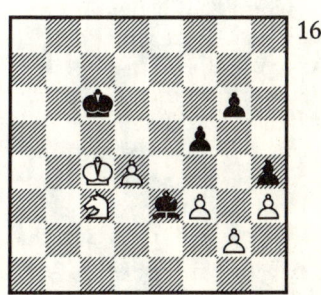

166

Weiß am Zuge

Ein Fehler wäre 1.♘b5 ♗f2

109

2.d5+. Nach 2. … ♔d7 ist nicht zu sehen, wie Weiß seine Stellung verstärken soll. Der richtige Plan besteht in einem Angriff auf die gegnerischen Bauern.

1.♘c3–d5	♗e3–g5
2.f3–f4!	♗g5–d8
3.♘d5–b4+	♔c6–d6
4.♘b4–d3	g6–g5

Nach 4. … ♔e6 5.♘e5 ♔f6 6.♔c5 kann der Freibauer ungehindert vorrücken.

5.♘d3–e5!	♔d6–e6

Es drohte 6.♘f7+.

6.d4–d5+	♔e6–f6
7.♔c4–c5	g5:f4
8.♘e5–c6	

Schwarz gab auf. Ohne den Läufer zu verlieren, ist der Bauer nicht aufzuhalten.
Bei der Beurteilung materiell ausgeglichener Stellungen mit leichten Figuren spielen uns schon bekannte positionelle Faktoren wie ein entfernter Freibauer, Schwächen in der Bauernstruktur usw. eine wichtige Rolle. Wir untersuchen hier nur jene, die gerade für den Kampf Läufer gegen Springer charakteristisch sind. Der Läufer kommt mit einem Springer besonders erfolgreich in offenen Stellungen zurecht, in denen die Diagonalen nicht durch Bauern versperrt sind und er frei manövrieren kann. Große Bedeutung hat natürlich auch die Aktivität des Königs. Ein aktiver König, der einträchtig mit dem Läufer zusammenwirkt, ist eine gewaltige Kraft. Davon kann man sich bei der Analyse des folgenden Beispiels überzeugen.

Stoltz–Kashdan
Den Haag 1928

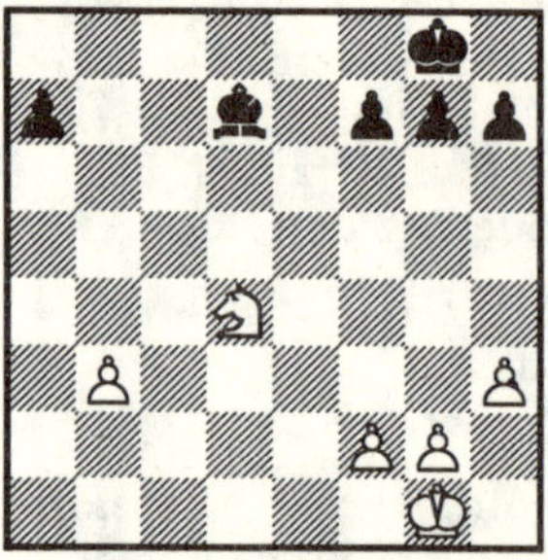
167

Schwarz am Zuge

Weiß hat anscheinend keine Schwächen und einen gut postierten Springer. Ein flüchtiger Blick gewährleistet indes keine richtige Stellungsbeurteilung. In Wirklichkeit liegt das Übergewicht bei Schwarz: Er kann das Zugrecht nutzen, um seine Figuren zu aktivieren, während Weiß sich auf eine passive Abwartetaktik beschränken muß. Das Spiel verlief wie folgt:

1. …	♔g8–f8
2.♔g1–f1	♔f8–e7
3.♔f1–e2	♔e7–d6
4.♔e2–d3	♔d6–d5

Das erste Plus für Schwarz – sein König hat die aktivere Position bezogen.

5.h3–h4 &d7–c8!

Jetzt wird die Aufstellung des Läufers verbessert. Er begibt sich nach a6, von wo er die weißen Figuren noch mehr einengt und mit einem Angriff auf den Bauern g2 droht.

6.♘d4–f3 &c8–a6+
7.♔d3–c3 ...

Nach 7.♔e3 ♔c5 8.♘g5 ♔b4 9.♘:f7 ♔:b3 besitzt Schwarz einen gefährlichen entfernten Freibauern, der hier entscheidend wäre.

7. ... h7–h6
8.♘f3–d4 g7–g6
9.♘d4–c2 ♔d5–e4

Der schwarze König hat bereits die Ausgangsposition für einen Einbruch in das gegnerische Lager eingenommen.

10.♘c2–e3 f7–f5
11.♔c3–d2 f5–f4

Der Springer wird durch den Vorstoß des schwarzen Bauern vertrieben. Falls nun 12.♘c2, so 12. ... &f1 13.♘e1 ♔f5 14.f3 g5 15.hg ♔:g5, und der König gelangt nach g3.
Da weitere passive Verteidigung zu Zugzwang führt, versucht Weiß, zum Gegenangriff überzugehen. Schwarz kann diesen jedoch leicht parieren.

12.♘e3–g4 h6–h5
13.♘g4–f6+ ♔e4–f5
14.♘f6–d7 &a6–c8!
15.♘d7–f8 g6–g5!
16.g2–g3 ...

Nach 16.hg geht der ins Abseits geratene Springer verloren.

16. ... g5:h4
17.g3:h4 ♔f5–g4
18.♘f8–g6 &c8–f5
19.♘g6–e7 &f5–e6
20.b3–b4 ♔g4:h4
21.♔d2–d3 ♔h4–g4
22.♔d3–e4 h5–h4
23.♘e7–c6 &e6–f5+
24.♔e4–d5 f4–f3
25.b4–b5 h4–h3
26.♘c6:a7 h3–h2
27.b5–b6 h2–h1♛
28.♘a7–c6 ♛h1–b1
29.♔d5–c5 &f5–e4

Weiß gab auf.

Dank der aktiven Königsstellung und dem dynamischen Läufer ist es Schwarz gelungen, seine Position allmählich zu verstärken und mit dem König ins gegnerische Lager einzudringen. Dies entschied über den Ausgang des Kampfes. Der von Schwarz verwirklichte Plan ist für offene Stellungen typisch. Er besteht aus folgenden Hauptetappen:

1. Der König nähert sich so weit wie möglich den gegnerischen Bauern.
2. Im Lager des Gegners werden Einbruchspunkte geschaffen.
3. Der Läufer bindet die gegnerischen Figuren, die die Zugänge zu ihrem Lager verteidigen müssen.

4. Diese Figuren werden gezwungen, zurückzuweichen, und büßen an Aktivität ein.
5. Der König dringt ins gegnerische Lager ein und stellt ein entscheidendes materielles Übergewicht sicher.
In der folgenden charakteristischen Stellung ist der Springer dem Läufer überlegen.

Awerbach–Lilienthal
Moskau 1949

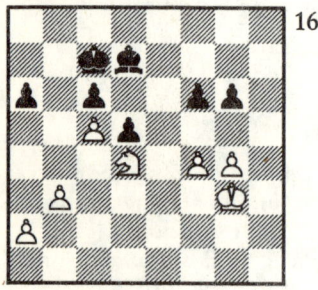

168

Weiß am Zuge

Schwarz verfügt über einen gedeckten Freibauern. Doch nicht dieser ist für die Stellungsbeurteilung ausschlaggebend. Der weiße Springer hat den Bauern zuverlässig blockiert und nimmt höchst aktiv am Spielgeschehen teil. Der Läufer ist dagegen weit weniger aktiv, da er seine Bauern verteidigen muß. Gleiches läßt sich über den schwarzen König sagen.
Weiß gewinnt, indem er mit 1.g4–g5! den Weg ins gegnerische Lager öffnet. Antwortet

Schwarz 1. ... f5, um den König nicht durchzulassen, folgt 2.♘f3 ♝e8 3.♘e5 ♚d8 4.♔f3 ♚e7 5.♔e3 ♚e6 6.♔d4 ♚e7 7.♘d3! ♚e6 8.♘b4 a5 9.♘d3 ♝d7 10.a4 ♝e8 11.b4 ab 12.♘:b4, und der a-Bauer entscheidet.

1. ...   f6:g5
2.f4:g5   ♝d7–c8
3.♔g3–f4

Hier wurde die Partie abgebrochen. Schwarz gab auf, ohne das Spiel wiederaufzunehmen. Eine mögliche Variante wäre 3. ... a5 4.♔e5 ♝g4 (oder 4. ... ♝a6 5.♔f6 ♝d3 6.♔e7 nebst 7.♘e6+) 5.♔f6 ♝h5 6.♔e7 ♝g4 7.a3! ♝d1 8.♘e6+ ♚b7 9.♔d6 ♝:b3 10.♘d8+ ♚c8 11.♘:c6 a4 12.♘e7+, und Weiß gewinnt.

Fünftes Kapitel

Turm gegen Leichtfigur

Wie beim Endspiel Läufer gegen Springer handelt es sich auch im vorliegenden Fall um ein gemischtes Endspiel, da verschiedenartige Figuren beteiligt sind. Zunächst untersuchen wir den Kampf eines Turmes gegen einen Springer, dann gegen einen Läufer. Wir erinnern daran, daß derartige Endspiele ohne Bauern kurz im dritten Kapitel des ersten Abschnitts behandelt wurden.

Turm und Bauer gegen Springer

Wird der Bauer durch den König unterstützt, bereitet die Gewinnführung in diesem Endspiel keinerlei Mühe.

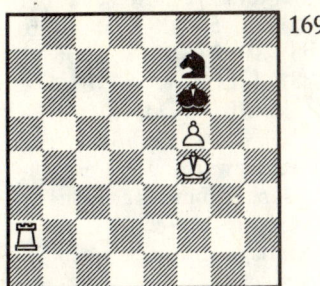

169

Weiß gewinnt

1.♖a2–a6+	♔f6–g7
2.♖a6–g6+	♔g7–f8

Sonst wird der König vom Bauern abgeschnitten.

3.f5–f6	♘f7–d6
4.♔f4–e5	♘d6–f7+
5.♔f5–e6	♘f7–d8+
6.♔e6–f5	♘d8–f7
7.♖g6–g1	♘f7–d6+
8.♔f5–e6	♘d6–f7
9.♖g1–c1	♘f7–g5+
10.♔e6–f5	

Schwarz kann aufgeben.

Schwierigkeiten bei der Verwertung des Übergewichts ergeben sich in diesem Endspiel nur dann, wenn der König der stärkeren Seite von seinem Bauern abgeschnitten ist.

Nach W. Lewis, 1835

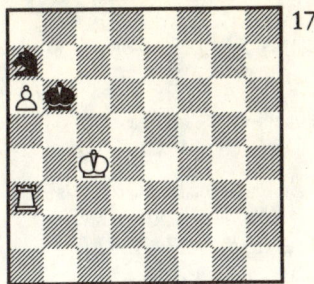

170

Weiß gewinnt

Zu dieser Stellung kam es in einer Partie des Wettkampfes Labourdonnais–MacDonnell (1834). Nach 1.♔d5? ♘b5! 2.♖b3 ♔:a6 3.♔c5 ♘a7 4.♖b8 ♔a5 endete das Spiel remis.
Der Gewinnweg wurde von W. Lewis gezeigt und später durch J. Berger präzisiert.
Weiß kann bei genauem Spiel mit dem König zum Bauern durchbrechen und dessen Vormarsch unterstützen.

1.♖a3–a4!	...

Weiß verbessert zunächst die Aufstellung des Turmes und nimmt das Feld b4 unter Kontrolle.

1. ...	♘a7–c6

Auf 1. ... ♔c6 entscheidet 2.♖b4, da der schwarze König vom Bauern abgeschnitten ist.

2.♔c4–d5	♘c6–a7
3.♔d5–d6	♘a7–b5+
4.♔d6–d7	♘b5–a7

113

Eine Alternative bildet 4. ...
♔a7 5.♔c6 ♘c3 6.♖a3 ♘e4
(6. ... ♘b1 7.♖d3! ♔:a6
8.♖b3) 7.♖e3 ♘f6 8.♖e6
nebst 9.♔b5.

5.♖a4–a1	♘a7–b5
6.♔d7–c8	♘b6–a7

Es gibt nichts Besseres. Falls
6. ... ♘a7+ 7.♔b8 ♘c6+, so
8.♔a8 ♘e7 9.a7 ♘c8
10.♖b1+ usw.

7.♖a1–a5	♘b5–d6+
8.♔c8–c7	♘d6–c4
9.♖a5–a2	♘c4–b6
10.♔c7–c6	♘b6–c4
11.♔c6–c5	♘c4–b6
12.♔c5–b5,	

und Weiß gewinnt.

Bemerkt sei, daß Weiß nur
zum Erfolg kam, weil die gegnerischen Figuren zuwenig
Raum zum Manövrieren hat-
ten. In der folgenden Stellung,
in der der Bauer auf der b-Linie steht, kann Schwarz die
Annäherung des weißen Kö-
nigs verhindern.

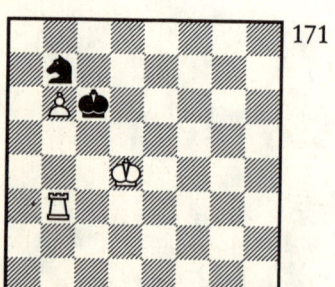

171

Weiß am Zuge

114

Schwarz muß sich allerdings
sehr genau verteidigen.

1.♖b3–b4	♘b7–a5!

Nur dieser Zug rettet die Partie. Nach 1. ... ♘d6 2.♔e5
♘b7 3.♔e6 ♘c5+ 4.♔e7
♘b7 (keine Abhilfe schafft
4. ... ♔b7 5.♔d6 ♘a6 6.♖b1
♘b8 7.♔c5 ♘d7+ 8.♔b5
♘b8 9.♖c1 usw.) 5.♖b1 ♘a5
6.♔d8 ♔b7 7.♔d7 ♘c4
8.♖b4! ♘:b6+ 9.♔d6! hat
Schwarz zwar den Bauern gewonnen, kommt aber, wie
A. Chéron zeigte, um eine
Niederlage trotzdem nicht
herum.

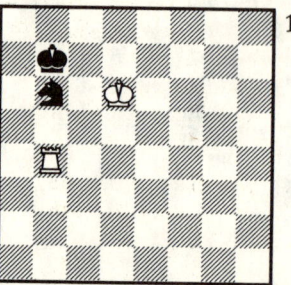

172

Wegen der starken Aufstellung des Turmes b4 kann
Schwarz nicht 9. ... ♔a6 ziehen, da dem Springer nach
10.♔c6 nicht das Feld a4 zur
Verfügung steht. Nicht besser
ist indes 9. ... ♔a7 10.♔c6
♘c8 (10. ... ♘a8 11.♖b1)
11.♔c7, und Schwarz büßt
den Springer ein.

2.♔d4–e4	...

Wenn 2.♔e5, so 2. ... ♔c5!,

und Schwarz erobert den Bauern.

2. ...	♘a5–b7
3.♔e4–e5	♘b7–c5!
4.♔e5–f5	♘c5–d7!
5.b6–b7	♔c6–c7

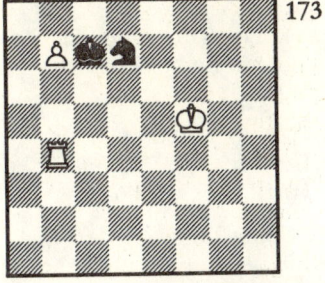
173

Indem er den Bauern zum Vorrücken zwang, hat Schwarz eine uneinnehmbare Festung aufgebaut. Der weiße König ist jetzt nicht mehr in der Lage, den Bauern zu unterstützen, z. B.:

6.♖b4–b5	♘d7–b8
7.♔f5–e4	♔c7–c6
8.♖b5–b1	♔c6–c7
9.♔e4–d5	♘b8–d7
10.♖b1–b3	♘d7–b8
11.♔d5–c4	♘b8–d7
12.♖b3–b5	♔c7–b8!
13.♔c4–b4	♔b8–a7
14.♔b4–a5	♘d7–b8

Remis.

In diesem Endspiel hängt das Ergebnis folglich davon ab, ob der König der stärkeren Seite den Bauern unterstützen kann. Gelingt ihm dies, ist der Sieg gesichert, anderenfalls endet das Spiel gewöhnlich remis.

Turm gegen Springer und zwei Bauern

Springer und zwei Bauern sind in der Regel eine vollauf ausreichende Kompensation für den Turm. Deshalb ist es in diesem Endspiel bereits die Turmpartei, die sich verteidigen muß. Wirken König und Turm indes harmonisch zusammen, gelingt es selbst bei weit vorgerückten Bauern, das Gleichgewicht aufrechtzuerhalten.

Von der Lasa, 1843

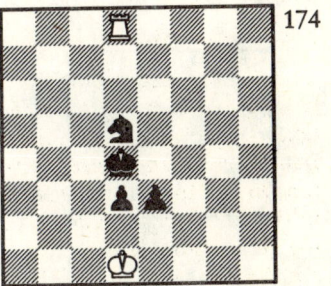
174

Remis

Die weißen Figuren stehen ideal – der König bremst die Bauern von vorne, der Turm greift sie von hinten an. Notwendig ist allerdings, die Drohungen des Gegners aufmerksam zu verfolgen.

1.♔d1–e1 ...

Möglich ist auch 1.♖d7 d2 2.♖d6 ♔e4 3.♔c2! (aber nicht 3.♖e6+?? ♔d3, und

115

Schwarz gewinnt) 3. ... ♘b4+
4.♔c3 ♔f3 5.♖:d2 usw.

1. ...	d3–d2+
2.♔e1–e2	♔d4–c4
3.♖d8–c8+	♔c4–b3
4.♖c8–d8!	...

Das unbedachte 4.♖b8+?
führt nach 4. ... ♔c2 zum
Verlust.

4. ...	♘d5–c3+
5.♔e2:e3 remis.	

Stände der Turm weniger aktiv, z. B. auf der 2. Reihe,
könnte Weiß die Partie nicht
retten.

J. Berger, 1921

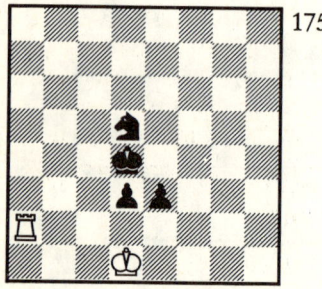
175

Weiß am Zuge
Schwarz gewinnt

1.♔d1–c1	...

Weiß verfolgt eine Abwartetaktik. Ein Gegenangriff bringt
ebenfalls nichts ein, z. B.
1.♖a4+ ♔c5 2.♖a5+ ♔c4
3.♖a4+ ♔b3 4.♖d4 (Weiß
versucht, die Aufstellung des
Turmes zu verstärken, doch es
ist schon zu spät) 4. ... ♘c3+

5.♔e1 (5.♔c1 ♘e2+) 5. ...
·♔c2, und Schwarz gewinnt.

1. ...	♘d5–c3
2.♖a2–b2	♔d4–c4
3.♖b2–h2	♘c3–e4!

Es droht 4. ... e2, und auf
4.♔d1 entscheidet 4. ...
♘f2+. Der Turm muß des-
halb die 2. Reihe verlassen.

4.♖h2–h4	d3–d2+
5.♔c1–c2	♔c4–d5
6.♖h4–h5+	♔d5–e6
7.♖h5–h6+	♔e6–f5

Der König kann sich den Angriffen des Turmes entziehen,
und die Bauern sind nicht
mehr aufzuhalten. 8.♖h1 wird
mit 8. ... e2 und 8.♖h2 mit
8. ... ♘f2 beantwortet.
Bei isolierten Bauern ist das
Verteidigungssystem das gleiche – der König muß vor den
Bauern stehen, der Turm muß
sie von hinten angreifen.

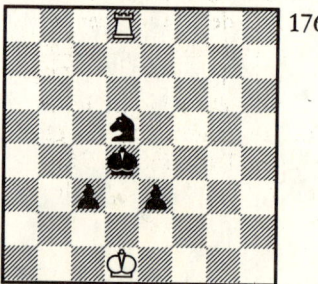
176

Remis

Weiß hält das Gleichgewicht
am einfachsten aufrecht, wenn
er den Turm auf der d-Linie
beläßt.

1. ☖d8–d7   ...

Zum Verlust führt 1.♔e1 c2
2.☖c8 ♘c3 oder 1.♔c1 e2.

1. ...   ♔d4–c4
2.☖d7–d8   ♘d5–b4
3.☖d8–c8+   ♔c4–b3
4.♔d1–e2   ♘b4–d5
5.♔e2–d3 remis.

Der Turm konnte sich jedoch
auch von der d-Linie entfernen, obwohl die Verteidigung
dann erheblich erschwert ist
und das Remis nur auf stu-
dienartigem Wege zustande
kommt, z. B. 1.☖c8 (oder
1.☖e8) 1. ... ♔d3 2.☖c6!
(eine Rückkehr des Turmes
auf die d-Linie würde hier
verlieren: 2.☖d8 e2+ 3.♔e1
c2! 4.☖:d5+ ♔c4) 2. ... e2+
3.♔e1 ♘f4 4.☖d6+ ♔e3
5.☖e6+!! ♔f3 6.☖e3+!!
♔:e3. Weiß ist patt, die Partie
also remis.
Die Verteidigung mit dem
Turm von der Flanke her ist
wie bei verbundenen Bauern
wesentlich komplizierter. Das
Gleichgewicht läßt sich indes
aufrechterhalten, wenn es gelingt, den Turm in den Rük-
ken der Bauern zu überfüh-
ren.

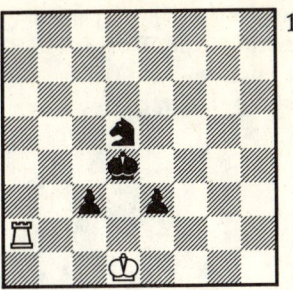

177

Remis

1.☖a2–a8   ♔d4–d3
2.☖a8–c8

Möglich ist außerdem 2.☖e8.
Wie aus dem letzten Beispiel
ersichtlich wurde, kann
Schwarz nicht gewinnen.
Wenn die Bauern jedoch an
der Schwelle des Umwand-
lungsfeldes stehen und von
den Figuren unterstützt werden, endet der Kampf ge-
wöhnlich zu ihren Gunsten.

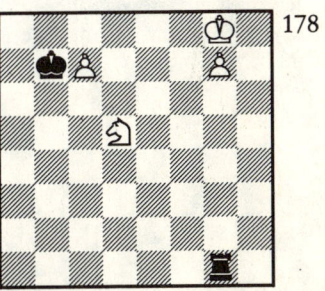

178

Weiß gewinnt

1.♔g8–h7   ☖g1–h1+
2.♔h7–g6   ☖h1–g1+
3.♔g6–f7   ☖g1–f1+
4.♘d5–f6   ☖f1–g1
5.♘f6–e8!   ...

Dieses elegante Springermanöver führt zum Erfolg: Weiß deckt nicht nur die Bauern – es gelingt ihm auch, Drohungen gegen den schwarzen König zu schaffen.

5. ...   ♖g1–f1+
6.♔f7–e7   ♖f1–e1+
7.♔e7–d7   ♖e1–d1+
8.♘e8–d6+

Weiß gewinnt.

Verwertung eines Übergewichts im Endspiel Turm gegen Springer

Bei gleicher Bauernzahl und dem Fehlen von Freibauern liegt das Übergewicht selbstverständlich auf seiten des Turmes. Inwieweit es zu verwerten ist, hängt davon ab, ob die stärkere Seite die Festung, die der Gegner gewöhnlich zu errichten versucht, einnehmen kann.

Friedstein–Klaman
Riga 1954

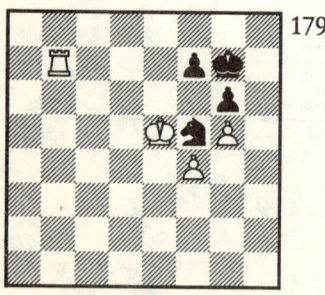

179

Weiß am Zuge

Der wunde Punkt in der schwarzen Stellung ist der Bauer f7. Die Aufgabe von Weiß besteht darin, den König nach e7 oder e8 zu führen und diesen Bauern anzugreifen.

1.♖b7–b8   ♘f5–g3

Der König darf nicht nach f6 gelassen werden. Deshalb muß der Springer ziehen.

2.♔e5–d6   ♘g3–f5+

Schwarz kann die Annäherung des gegnerischen Königs an den Bauern f7 nicht verhindern. Auf 2. ... ♘h5 folgt 3.♖b4 ♔f8 4.♔d7, und Schwarz befindet sich im Zugzwang. Falls 4. ... ♘g3, so 5.♖b8+ ♔g7 6.♔e8 usw.

3.♔d6–d7   ♔g7–h7

Auch wenn Schwarz mittels 3. ... f6 die Anzahl der Bauern zu verringern sucht, gelingt es Weiß trotzdem, die gegnerische Festung zu durchdringen: 4.♖b7 gf 5.gf ♔f7 6.♖c7 ♘g3 (falls 6. ... ♘g7, so 7.♔d6+ ♔f8 8.♖:g7 ♔:g7 9.♔e7, und Weiß erobert den Bauern g6) 7.♔d6+ ♔g8 8.♔e6 ♘h5! 9.♖f7 ♔h8 10.♔e7 ♔g8 11.♖f3 ♔g7 12.♖f8! (Schwarz ist nun im Zugzwang) 12. ... ♘g3 13.♖f7+ ♔g8 14.♔f6 ♘e4+ 15.♔:g6 ♘:g5 16.♖a7 ♘e6 17.♖a8+ ♘f8+ 18.♔f6, und Weiß gewinnt.

4.♔d7–e8   ♔h7–g8
5.♖b8–d8!   ...

118

Weiß schränkt die Wirksamkeit des Springers ein, indem er das Feld d6 unter Kontrolle nimmt.

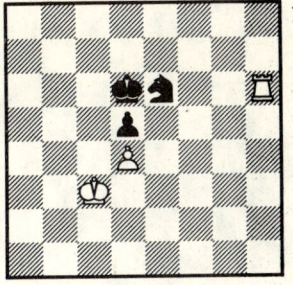

180

Remis

5. ...	♔g8–g7
6. ♖d8–d7	♔g7–g8
7. ♖d7–c7	...

Selbstverständlich nicht 7. ♖:f7? wegen 7. ... ♘d6+ nebst 8. ... ♘:f7.

7. ...	♘f5–g7+
8. ♔e8–e7	♘g7–f5+
9. ♔e7–f6	♘f5–d6

Der Springer „windet sich wie eine Schlange", kann die Partie aber nicht mehr retten.

10. ♖c7–c6	♘d6–e4+
11. ♔f6–e7	♔g8–g7
12. ♖c6–f6!	

Das Qualitätsopfer entscheidet sofort. Nach 12. ... ♘:f6 13. gf+ ♔g8 14. ♔e8 geht der Bauer f7 verloren. Schwarz gab deshalb auf.
Wenn es nicht gelingt, die Festung zu erstürmen, endet das Spiel remis. Dies ist meist dann der Fall, wenn nur noch wenig Bauern auf dem Brett sind.

Eine typische Remisstellung. Die schwarzen Figuren verteidigen zuverlässig alle Zugänge zum eigenen Lager. Weiß ist an die Verteidigung des Bauern d4 gebunden und kann nicht alle Kräfte in den Angriff werfen. Der König muß allein versuchen, Zugang zur gegnerischen Stellung zu finden, hat dabei aber keinen Erfolg. Weiß kann natürlich die Qualität zurückgeben und den Bauern gewinnen, aber das führt nur zu einem unentschiedenen Bauernendspiel. Sehen wir uns nunmehr eine Stellung an, in der die Springerpartei ein Übergewicht besitzt.

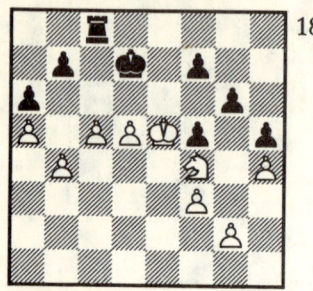

181

Schwarz am Zuge

Formal gesehen hat Schwarz
einen kleinen Materialvorteil – Turm gegen Springer
und Bauer. Aber nicht das Material gibt hier den Ausschlag.
Entscheidend ist der Positionsvorteil, über den Weiß
verfügt, da seine Figuren aktiv
postiert sind und gut zusammenwirken, was man von den
Kräften des Gegners nicht sagen kann. Das wesentlichste
ist aber, daß sich Schwarz
außerstande sieht, das Eindringen des weißen Königs in sein
Lager zu verhindern.
Auf 1. ... ♔e7 gewinnt 2.d6+
♔e8 (2. ... ♔f8 3.d7 ♖d8
4.♔d6) 3.♘d5 (droht 4.d7+!
♔:d7 5.♘b6+) 3. ... ♖d8
4.♘b6 ♔f8 5.♔d5 ♔e8 6.c6
bc+ 7.♔:c6 ♔f8 8.♔c7 ♔e8
9.d7+.
Die einzige Chance für
Schwarz liegt in der Aktivie-
rung des Turmes.

1. ...   ♖c8–e8+

2.♘e5–f6   ♖e8–e3
3.♔f6:f7   ♖e3–b3
4.♘f4:g6   ♖b3–b4

Das Spiel hat sich verschärft,
doch der von seinen Figuren
unterstützte weiße d-Bauer
diktiert eindeutig das Geschehen.

5.♘g6–e5+   ♔d7–c8

Etwas genauer war 5. ... ♔d8,
aber auch dann kommt Weiß
durch 6.d6 ♖b2 7.♔e6 ♖d2
8.g3 und 9.♔:f5 leicht zum
Erfolg.

6.d5–d6   ♖b4–b2
7.♔f7–e8   ♖b2–d2
8.♘e5–g6!   ...

Der entscheidende Zug. Weiß
nutzt die völlige Passivität der
schwarzen Figuren, um den
Bauern f5 zu erobern und
einen zweiten Freibauern zu
bilden. Gegen diesen Plan gibt
es keine befriedigende Verteidigung.

8. ...   ♔c8–b8
9.g2–g3   ♖d2–d1
10.♘g6–e7

Schwarz gab auf.

Turm und Bauer gegen Läufer

Das Übergewicht ist in diesem
Endspiel so groß, daß die Ver-
wandlung des Bauern in eine
Dame zu einer elementaren
Angelegenheit wird. Zunächst
müssen die gegnerischen Figu-

ren abgedrängt werden, dann kann der Vormarsch des Bauern beginnen.

A. Philidor, 1777

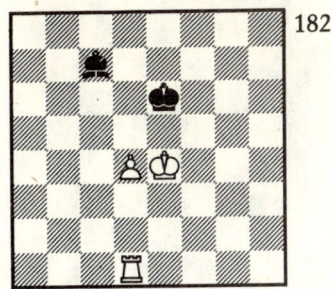

182

Weiß gewinnt

1. ♖d1–a1	♝c7–g3
2. ♖a1–a6+	♝g3–d6
3. ♖a6–b6!	♔e6–d7
4. ♔e4–d5	♝d6–g3
5. ♖b6–b7+	♝g3–c7
6. ♖b7–a7	...

Es führte auch ein anderer Weg zum Ziel: 6. ♖:c7+ ♔:c7 7. ♔e6.

6. ...	♔d7–d8
7. ♔d5–c6	♝c7–g3
8. d4–d5	

Weiß gewinnt. Wir konnten uns davon überzeugen, daß der Bauer in einem derartigen Endspiel ohne jede Schwierigkeit zur Dame geht.
Wir möchten aber nochmals darauf hinweisen, daß der Vorstoß des Bauern vorbereitet werden muß. Zunächst sind König und Turm maximal zu aktivieren und der gegnerische König so weit wie möglich abzudrängen. Erst dann kann der Bauer „grünes Licht" erhalten.
Der Versuch, den Bauern zu früh in Marsch zu setzen, kann nicht nur zu großen Schwierigkeiten führen, sondern in einigen Fällen auch das Ergebnis ändern. Bezeichnend sind die folgenden beiden Beispiele.

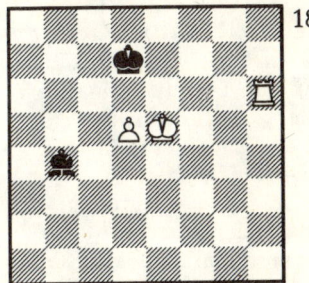

183

Weiß am Zuge

Hier würde 1. ♖h7+ ♔d8 2. ♔e6 nach dem Muster des vorigen Beispiels schnell gewinnen. Wenn Weiß das Geschehen jedoch mit 1. d5–d6? „forciert", zeigt sich nach 1. ... ♔d7–c6!, daß er den Sieg leichtfertig vergeben hat. Der an den Bauern gebundene Turm darf die 6. Reihe nicht verlassen, und auch der König ist an den Bauern gefesselt. Schwarz hält das Gleichgewicht aufrecht, indem er mit dem Läufer auf den Feldern a3, b4 und c5 manövriert und so fortwährend den Bauern angreift.

184

Weiß am Zuge

fehlt wäre z. B., auf 4.♖c7 mit
4. ... ♗b5 5.f7 ♔g7 6.♔f5
♗a4 (mit der Drohung 7. ...
♗b3) 7.♖b7! ♗d1 (wenn
7. ... ♗c6, so 8.♔e6! ♗:b7
9.♔e7, und der Bauer geht
zur Dame) 8.♔e6 ♗h5 fortzusetzen.

Durch 1.♖c1 ♗d5 2.♖c7+
♗f7 3.♖a7 ♔g8 4.♔f6 käme
Weiß leicht zum Erfolg. Ein
Fehler wäre indes 1.f5–f6+?,
weil das Endspiel nach 1. ...
♔g7–f8 nicht mehr zu gewinnen ist. Schwarz verteidigt
sich auf elementare Art: Er
zieht mit dem Läufer auf der
Diagonale a2–g8 hin und her
und verhindert zugleich, daß
der weiße König das Feld g6
betritt, z. B.

2.♖h1–h8+   ♔f8–f7
3.♖h8–h7+   ♔f7–f8
4.♖h7–c7   ♗c4–a2
5.♖c7–b7   ...

Droht 6.♔g6.

5. ...   ♗a2–c4

Weiß kann nichts weiter unternehmen. Das Spiel bleibt
folglich remis.
Statt 5. ... ♗c4 war auch 5. ...
♗d5 möglich, nicht jedoch
5. ... ♗e6 wegen 6.♔g6.
In derartigen Positionen darf
der Läufer keinesfalls die Diagonale a2–g8 verlassen. Ver-

185

Weiß am Zuge

Diese Stellung zeigt einen
Fall, wo die „Anbindung" der
weißen Figuren an den Bauern
nicht hilft. Weiß kann sich zunutze machen, daß die Diagonale des Läufers zu kurz ist.
9.♖c7 ♗g6 10.f8♕+! ♔:f8
11.♔f6.
Durch das Opfer des Bauern
hat Weiß einen Doppelschlag
verwirklicht. Der König greift
den Läufer an, und gleichzeitig droht 12.♖c8+. Eine Verteidigung gibt es dagegen
nicht. Auch auf 11. ... ♗e8
entscheidet 12.♖c8.
Wir wissen bereits aus dem
dritten Kapitel des ersten Abschnitts, daß ein Doppelschlag
im Kampf des Turmes gegen
einen Läufer eine große Rolle

spielt. Hier ein weiteres Beispiel zu diesem Thema.

J. Kling und B. Horwitz, 1851

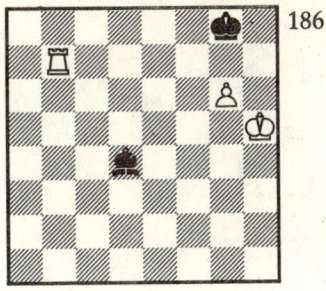

186

Weiß gewinnt

1.g6–g7   ♔g8–h7!

Auf 1. … ♗:g7 entscheidet der Doppelschlag 2.♔g6 ♗e5 3.♖e7. Schwarz verzichtet deshalb auf das Danaergeschenk. Es sieht so aus, als habe er seinen Gegner überlistet.

2.♖b7–f7!   ♗d4–c3

Auch hier führt 2. … ♗:g7 3.♔g5 ♔g8 4.♔g6 zum Verlust.

3.g7–g8♕+!   ♔h7:g8
4.♔h5–g6

Nachdem Weiß den schwarzen König auf den Feldern h8 und g8 eingesperrt hat, gewinnt er wie im Beispiel 53.

Turm gegen Läufer und zwei Bauern

Im Endspiel sind Läufer und zwei Bauern in der Regel stärker als ein Turm. Sind die Bauern jedoch noch nicht weit vorgerückt, gelingt es der Turmpartei gewöhnlich, das Gleichgewicht aufrechtzuerhalten und die Umwandlung der Bauern zu verhindern. Die Verteidigungsmethode ist die gleiche wie beim Kampf des Turmes gegen Springer und zwei Bauern – der König wird vor den Bauern postiert, der Turm greift sie von hinten an. Das folgende Beispiel zeigt, wie diese Verteidigungsmethode praktisch verwirklicht wird.

Nach A. Chéron, 1926

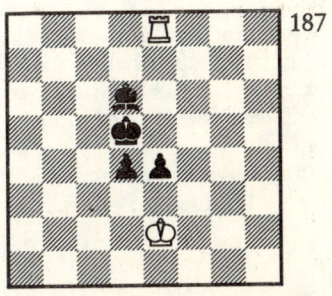

187

Remis

Schwarz droht, die Bauern durch 1. … d3+ 2.♔e3 ♗c5+ 3.♔d2 ♔d4 4.♖d8+ ♔c4 5.♖e8 e3+ einen weiteren Schritt voranzubringen, wo-

123

nach er, wie wir noch sehen werden, zum Erfolg käme. Gegen dieses Vorhaben gibt es nur eine Verteidigung.

1.♖e8–d8! ♔d5–c6
2.♔e2–d2 ♝d6–b4+
3.♔d2–e2 ♝b4–c5

Oder 3. ... ♔c5 4.♖e8 ♔d5 5.♖d8+ ♔c4 6.♖e8! (6.♖c8+? ♝c5) 6. ... d3+ 7.♔e3 ♝c5+ 8.♔:e4 mit klarem Remis.

4.♔e2–d2 ♔c6–b5

Wenn Schwarz mit dem König nach c4 gelangen würde, hätte er seine Stellung entscheidend verstärkt, da die Bauern dann eine Reihe vorrücken könnten. Wieder verfügt Weiß über nur eine einzige Antwort.

5.♖d8–e8! ♝c5–b4+
6.♔d2–e2 d4–d3+
7.♔e2–d1 remis.

Wir wollen nunmehr zeigen, daß es Weiß auch bei bester Verteidigung nicht gelingt, das Gleichgewicht zu behaupten, wenn die Mittelbauern eine Reihe weiter vorgedrungen sind als im letzten Beispiel.

Von der Lasa, 1843

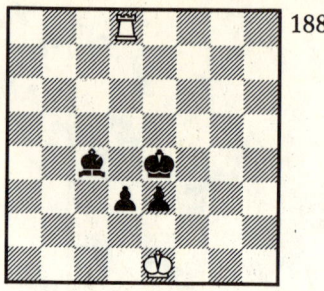

188

Schwarz am Zuge gewinnt

Durch feine Manöver des Königs und des Läufers kann Schwarz den Widerstand des Gegners allmählich brechen.

1. ... ♝c4–d5!
2.♖d8–e8+ ...

Es drohte 2. ... d3–d2+. Weiß muß deshalb den König angreifen.

2. ... ♔e4–d4
3.♖e8–d8 ♔b4–c5

Schwarz beabsichtigt, 4. ... ♝c4 zu spielen und anschließend den König nach c3 zu führen. Man glaubte, daß sich Weiß gegen diesen Plan nicht erfolgreich zur Wehr setzen könne. Schlecht ist z. B. 4.♖e8 d2+ 5.♔e2 ♝f3+! Erst in jüngster Zeit wurde festgestellt, daß es nicht notwendig ist, den Turm von der d-Linie wegzuziehen. Um in diesem Fall zu gewinnen, hat Schwarz einige schwierige Probleme zu lösen.

4.♔e1–d1 ♝d5–c4
5.♖d8–d7 ♚c5–b4
6.♖d7–d8 ♚b4–c3
7.♖d8–d6! ...

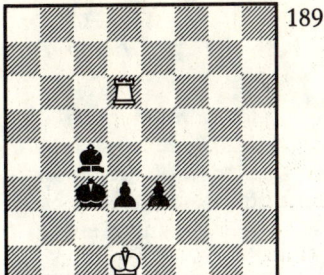

189

Wie wir später sehen werden, ist dies der beste Platz für den Turm. Gleichzeitig stellt Weiß eine raffinierte Falle. Es sieht so aus, als würde 7. ... d2 sofort entscheiden, doch nach 8.♖d3+!! ist Weiß gerettet. Trotzdem kommt Schwarz zum Erfolg, wenn er den Läufer auf die Diagonale d1–h5 bringt.

7. ... ♝c4–f7!
8.♔d1–e1 ♝f7–h5
9.♖d6–c6+ ♚c3–d4
10.♖c6–d6+ ♚d4–c4
11.♖d6–d7 ...

Falls 11.♖c6+, so 11. ... ♚d5.

11. ... ♝h5–g4!

Schwarz hat den Läufer auf das günstigste Feld überführt. Von hier unterstützt er nicht nur die Bauern, sondern hilft auch dem König, sich gegen die Schachgebote des Turmes zu verteidigen.

12.♖d7–d6 ...

Nach 12.♖d8 ♚c3 kann Weiß nicht auf c8 Schach bieten.

12. ... ♚c4–c3
13.♖d6–c6+ ♚c3–d4
14.♖c6–d6+ ♚d4–c4

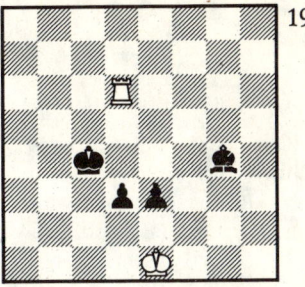

190

Weiß ist im Zugzwang. 15.♖d8 hat 15. ... ♚c3 zur Folge, 15.♖c6+ trifft auf die Erwiderung 15. ... ♚d5, und auf 15.♔f1 entscheidet 15. ... d2.
Hätte der Turm nach dem 7. Zug von Weiß auf d7 oder d8 gestanden, wäre der Läufer durch 7. ... ♝e6 sofort auf das Feld g4 gelangt.
Bei isolierten Bauern muß der König mit dem einen, der Turm mit dem anderen kämpfen. Im Gegensatz zu verbundenen Bauern ist es hier nicht so bedeutsam, wie weit die Bauern vorgerückt sind. Das Problem besteht darin, ob die Trennung von König und Turm auszunutzen ist oder nicht.

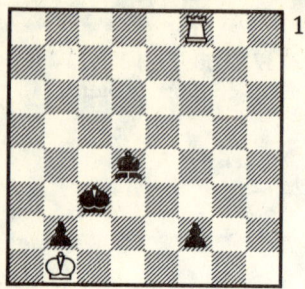

191

Remis

Weiß hält das Gleichgewicht leicht aufrecht. Um zu gewinnen, müßte sich Schwarz mit dem König jenem Bauern nähern, den der Turm bekämpft. Dies ist jedoch nicht möglich: Auf 1. ... ♔c3–d3 folgt 2. ♖f8:f2 mit sofortigem Remis.

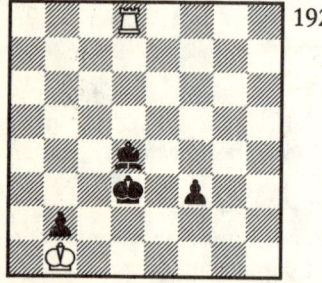

192

Schwarz am Zuge gewinnt

Schwarz gewinnt durch ein originelles Läufermanöver, das ihm erlaubt, die Diagonale, auf der der Turm wirkt, zu überdecken.

1. ...	f3–f2
2. ♖d8–f8	♔d3–e2
3. ♖f8–e8+	...

Die einzige Verteidigungsmöglichkeit ist ein Angriff von hinten.

3. ...	♗d4–e3
4. ♖e8–f8	♗e3–c1
5. ♖f8–e8+	♔e2–f3
6. ♖e8–f8+	♗c1–f4

Wenn der König der stärkeren Seite jenen Bauern unterstützen kann, den der Turm angreift, führt dies bei einem weit vorgerückten Bauern gewöhnlich zum Erfolg.

Verwertung eines Übergewichts
im Endspiel
Turm gegen Läufer

Im Endspiel Turm gegen Läufer ist von großer Bedeutung, ob Freibauern vorhanden sind oder gebildet werden können. Im Gegensatz zum Läufer ist ein aktiv stehender Turm in der Lage, einen eigenen Freibauern zu unterstützen, ihn gewissermaßen „vorwärtszuschieben", und gleichzeitig einen gegnerischen Freibauern erfolgreich zu bekämpfen. Der Läufer kann seinen Freibauern allenfalls decken.
Deshalb liegt in Stellungen, in denen beide Seiten einen Freibauern besitzen oder schaffen können, der Vorteil beim Turm.

Adams–Fine
Dallas 1940

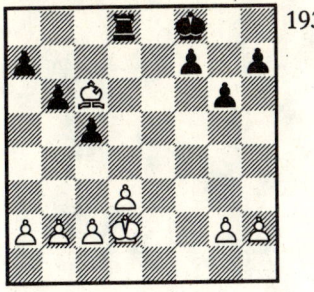

193

Schwarz am Zuge gewinnt

Schwarz verwirklicht einen Plan, der für derartige Stellungen typisch ist. Nachdem er die Aufstellung seiner Figuren verbessert hat, bildet er am Königsflügel einen Freibauern, dessen drohender Vormarsch den weißen König zwingt, die eigenen Bauern am Damenflügel ihrem Schicksal zu überlassen, um den Läufer im Kampf gegen den feindlichen Freibauern zu unterstützen. Dann aber wird der dynamische Turm auf den Damenflügel geworfen, wo er die weißen Bauern liquidiert und ein entscheidendes materielles Übergewicht erzielt.
Das Spiel verlief wie folgt:

1. ...	♔f8–e7
2.♗c6–b5	f7–f5
3.♔d2–e3	♔e7–f6
4.a2–a4	...

Weiß bereitet sich beizeiten darauf vor, daß sein König den Damenflügel verlassen muß. Er stellt seine Bauern so auf, daß sie durch den Läufer gedeckt werden können.

4. ...	♔f6–e5
5.c2–c3	a7–a5
6.♗b5–c6	g6–g5
7.h2–h3!	...

Dieser Zug wurde in der Partie nicht gemacht. Weiß versuchte, mit 7.♔d2 abzuwarten. Er übersah die versteckte Drohung 7. ... ♖d6! 8.♗b5 g4 und gab sich geschlagen, da der Verlust des Bauern h2 nach 9. ... ♖h6 nicht mehr zu verhindern war.
Die nachstehend angeführte Fortsetzung stammt von R. Fine. Sie zeigt, wie sich Weiß hätte verteidigen müssen.

7. ...	h7–h5
8.♗c6–f3	g5–g4
9.h3:g4	h5:g4
10.♗f3–e2	f5–f4+
11.♔e3–f2	...

Ein wichtiger Augenblick. Der König ist gezwungen, am Königsflügel zu bleiben. Nach 11.♔d2 f3! 12.gf g3 13.♗f1 ♔f4 14.♗g2 ♖h8 15.♔e2 ♖h2 16.♔f1 ♔e3 kann Schwarz sein Übergewicht mühelos verwerten.

11. ...	♔e5–f5
12.♗e2–f1	♖d8–e8

Schwarz nutzt die e-Linie, um ins gegnerische Lager einzudringen.

13.♗f1–e2   g4–g3+
14.♔f2–f1   ♖e8–e3
15.♗e2–d1   ♔f5–e5

Schwarz durfte sogar in die vermeintliche Falle gehen und den Bauern schlagen, z. B. 15. ... ♖:d3 16.♗c2 ♔e4 17.♔e2 c4 18.b3 f3+ 19.gf+ ♔f4.

16.♗d1–c2   ...

Oder 16.♗e2 ♔d6 17.b3 ♔e5, und Weiß hat keine befriedigenden Züge mehr: Auf 18.♔e1 entscheidet 18. ... f3! 19.gf g2.

16. ...   f4–f3
17.g2:f3   ♖e3:f3+
18.♔f1–g1   ♖f3–f2

Das Weitere braucht nicht mehr untersucht zu werden. Spielt sich der Kampf zwischen Turm und Läufer bei gleicher Bauernzahl auf beiden Flügeln ab, wird er in der Regel zugunsten des Turmes entschieden, der gegenüber dem Läufer die beweglichere und dynamischere Figur ist. Stehen die Bauern jedoch an einem Flügel, läßt sich die Verteidigung an diesem begrenzten Brettabschnitt leichter führen, und es wird möglich, eine Festung zu errichten. Das Ergebnis hängt dann davon ab, ob König und Turm die Zugänge zu dieser Festung besetzen können.

R. Fine, 1941

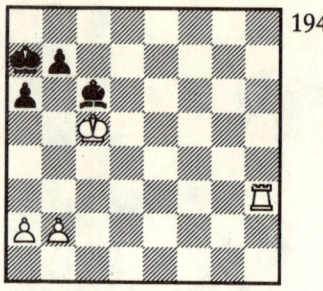

194

Weiß gewinnt

Die schwarzen Bauern sind ungünstig angeordnet, so daß es dem Läufer nicht gelingt, die Zugänge zu seinem Lager zu verteidigen. Der weiße König dringt nach c7 vor, und anschließend wird die gegnerische Festung durch einen Bauernsturm zerstört.

1.♔c5–d6   ♔a7–b8

Schwarz kann dem weißen König das Feld c7 nicht streitig machen. Auf 1. ... ♔b6 folgt 2.♖b3+.

2.♖h3–h8+   ♔b8–a7
3.♔d6–c7   ♗c6–d5
4.a2–a3   ♗d5–c6

Schwarz behält die Abwartetaktik bei. Etwas Besseres ist nicht zu sehen. Falls 4. ... b5, so 5.♔d6 ♗f3 6.♔c5 ♗e4 7.♖e8 ♗f3 8.♖e7+ ♗b7 9.♖g7 ♔b8 10.♔b6, und Weiß gewinnt.

5.♖h8–h6   ...

128

Bevor er mit dem Bauernsturm beginnt, greift Weiß mit beiden Figuren den Bauern b7 an, um die Handlungsfreiheit des Läufers einzuschränken.

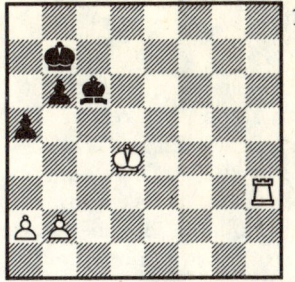

195

5. ...	♗c6–f3
6.♖h6–b6	♗f3–e4
7.b2–b4	♗e4–f3
8.a3–a4	♗f3–e4
9.b4–b5	a6:b5
10.a4:b5	♗e4–d5
11.♖b6–d6	

Remis

Schwarz kann aufgeben. Auf 11. ... ♗e4 oder 11. ... ♗f3 entscheidet mit 12.♖d4 bzw. 12.♖d3 jeweils ein Doppelschlag – ein Angriff auf den Läufer bei gleichzeitiger Mattdrohung auf der a-Linie.
11. ... ♗c4 hätte ein hübsches, durch ein Turmopfer eingeleitetes Matt in vier Zügen zur Folge: 12.♖a6+! ba 13.b6+ ♔a8 14.b7+ ♔a7 15.b8♕ matt.
Weiß konnte den geplanten Bauernsturm erfolgreich verwirklichen. Dies war indes nur möglich, weil Schwarz nicht zu einer solchen Anordnung seiner Figuren und Bauern fand, die ihnen ein optimales Zusammenwirken gesichert hätte.
Die vorteilhafteste Verteidigungsstellung bei einem weißfeldrigen Läufer, der das Eckfeld kontrolliert, zeigt das folgende Diagramm.

Sie unterscheidet sich nicht allzusehr von der vorigen, doch hat Schwarz eine rationellere Anordnung seiner Figuren und Bauern erreicht: Die Bauern stehen auf schwarzen Feldern, während der Läufer die unmittelbaren Zugänge zu ihnen, die Punkte c6 und b5, bewacht. Sehen wir uns an, wie das Spiel hier verläuft.

1.♔d4–e5	♔b7–c7
2.♖h3–h7+	♔c7–b8
3.♔e5–d6	♗c6–f3
4.a2–a4	♗f3–e4
5.♖h7–f7	♗e4–g2
6.b2–b4	...

Weiß verfolgt den Standardplan. Nachdem er König und Turm in günstigere Positionen gebracht hat, beginnt er mit dem Bauernsturm.

| 6. ... | a5:b4 |
| 7.♖f7–f4 | ♔b8–b7 |

Die Alternative bildet 7. ... b3 8.♖b4 ♔a7 9.♔c7 ♔a6! 10.♖:b6+ ♔a5 mit Gewinn des Bauern a4.

129

8. ♖f4:b4   ♚b7–a6
9. ♚d6–c7   ♚a6–a5

Schwarz tauscht die letzten
Bauern ab und hält remis.
Genaugenommen hat Weiß
auch hier die Zugänge zum
gegnerischen Lager erstürmt.
Dabei mußte er aber so
schwere Verluste hinnehmen,
daß das Resultat schließlich
gleich Null war.
Sehen wir uns eine weitere
Remisstellung an, diesmal mit
einem schwarzfeldrigen Läufer.

Schwarz muß sich nur davor
hüten, den Läufer nach a7
oder b6 zu ziehen, solange der
weiße König auf d5 steht.
Nach 1. … ♝a7? 2.♖g7+
♚b6 3.♖:a7 ♚:a7 4.♚c6 entscheidet Weiß das Bauernendspiel zu seinen Gunsten, während 1. … ♝b6? 2.♖g7+
♚b8 (2. … ♝c7 3.♚c5 ♚b8
4.♚c6) 3.b3 ♝f2 4.♚c6 ♝e3
zu der folgenden Diagrammstellung führt, in der es Weiß
wiederum gelingt, die Festung
durch einen Bauernsturm zu
zerstören.

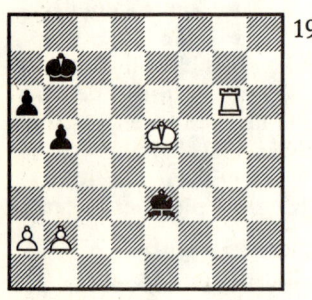

196

Remis

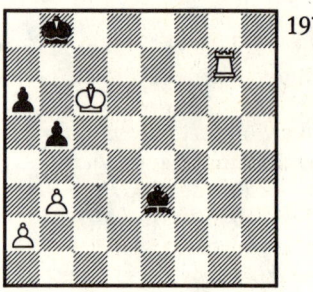

197

Weiß gewinnt

Sie können sich selbst davon
überzeugen, daß alle Versuche, die schwarze Festung im
Sturm zu nehmen, zum Scheitern verurteilt sind. Der Verteidigungsplan ist elementar
einfach. Schwarz manövriert
mit dem Läufer auf der Diagonale a7–g1 und läßt den weißen König nicht an die Festung heran. Begibt sich dieser
nach b4, wird er durch den
Läufer von b6 aus auf Distanz
gehalten.

1. b3–b4   ♝e3–d4
2. ♖g7–g3!   ♝d4–f2
3. ♖g3–f3   ♝f2–d4
4. a2–a4!   b5:a4
5. ♖f3–a3   ♚b8–a7
6. ♖a3:a4

Schwarz kann aufgeben. Gegen die Drohung 7.b4–b5 gibt
es keine Verteidigung.
Zum Schluß des Kapitels ein
Beispiel, in dem sich der Läufer dem Turm als überlegen
erweist. Dies ist gewöhnlich

dann der Fall, wenn die Läuferpartei über gefährliche Freibauern verfügt, während es dem Turm nicht rechtzeitig gelingt, die gegnerischen Bauern am anderen Flügel anzugreifen.

Sosin–Alatorzew
Moskau 1931

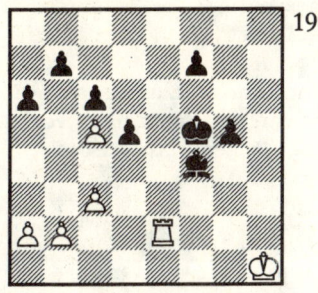

198

Schwarz am Zuge

Weiß kann keine Abwartetaktik verfolgen, da die schwarzen Freibauern Schritt für Schritt zur Dame gehen. Er muß mit dem Turm ins gegnerische Lager eindringen. Schwarz versucht dies natürlich zu verhindern.

1. ... &f4–e5
2.&h1–g2 f7–f6
3.&e2–e1 g5–g4!

In der Partie wurde dieser Zug nicht gemacht. Aus Furcht vor dem Manöver &e1–h1–h7 spielte Schwarz 3. ... d4? 4.cd &:d4. Nach 5.&e7! &:b2 6.&:b7 &d4 7.&b6 &e5 8.&:c6 besaß

Weiß indes einen Freibauern, der die Chancen ausglich. Es folgte 8. ... a5 9.&c8 &d5 10.c6 &e5 11.&f3 f5 12.&f8 g4+ 13.&g2 &:c6 (13. ... f4? 14.&f5!) 14.&:f5 mit Remis.

4.&e1–h1 ...

Auf 4.&f2 wäre 4. ... d4 möglich.

4. ... &f5–e4!

Schwarz greift mit vereinten Kräften an.

5.&h1–h7 f6–f5
6.&h7:b7 f5–f4
7.&b7–b6 ...

Da die schwarzen Bauern schon weit vorgerückt sind, kommt der weiße Gegenangriff zu spät.

7. ... f4–f3+
8.&g2–g1 d5–d4!

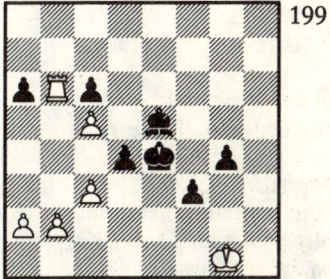

199

Wegen 10. ... &:d4+ nebst 11. ... g3 darf Weiß nicht auf d4 schlagen. Schwarz kann deshalb einen weiteren Freibauern bilden, der den Kampf entscheidet.

131

9. ♖b6:c6	d4–d3
10. ♖c6–c8	d3–d2
11. ♖c8–d8	♔e4–e3
12. c5–c6	♔e3–e2

Weiß muß die Waffen strekken.

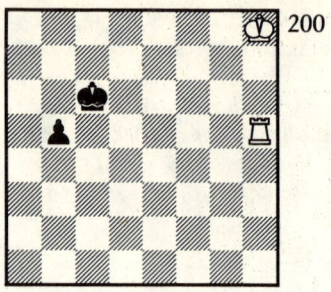

Schwarz am Zuge
Weiß gewinnt

Sechstes Kapitel

Turmendspiele

Von Turmendspielen spricht man, wenn außer den Königen nur Türme und Bauern auf dem Brett sind. Sie kommen von allen Endspielen am häufigsten vor. Es ist deshalb sehr nützlich, einige ihrer wichtigsten Besonderheiten zu kennen.
Wir werden zwei Typen von Turmendspielen behandeln: Stellungen, in denen ein Turm gegen Bauern kämpft, und Stellungen, in denen beide Seiten einen Turm besitzen.

Turm gegen Bauern

Der Turm kommt gegen einen Bauern gewöhnlich zum Erfolg. Selbst wenn der König der stärkeren Seite abseits steht, sich dem Bauern aber nähern kann, ist die Gewinnführung nicht schwierig.

Ohne Unterstützung des Königs darf der Bauer nicht vorrücken, da er sonst verlorengeht:

1. …	b5–b4
2. ♔h8–g7	b4–b3
3. ♖h5–h3	b3–b2
4. ♖h3–b3 usw.	

Rückt Schwarz den Bauern mit Unterstützung des Königs vor, kann der weiße König dem Turm rechtzeitig zu Hilfe kommen: 1. … ♔b6 2.♔g7 ♔a5 3.♔f6 ♔a4 4.♔e5 b4 5.♔d4 b3 6.♔c3, und Weiß gewinnt.
Es ist nützlich, folgende Regel zu kennen: Hat ein Bauer die Brettmitte noch nicht überschritten und steht der König der schwächeren Seite hinter ihm, reicht es gewöhnlich zum Gewinn, wenn der Turm den König auf der 4. Reihe, gerechnet vom Lager der schwächeren Seite, abschneidet.
Das Ergebnis hängt in diesem Endspiel folglich davon ab, ob

der König den Turm unterstützen kann oder nicht.

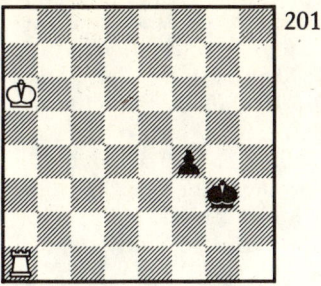

201

Weiß am Zuge

ternative wäre 4.♖a2+ ♔e3 5.♖a8! f3 6.♖e8+ ♔f2 7.♔d2 usw.

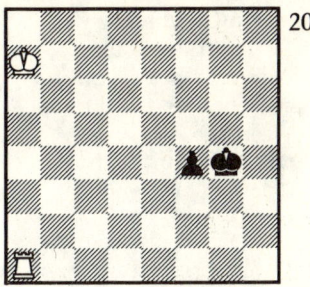

202

Weiß am Zuge

Nach 1.♔b5 f3 2.♔c4 ♔g2 3.♔d3 f2 4.♔e2 ist der König rechtzeitig zur Stelle. Schwarz kann sich jedoch hartnäckiger verteidigen. Dazu muß er 1.♔b5 mit 1. ... ♔f3! 2.♔c4 ♔e3! beantworten, um den weißen König nicht an den Bauern heranzulassen.
Dieses Verfahren der „seitlichen Abdrängung" ist uns bereits gut bekannt.
Um sich dem Bauern nähern zu können, muß Weiß jetzt seinerseits den gegnerischen König abdrängen. Im vorliegenden Fall gelingt dies auf verschiedene Art.
3.♔c3 f3 4.♖e1+ ♔f2 5.♔d2 ♔g2 6.♔e3 f2 7.♖e2. Möglich ist auch 6.♖e8 f2 7.♖g8+ ♔f1 8.♖f8 ♔g2 9.♔e2.
Versucht Schwarz, sich mit 3. ... ♔e2 der Abdrängung zu widersetzen, gewinnt Weiß am einfachsten durch 4.♔d4! f3 5.♖a2+ ♔f1 6.♔e3. Die Al-

Verteidigt sich Schwarz, indem er den Bauern geradewegs zur Dame führt, verliert er: 1.♔b6 f3 2.♔c5 f2 3.♔d4 ♔f3 4.♔d3 ♔g2 5.♔e2 usw. Richtig ist, zunächst die Annäherung des weißen Königs an den Bauern zu verhindern.

1.♔a7–b6   ♔g4–f3!
2.♔b6–c5   ♔f3–e3!
3.♖a1–a3+   ...

Es scheint, als würde Schwarz auch hier den kürzeren ziehen, denn auf 3. ... ♔e2 geschieht 4.♔d4! f3 5.♖e3+ ♔f2 6.♔e4. Schwarz verfügt jedoch über die bessere Antwort 3. ... ♔e3–e4!, die die Situation sofort klärt – der weiße König ist nicht in der Lage, den Turm zu unterstützen, und das Spiel endet remis.
Dieser originelle „Körpereinsatz", um es in der Sprache

des Sports auszudrücken, ist in derartigen Endspielen von ausschlaggebender Bedeutung. Der eine König versucht, zum Bauern durchzubrechen und den Turm zu unterstützen, der andere ist bestrebt, ihn zurückzustoßen und nicht ans Ziel zu lassen.

Äußerst bezeichnend ist das folgende Beispiel.

F. Amelung, 1901

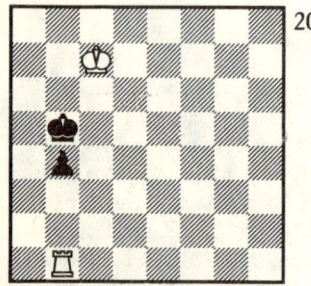

203

Weiß am Zuge gewinnt
Schwarz am Zuge hält remis

Der weiße König muß zum Bauern durchbrechen. Nach 1.♔d6 ♔c4! 2.♔e5 b3 3.♔e4 ♔c3 4.♔e3 b2 hat er sein Ziel aber nicht erreicht.
Die einzig richtige Fortsetzung ist 1.♔c7–b7!, wonach sich Schwarz plötzlich im Zugzwang befindet. Wie er auch spielt, der weiße König kann eine Umgehung erzwingen, z. B. 1. ... ♔c4 2.♔b6! b3 3.♔a5! ♔c3 4.♔a4 b2 5.♔a3, und Weiß gewinnt, oder 1. ... ♔a4 2.♔b6! b3 3.♔c5! mit

dem gleichen Resultat.
Ist Schwarz am Zuge, kann er den Spieß umdrehen. Nach 1. ... ♔c5! ist Weiß im Zugzwang. Wohin sich dessen König dann auch wendet, immer wird ihm durch den schwarzen der Weg verlegt, z. B. 2.♔b7 ♔b5! 3.♔a7 ♔a5! Ein Abwartezug des Turmes hilft auch nicht. Nach 2.♖b2 ♔c4 3.♔b6 ♔c3 gewinnt Schwarz das rettende Tempo.

R. Réti, 1928

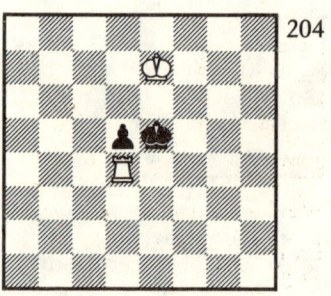

204

Weiß am Zuge gewinnt

Diese Studie erschien seinerzeit sensationell. Großmeister Spielmann meinte, daß kein Meister der Welt sie am Brett lösen könne. Wem indes die Stellung Amelungs bekannt ist, bereitet die Lösung absolut keine Mühe.
Wählt Weiß die natürliche Fortsetzung 1.♖d1, ist er nach 1. ... d4 2.♔d7 ♔d5! im Zugzwang und das Endspiel remis. Durch das paradox aussehende 1.♖d4–d3 (oder

1.♖d2) 1. ... d5–d4
2.♖d3–d1 wird dagegen
Schwarz in Zugzwang ge-
bracht. Das ist der ganze Witz
dieser Studie.
Wie wir bereits mehrfach sa-
hen, hängt das Ergebnis in
einem derartigen Endspiel oft
von einem einzigen Tempo
ab. Die folgende Stellung
zeigt, wie der Kampf um dieses eine Tempo geführt wird.

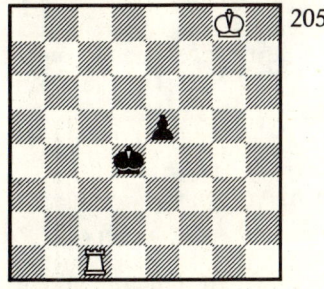

205

Weiß am Zuge

Im Fall von 1.♔f7 e4 2.♔e6
e3 3.♔f5 e2 4.♔f4 ♔d3
5.♔f3 ♔d2 würde Schwarz
durch den Angriff auf den
Turm ein wichtiges Tempo gewinnen und die Partie retten.
Mit 1.♖c1–d1+! kann Weiß
jedoch selbst ein entscheidendes Tempo gewinnen und die
Aufstellung des Turmes verbessern. Darauf folgt:

1. ...	♔d4–c3
2.♖d1–e1	♔c3–d4
3.♔g8–f7	e5–e4
4.♔f7–e6	e4–e3
5.♔e6–f5	♔d4–d3
6.♔f5–f4	e3–e2
7.♔f4–f3	

Weiß gewinnt. Zum gleichen
Ergebnis führt 1. ... ♔e3
2.♖e1+ ♔f4 3.♔f7 e4 4.♔e6
e3 5.♔d5! ♔f3 6.♔d4 usw.
Steht der Bauer in der Nähe
des Umwandlungsfeldes, können bei einer ungünstigen
Aufstellung des Turmes und
des Königs Fälle eintreten, in
denen der Bauer nicht aufzuhalten ist.
Die folgende Studie wird
Ihnen sicherlich Vergnügen
bereiten.

F. Saavedra, 1895

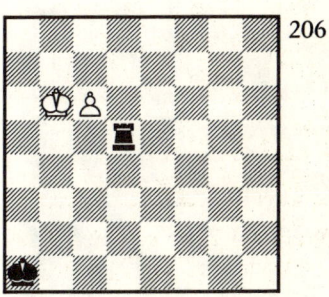

206

Weiß gewinnt

Die ersten Züge liegen auf der
Hand.

1.c6–c7	♖d5–d6+
2.♔b6–b5	♖d6–d5+
3.♔b5–b4	♖d5–d4+
4.♔b4–b3	♖d4–d3+
5.♔b3–c2	...

Das Spiel scheint beendet,
doch Schwarz verfügt über die
prächtige Ressource 5. ...
♖d3–d4! Auf 6.c8♕ würde
der effektvolle Schlag 6. ...

♖c4+! nach 7.♕:c4 zum Patt führen. Weiß hat indes eine würdige Antwort –
6.c7–c8♖!!
Ironie des Schicksals! Jetzt wird Schwarz zum Verhängnis, daß sein König in der Ecke steht. Gegen 7.♖a8+ hilft nur 6. ... ♖a4. Dann aber entscheidet 7.♔b3!, da Schwarz angesichts der Drohung 8.♖c1 matt den Turm verliert.

Im Kampf gegen zwei Bauern ist es nicht selten die Turmpartei, die sich verteidigen muß. Dies ist besonders dann der Fall, wenn die Bauern weit vorgerückt sind.

N. Kopajew, 1956

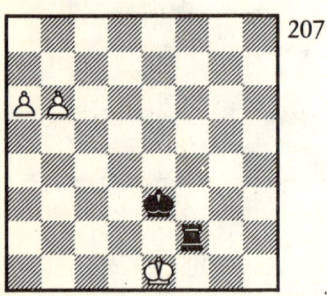

207

Remis

Nach 1.b6–b7 steht Schwarz vor der Aufgabe, die ungünstige Randstellung des gegnerischen Königs richtig auszunutzen. Keine Rettung bringt z. B. 1. ... ♖b2 2.♔d1! ♔d3 3.♔c1 ♔c3 4.a7 ♖h2 5.♔d1 ♔d3 6.♔e1 ♔e3 7.♔f1 ♔f3 8.♔g1, und Weiß gewinnt.

Schwarz muß die sich bietenden Mattdrohungen auf anderem Wege nutzen:

1. ...   ♖f2–h2!

Nur so kann Schwarz verhindern, daß Weiß wie in der soeben betrachteten Variante ein Tempo gewinnt.

2.♔e1–f1   ♔e3–f3
3.♔f1–g1   ♖h2–g2+
4.♔g1–h1   ♖g2–g8!

Der einzige Zug, der zum Remis führt. Ungenügend wäre 4. ... ♖b2 5.a7 ♖b1+ 6.♔h2 ♖b2+ 7.♔h3 ♖b1 (7. ... ♖:b7 8.a8♕, und der Turm ist gefesselt) 8.b8♕ ♖h1+ 9.♕h2.

5.a6–a7   ♖g8–h8+

Beide Bauern stehen unmittelbar vor der Umwandlung in Damen, aber es gelingt dem weißen König nicht, sich den Verfolgungen durch die schwarzen Figuren zu entziehen, die fortwährend mit Mattdrohungen aufwarten.

6.♔h1–g1   ♖h8–g8+
7.♔g1–f1   ♖g8–h8
8.♔f1–e1   ...

Falls 8.♔g1, so 8. ... ♖g8+ mit Zugwiederholung. Weiß versucht deshalb, mit dem König ins Freie zu gelangen.

8. ...   ♔f3–e3
9.♔e1–d1   ♔e3–d3
10.♔d1–c1   ♔d3–c3
11.♔c1–b1   ...

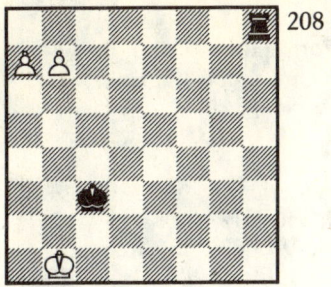

208

Turm und Bauer gegen Turm

Der König kann das Vorrükken eines Bauern am wirksamsten verhindern, wenn er sich ihm in den Weg stellt. Der Turm muß ihn dabei jedoch aktiv unterstützen.

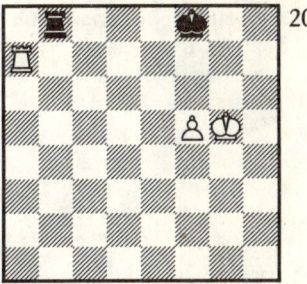

209

Es sieht so aus, als habe Weiß sein Ziel erreicht: Auf 11. ... ♔b3 entscheidet 12.b8♕+. Schwarz hat jedoch eine andere Möglichkeit, den Angriff fortzusetzen.

11. ...	♖h8–h1+!
12.♔b1–a2	♖h1–h2+
13.♔a2–a3	♖h2–h1
14.♔a3–a4	♔c3–c4
15.♔a4–a5	♔c4–c5
16.♔a5–a4	♔c5–c4

Remis.

Aber vielleicht mußte Weiß im 1. Zuge den anderen Bauern vorstoßen? Prüfen wir. 1.a7 ♖a2! 2.♔d1 ♔d3 3.♔c1 ♔c3 4.♔b1 ♖a6! 5.b7 ♖b6+ 6.♔c1 ♖h6! 7.♔d1 ♔d3 8.♔e1 ♔e3 9.♔f1 ♔f3 10.♔g1 ♖g6+! 11.♔f1 ♖h6 usw.

Auch in dieser Variante drangen die Bauern bis zur Schwelle des Umwandlungsfeldes vor. Weiter kamen sie indes nicht.

Weiß am Zuge gewinnt
Schwarz am Zuge hält remis

Weiß am Zuge spielt 1.♔g6 und kommt nach 1. ... ♖b6+ 2.f6 ♖b8 3.♖h7 ♔g8 4.f7+ nebst 5.♖h8+ zum Erfolg, da der schwarze Turm seinem König praktisch überhaupt nicht helfen kann. Würde der Turm mit 1. ... ♖b1 einen Angriff von hinten beginnen, ginge der Bauer nach 2.♖a8+ ♔e7 3.f6+ ♔e6 4.♖e8+ ♔d7 5.f7 zur Dame.

Ist Schwarz am Zuge, kann er das Vordringen des Königs durch 1. ... ♖b8–b6! verhindern. Spielt Weiß dann 2.f5–f6 mit der neuerlichen Drohung 3.♔g6, geht Schwarz mit 2. ... ♖b6–b1! unverzüglich zu einem Angriff von hinten über und hält remis.

Diese in derartigen Endspielen wichtigste Verteidigungsmethode wurde schon im 18. Jahrhundert durch den berühmten französischen Schachspieler A. Philidor entdeckt. Philidor nahm an, daß in der Diagrammstellung alle anderen Pläne zu einer Niederlage führen. Später wurde jedoch nachgewiesen, daß Schwarz auch sofort einen Angriff von hinten einleiten kann, er muß dabei aber sehr genau zu Werke gehen. Nach 1. ... ♖b1 2.♔g6 besteht für ihn die beste Antwort in 2. ... ♖f1! Jetzt brächte 3.♖a8+ nichts ein, da Weiß nach 3. ... ♔e7 nicht über den Zug 4.f6+ verfügt. Weiß setzt deshalb mit 3.♔f6! fort und zwingt den gegnerischen König, wegen des drohenden Matts das Feld vor dem Bauern zu verlassen. Wohin soll sich der schwarze König wenden – nach links oder nach rechts in die Ecke? Prüfen wir zunächst die erste Möglichkeit: 3. ... ♔e8 4.♖a8+ ♔d7. Weiß hat einen Erfolg zu verbuchen: Der schwarze König steht dem Bauern nicht mehr im Wege. Geschieht jedoch sofort 5.♔g6, kann der Bauer nach 5. ... ♔e7! trotz allem nicht ziehen. Der Vormarsch des Bauern muß also vorbereitet werden. Diesem Ziel dient der Zug 5.♖f8!

Schwarz hat keine aktiven Fortsetzungen. Ihm bleibt nichts anderes übrig, als abzuwarten.
5. ... ♖f2 6.♔g7 ♔e7 7.f6+ ♔d7 8.♖a8.
Fehlerhaft wäre 8.f7 ♖g2+ 9.♔f6 ♖f2+ 10.♔g6 ♖g2+ 11.♔h5 ♔e7 mit Remis.
8. ... ♖g2+ 9.♔f8 ♖f2 10.f7 ♖g2.

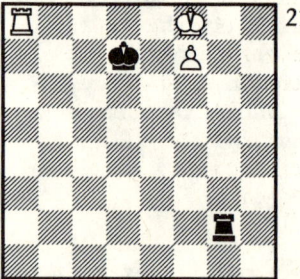

210

Weiß am Zuge

Die letzte Verteidigungslinie. Der schwarze König ist vom Bauern abgeschnitten, und die ganze Bürde lastet auf dem Turm, der versucht, den weißen König nicht hinter dem Bauern vorzulassen. Weiß kann den Widerstand des Gegners indes leicht brechen.
11.♖a4! ♖g1 12.♖d4+ ♔c6 13.♔e7 ♖e1+ 14.♔f6 ♖f1+ 15.♔e6 ♖e1+ 16.♔f5 ♖f1+ 17.♖f4.
Dieses Verfahren, das mit einer Verstellung verbunden ist, nennt man „eine Brücke bauen".
Weiß verfügt darüber hinaus noch über einen zweiten Ge-

winnweg – das Turmmanöver ♖a8–a6–h6–h8–g8. Anschließend verläßt der König das Feld f8, und der Bauer geht zur Dame.

Es ist uns also vorerst nicht gelungen, die Behauptung Philidors zu widerlegen. Allerdings haben wir nur untersucht, was geschieht, wenn der König nach links ausweicht. Er konnte sich jedoch auch in die Ecke begeben. Kehren wir deshalb zu der Stellung nach 3.♔f6 zurück, um die Folgen von 3. … ♔g8! zu prüfen. Dieser Zug verdient tatsächlich ein Ausrufezeichen.

4.♖a8+ ♔h7 5.♖f8!

Weiß will den König nach e7 bringen und mit dem Vormarsch des Bauern beginnen. Sein König ist aber gegen einen Angriff von der linken Flanke überhaupt nicht geschützt. Schwarz kann diesen Umstand nutzen und 5. … ♖a1! antworten.

Jetzt würde der Zug 6.♔e7 seinen Zweck verfehlen. Schwarz treibt den König durch Schachgebote entweder nach g5 und geht zur Stellung Philidors über oder er drängt den König vom Bauern ab. Im Fall von 6.♖e8 kehrt er mit dem Turm nach f1 zurück. Weiß kommt dann nicht weiter.

Entscheidend ist folglich, wohin sich der schwarze König begibt. Der Abzug nach links führt zum Verlust, der Abzug nach rechts zum Remis. Geht man vom f-Bauern aus, läßt sich das Brett in zwei Seiten einteilen – in eine kurze (f8–h8) und eine lange (f8–a8). Wie unser Beispiel zeigte, muß sich der König, wenn er vom Umwandlungsfeld des Bauern verdrängt wird, der kurzen Seite zuwenden, während der Turm, wenn notwendig, von der langen Seite her angreift.

Hat der Bauer die Brettmitte noch nicht überschritten, ist ein weiteres Verteidigungssystem möglich, bei dem der Turm von vorn angreift. Das Wesen dieser Methode wird aus dem folgenden Beispiel ersichtlich.

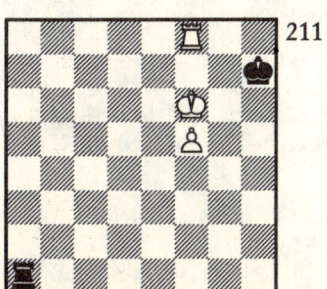

211

Weiß am Zuge

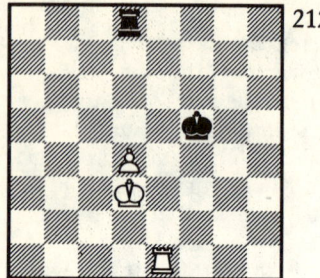

212

Der schwarze König ist abgeschnitten, aber dank der günstigen Aufstellung des Turmes d8 gelingt es Weiß nicht, den Bauern voranzubringen.

1.Kd3–c4   Td8–c8+
2.Kc4–b5   Tc8–d8!

Ein weiteres Schach wäre bereits verfehlt. Nach 2. ... Tb8+? 3.Kc6 Tc8+ 4.Kd7 ist der Vormarsch des Bauern nicht mehr zu verhindern.

3.Kb5–c5   ...

Keine Verstärkung bedeutet 3.Te5+ Kf6 4.Kc4 Tc8+ 5.Tc5 Ta8 nebst 6. ... Ke6.

3. ...   Td8–c8+
4.Kc5–b6   Tc8–d8!

Auch hier scheitert 4. ... Tb8+ an 5.Kc7 Tb5 6.Kc6 und d4–d5.

5.Kb6–c5   ...

Falls 5.Td1, so 5. ... Ke6 6.Kc7 Td5 7.Kc6 Td6+ 8.Kc5 Td5+ 9.Kc4 Th5, gefolgt von 10. ... Kd6.

5. ...   Td8–c8+

6.Kc5–b4   Tc8–d8
7.Kb4–c4   Td8–c8+
8.Kc4–d3   Tc8–d8

Weiß hat nichts erreicht. Wegen der aktiven Verteidigung seines Gegners kann Weiß die Stellung nicht verstärken.

Auf den ersten Blick sieht es so aus, als ob der schwarze König seinen Turm nicht unterstützte. Das ist aber nicht richtig. Stände der König auf f7, würde Weiß gewinnen.

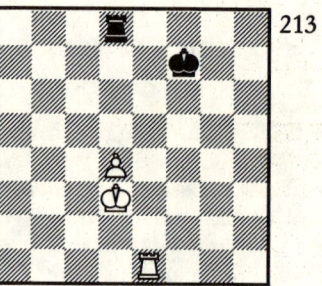

213

Weiß am Zuge gewinnt
Schwarz am Zuge hält remis

Zunächst verläuft das Spiel so wie im vorigen Beispiel.

1.Kd3–c4   Td8–c8+
2.Kc4–b5   Tc8–d8
3.Kb5–c5   Td8–c8+
4.Kc5–b6   Tc8–d8
5.Te1–e4!   ...

Der Unterschied wird deutlich. Wenn der König auf f5 steht, ist dieses Turmmanöver nicht möglich.

5. ...   Kf7–f6

6.♔b6–c7   ♜d8–d5
7.♔c7–c6   ♜d5–d8
8.d4–d5

Der Bauer geht zur Dame.
Ist Schwarz am Zuge, rettet er
sich durch 1. ... ♜e8!, z. B.
2.♜:e8 ♔:e8 3.♔c4 ♔d8!
4.♔d5 ♔d7! bzw. 4.♔c5
♔c7!
Sehen wir uns nunmehr an,
wie ein Randbauer zur Dame
geführt wird. Bei einem Randbauern sind die Gewinnchancen geringer: Der König kann
ihn nur von einer Seite unterstützen, und der Bauer schützt
den König lediglich vor
Schachgeboten von hinten.

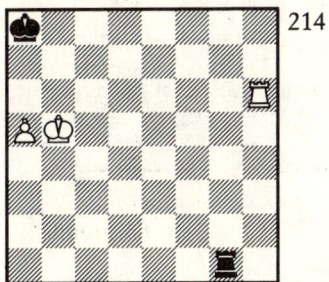

214

Remis

Hier reicht selbst eine passive
Verteidigung aus. Nach
1.♔b5–b6 ♜g1–g8 kann
Weiß seine Stellung nicht verstärken. Auch 1. ... ♜b1+
2.♔a6 ♜b2 3.♜h8+ ♜b8 hält
mühelos remis.

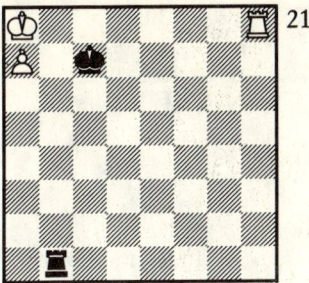

215

Remis

Hier gelingt es dem weißen
König nicht, aus der Ecke aus-
zubrechen, z. B. 1.♜h2 ♜c1
usw. Schwarz kann die weiße
Drohung auch völlig negieren
und 1. ... ♜b3 2.♜c2+ ♔d7
ziehen. Obwohl der schwarze
König danach um zwei Linien
vom Bauern abgeschnitten ist,
gibt es für den weißen kein
Entkommen. Der König kann
sogar um ein weiteres Feld abgedrängt sein. Überprüfen Sie
dies selbst. Weiß gewinnt erst,
wenn der schwarze König um
vier Linien vom Bauern abgeschnitten ist.

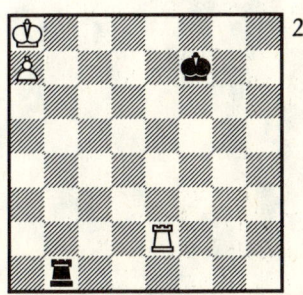

216

Weiß gewinnt

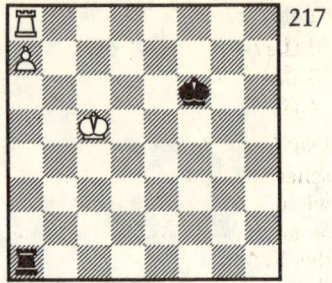

217

Schwarz am Zuge hält remis

1. ♖e2–c2   ♔f7–e7
2. ♖c2–c8   ♔e7–d7
3. ♖c8–b8   ♖b1–a1
4. ♔a8–b7   ♖a1–b1+
5. ♔b7–a6   ♖b1–a1+
6. ♔a6–b6   ♖a1–b1+
7. ♔b6–c5

Schwarz ist verloren.
Mit 2. ... ♔d6 (anstelle von
2. ... ♔d7) konnte sich
Schwarz hartnäckiger verteidigen. Nach 3.♖b8 ♖a1 4.♔b7
♖b1+ 5.♔a6 ♖a1+ 6.♔b6
♖b1+ 7.♔a5 ♖a1+ muß der
weiße König dann zu seinem
Bauern zurückkehren. Ans
Ziel führt in diesem Fall nicht
5.♔a6, sondern 5.♔c8!, z. B.
5. ... ♖c1+ 6.♔d8 ♖h1
7.♖b6+! ♔c5 8.♖c6+! ♔b5
(8. ... ♔d5 9.♖a6 ♖h8+
10.♔c7 ♖h7+ 11.♔b6)
9.♖c8 ♖h8+ 10.♔c7 ♖h7+
11.♔b8.
In der Praxis kommt es nicht
selten zu Positionen, in denen
der Turm der stärkeren Seite
das Feld vor dem Bauern besetzt hält. In einem solchen
Fall ist sogar ein Remis möglich, wenn der König der
schwächeren Seite sehr weit
vom Bauern entfernt steht.

Nach 1. ... ♔f6–g7 gelingt es
Weiß nicht, den Turm zu befreien. Auf 2.♔c5–b6 wird
der König durch Schachgebote
vom Bauern abgedrängt. Der
schwarze König greift überhaupt nicht ins Spiel ein. Im
Gegenteil: Der Zug 1. ... ♔f7
käme ihm nach 2.♖h8! ♖:a7
3.♖h7+ teuer zu stehen.
Einen Bauern auf der 6. Reihe
kann der König als Deckung
benutzen.

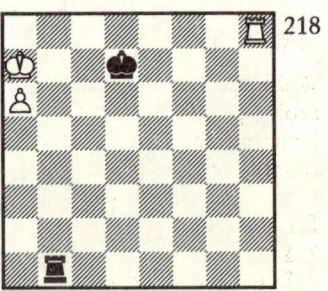

218

Remis

Hier glückt es dem weißen
König allerdings nicht, wieder
ins Freie zu gelangen.

142

1. ♖h8-b8   ♜b1-a1
2. ♔a7-b7   ♜a1-b1+
3. ♔b7-a8   ♜b1-a1
4. a6-a7   ♔d7-c7

Das folgende Beispiel veranschaulicht ein außerordentlich wichtiges Verteidigungssystem, bei dem die ganze Last des Kampfes gegen die weißen Figuren dem Turm zufällt, während ihn der König bei der Erfüllung seiner Aufgabe nicht stören darf.

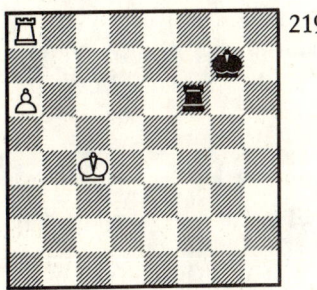

219

Remis

1. ♔c4-b5   ...

Weiß deckt den Bauern und droht, den Turm von dessen Umwandlungsfeld abzuziehen. Beachten Sie, daß 1.a7 nach 1. ... ♜a6! (aber nicht 1. ... ♜f7? 2.♖g8+ ♔:g8 3.a8♕+) 2.♔b5 ♜a1 3.♔b6 ♜b1+ 4.♔c6 ♜a1 zum Remis führt, da Weiß nichts weiter unternehmen kann.

1. ...   ♜f6-f5+
2. ♔b5-c4   ♜f5-f6!

Die Idee der Verteidigung besteht darin, den weißen Turm an den Bauern zu „binden", ihn nicht freizulassen.

3. ♔c4-d5   ♜f6-b6
4. ♔d5-e5   ♜b6-c6
5. a6-a7   ♜c6-a6!

Remis.

Verwertung eines materiellen Übergewichts

In Turmendspielen ist ein Mehrbauer nicht so stark wie z. B. in Endspielen mit leichten Figuren oder gar in Bauernendspielen. Der Turm ist eine mächtige, dynamische Figur, und der Grad seiner Aktivität hat entscheidenden Einfluß auf die Stellungsbeurteilung. In der Regel ist ein Mehrbauer nur mit einem aktiven Turm zu realisieren. Steht der Turm passiv, kann dies das materielle Übergewicht wertlos machen.

S. Tarrasch prägte seinerzeit die Regel, daß ein Turm am besten hinter einem Freibauern stehe. Ist es der eigene Bauer, kann der Turm ihn vorwärtsdrängen, ist es der gegnerische, bremst er ihn und behält gleichzeitig die Möglichkeit zu Flankenangriffen. Die Regel Tarraschs ist nützlich, aber keineswegs allgemeingültig. Sie trifft gewöhnlich nur zu, wenn sich die Türme mit den Bauern auseinanderzusetzen haben. Steht einem Freibauern indes der König gegenüber, ist es besser, den Turm seitlich zu postieren. In diesem Fall deckt er nicht nur den Bauern, sondern wirkt auch aktiv beim Spiel am anderen Flügel mit.

Aljechin–Capablanca
Buenos Aires 1927

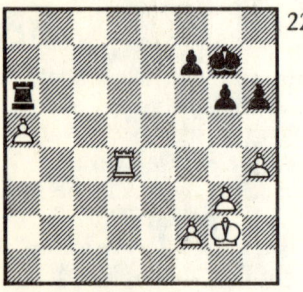

220

Weiß am Zuge

Weiß muß seinen Freibauern decken, aber wie?

1. ♖d4–a4! ...

Ein sehr starker Zug. Aljechin verfährt nach der Regel Tarraschs. Der schwarze Turm kann jetzt nicht das Feld a6 verlassen und muß sich passiv verhalten. Sein König eilt ihm zu Hilfe, aber auch der weiße schlägt die gleiche Richtung ein.

1. ... ♔g7–f6
2. ♔g2–f3 ♔f6–e5
3. ♔f3–e3 h6–h5
4. ♔e3–d3 ♔e5–d5
5. ♔d3–c3 ♔d5–c5

Schwarz läßt den weißen König nicht an den Bauern heran.

6. ♖a4–a2! ...

An dem a-Bauern darf sich Schwarz nicht vergreifen, da dies zu einem hoffnungslosen Bauernendspiel führen würde. Weiß wartet deshalb ab, daß dem Gegner die nützlichen Züge ausgehen und er in Zugzwang gerät. Capablanca verteidigt sich auf bestmögliche Weise – er gruppiert seine Kräfte um: Der König übernimmt es, den Bauern zu blockieren, und der Turm wird für aktive Operationen frei.

6. ... ♔c5–b5
7. ♔c3–d4! ...

Weiß macht sich zunutze, daß der schwarze König durch den Freibauern abgelenkt ist, und beordert seinen König zu den Bauern am anderen Flügel. Diesem Verfahren sind wir bereits mehrfach begegnet.

7. ... ♖a6–d6+
8. ♔d4–e5 ♖d6–e6+
9. ♔e5–f4 ♔b5–a6
10. ♔f4–g5! ...

Weiß hat einen großen Erfolg zu verbuchen: Sein König ist in die gegnerische Stellung eingedrungen.

10. ... ♖e6–e5+
11. ♔g5–h6 ♖e5–f5
12. f2–f4 ...

Dieser Zug gestattet Schwarz,

den Widerstand etwas zu verlängern. Sofort entschieden hätte 12.♔g7 ♖f3 13.♖d2! Danach droht 14.♖d6+ und 15.♖f6. Falls 13. ... ♔:a5, so 14.♖d5+ ♔b4 (14. ... ♔b6 15.♖d6+ und 16.♖f6) 15.♖d4+ nebst 16.♖f4.

12. ...	♖f5–c5!
13.♖a2–a3	♖c5–c7
14.♔h6–g7	♖c7–d7
15.f4–f5	...

Es waren auch andere Wege möglich. Am einfachsten erscheint 15.♔f6 ♖c7 16.♖f3 ♔:a5 17.f5.

15. ...	g6:f5
16.♔g7–h6	f5–f4
17.g3:f4	♖d7–d5
18.♔h6–g7	♖d5–f5

Capablanca verteidigt sich verzweifelt, kann die Partie aber nicht mehr retten.

19.♖a3–a4	♔a6–b5
20.♖a4–e4!	♔b5–a6
21.♔g7–h6	♖f5:a5

Auch nach 21. ... ♔b7 22.♖e5 ♖:f4 23.♔:h5 f6 24.♖e1 ♔a6 25.♖h1 würde Weiß leicht gewinnen.

22.♖e4–e5	♖a4–a1
23.♔h6:h5	♖a1–g1
24.♖e5–g5	♖g1–h1
25.♖g5–f5	♔a6–b6
26.♖f5:f7	♔b6–c6
27.♖f7–e7	

Schwarz gab auf.

Somit läßt sich der allgemeine

Plan zur Verwertung eines Freibauern, den wir bereits aus anderen Endspieltypen kennen, auch in Turmendspielen anwenden. Die stärkere Seite bildet einen Freibauern und versucht ihn mit Unterstützung des Turmes vorzurücken. Stellt sich dem Bauern der gegnerische Turm in den Weg, begibt sich der König zum Bauern, um den Turm zu vertreiben. Wird der Bauer durch den König blockiert, ist es erforderlich, mit König oder Turm in die gegnerische Stellung am anderen Flügel einzudringen.
Was aber, wenn der Turm der schwächeren Seite nicht vor, sondern gemäß der Regel Tarraschs hinter dem gegnerischen Bauern steht?

221

Weiß am Zuge

Im Vergleich zum vorigen Beispiel wurde nur die Aufstellung der Türme verändert. Wie soll Weiß seinen Mehrbauern verwerten? Ihn nach a7 vorzurücken, würde die Chancen nicht erhöhen. Im Gegenteil: In diesem Fall würde auch eine Annäherung des Königs an den Bauern nicht helfen, da sich der König nirgendwo vor den Schachgeboten des Turmes verstecken kann.

Eine Alternative wäre, den Bauern auf a6 zu postieren und dann zu versuchen, den König an den Bauern heranzuführen. Dabei tritt jedoch ein weiteres Problem auf – der Gegner greift die ihrem Schicksal überlassenen Bauern am anderen Flügel an. Wenn Schwarz energisch genug handelt, erreicht Weiß sein Ziel auch mit diesem Plan nicht. Sehen wir uns eine mögliche Fortsetzung an.

1.a5–a6   ♔g7–f6
2.♔g2–f3   h6–h5
3.♔f3–e3   …

Riskant ist, den König mit 3.♔e4 ♖:f2 4.♔d5 sofort dem a-Bauern zu nähern. Nach 4. … ♖a2! 5.♔c6 ♔f5 6.♔b7 ♔g4 7.♖f8 ♖:g3 8.♖:f7 ♔:h4 9.a7 g5 kann allenfalls Weiß verlieren.

3. …   ♔f6–f5
4.f2–f3   ♖a2–a3+
5.♔e3–d4   ♖a3:f3
6.♖a8–f8   …

Schlechter wäre 6.♔c5 ♖a3 7.♔b6 ♔g4.

6. …   ♖f3–a3!

Aber nicht 6. … ♔g4 7.a7

♖a3 8.a8♕ ♖:a8 9.♖:a8 ♔:g3, da König und Turm nach 10.♔e3 erfolgreich mit den drei Bauern fertig werden.

7.♖f8:f7+   ♔f5–g4
8.♖f7–f6   ♔g4:g3
9.♖f6:g6+   ♔g3:h4

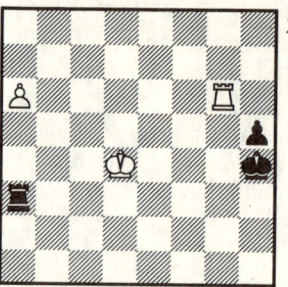

222

Schwarz hat das materielle Gleichgewicht wiederhergestellt, doch die nicht ganz glückliche Aufstellung seines Königs, der den eigenen Bauern am Vorrücken hindert, kompliziert die Verteidigung.

10.♔d4–c5   ♔h4–h3
11.♔c5–b6   h5–h4
12.♖g6–g5   ♖a3:a6+

Am einfachsten. Aber auch 12. … ♔h2 13.♖a5 ♖:a5 14.♔:a5 h3 15.a7 ♔g1 16.a8♕ h2 würde nicht verlieren.

13.♔b6:a6   ♔h3–h2
14.♔a6–b5   ·h4–h3
15.♔b5–c4   ♔h2–h1
16.♔c4–d3   h3–h2
17.♔d3–e2

Schwarz ist patt, das Spiel remis.

146

Es ist jedoch keineswegs so,
daß das Remis in derartigen
Stellungen immer gewährleistet wäre. Vieles hängt von
der Anordnung der Bauern ab.

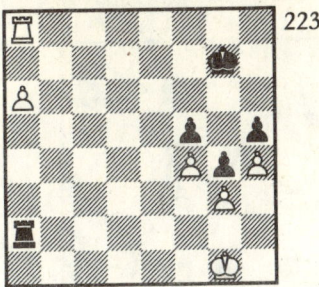

223

Weiß gewinnt

In diesem Beispiel kann
Schwarz selbst die aktive Aufstellung seines Turmes nicht
retten. Ihm werden die
Bauernschwächen am Königsflügel zum Verhängnis. Weiß
gewinnt durch 1.a6–a7 mit anschließender Annäherung des
Königs an den Bauern f5,
z. B.:

| 1. … | ♔g7–h7 |
| 2.♔g1–f1 | ♔h7–g7 |

Schwarz hat keine aktiven
Möglichkeiten und muß abwarten.

3.♔f1–e1	♔g7–h7
4.♔e1–d1	♔h7–g7
5.♔d1–c1	♔g7–h7
6.♔c1–b1	♖a2–a5
7.♔b1–b2	♔h7–g7
8.♔b2–b3	♔g7–h7
9.♔b3–b4	♖a5–a1

| 10.♔b4–c5 | ♔h7–g7 |
| 11.♔c5–d5 | … |

Zum Bauern a7 zu gehen
hätte keinen Sinn. Auf
11.♔b6 wird der König durch
11. … ♖b1+ vom Bauern abgedrängt.

11. …	♖a1–a2
12.♔d5–e5	♖a2–a5+
13.♔e5–e6	…

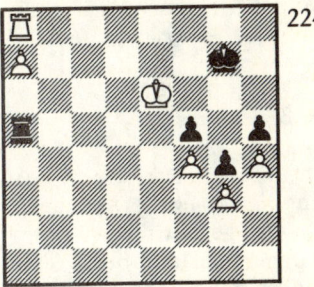

224

Diese Stellung hat Weiß angestrebt. Schwarz befindet sich
im Zugzwang. 13. … ♔h7
trifft auf die Erwiderung
14.♔f6, wonach der Bauer f5
nicht mehr zu verteidigen ist.

13. …	♖a5–a6+
14.♔e6:f5	♖a6–a5+
15.♔f5–e6	♖a5–a6+
16.♔e6–e7	♖a6–a1
17.f4–f5	♖a1–e1+
18.♔e7–d6	♖e1–a1
19.f5–f6+	♔g7–f7
20.♖a8–h8!	♖a1:a7
21.♖h8–h7+	

Weiß gewinnt.

In der folgenden Stellung
deckt der Turm den Bauern

147

nicht von vorn, sondern von der Seite.

Awerbach—Euwe
Zürich 1953

225

Weiß gewinnt

Die Lage von Schwarz ist hoffnungslos, da er die Annäherung des gegnerischen Königs an den Freibauern nicht verhindern kann. Der aktiv stehende weiße Turm deckt nicht nur die eigenen Bauern, er greift auch den Bauern g6 an und bindet so die schwarzen Kräfte. In der Partie geschah:

1.♔e2—d2	♚f7—e7
2.♔d2—c2	♚e7—d6
3.♔c2—b2	♜a3—a4
4.g2—g3	♚d6—c6
5.♔b2—b3	♜a4—a1
6.♔b3—b4	♜a1—b1+
7.♔b4—c4	♜b1—a1
8.♔c4—b3	

Schwarz gab auf. Er verliert entweder einen zweiten Bauern oder muß den weißen König an den a-Bauern heranlassen, was der Niederlage gleichkäme.

Sehen wir uns nunmehr einen Fall an, bei dem alle Bauern an einem Flügel stehen.

Lilienthal—Benkö
Moskau—Budapest 1949

226

Schwarz am Zuge

Die weißen Chancen sind in einer derartigen Situation gering und können nur bei ungenauer Verteidigung Erfolg haben. Die Aufgabe von Schwarz besteht darin, nicht zuzulassen, daß der Gegner seine Bauern und den König vorrückt. Er muß darüber hinaus vereinfachenden Abtausch anstreben.

In der Partie folgte:

1. ...	♜a6—a2

Es ist nützlich, die Bewegungsfreiheit des weißen Königs einzuschränken.

2.♜b4—b7	h7—h5!

Schwarz droht, 3. ... h4 zu spielen und anschließend den König mit Schachgeboten zu attackieren.

3.h2–h4 ...

Weiß sichert seinem König das Feld g3.

3. ...	♖a2–e2
4.♔g1–h2	...

4.♔f1 ♖a2 5.f4 ♖a4 6.♖e7 versprach ebenfalls nicht viel wegen 6. ... f5! 7.ef+ ♔f6!

4. ...	♔g6–h6
5.♔h2–g3	♔h6–g6
6.♖b7–b1	...

Um seine Bauern zu aktivieren, muß Weiß den Turm von der 2. Reihe vertreiben.

6. ...	♔g6–f7
7.♖b1–f1	♔f7–g6
8.♖f1–f2	♖e2–e1
9.♖f2–a2	♔g6–h6
10.♔g3–f4	♖e1–h1
11.♔f4–g3	♖h1–e1
12.♖a2–d2	♔h6–g6
13.♔g3–f2	♖e1–h1
14.g2–g3	♖h1–a1
15.f3–f4	♖a1–a3
16.♖d2–e2	♔g6–f7
17.♖e2–e3	♖a3–a4
18.♔f2–f3	♖a4–a5
19.♖e3–b3	♔f7–g6
20.g3–g4	h5:g4+
21.♔f3:g4	♖a5–a1
22.h4–h5+	♔g6–h7
23.e4–e5	f6:e5
24.f4:e5	...

Nachdem Weiß die Aufstellung seines Königs verbesserte, konnte er endlich einen Freibauern bilden. Schwarz verfügt jedoch über völlig ausreichende Verteidigungsressourcen.

24. ...	g7–g6!

Am einfachsten. Nach 25.hg+ ♔:g6 wäre das Remis offenkundig.

25.♖b3–b7+	...

Falls 25.♔g5, so 25. ... ♖g1+ 26.♔f6 ♖f1+ 27.♔e7 gh 28.e6 ♔g6 usw.

25. ...	♔h7–h6
26.e5–e6	♖a1–a4+
27.♔g4–f3	g6:h5
28.e6–e7	♖a4–a8
29.♖b7–d7	♖a8–e8

Es drohte 30.♖d8.

30.♔f3–f4	♔h6–g6

Hier einigte man sich auf Remis. 31.♔e5 hätte 31. ... ♔f7 32.♔d6 h4 zur Folge.

Verwertung eines positionellen Übergewichts

In Turmendspielen kann sich ein positionelles Übergewicht in einer besseren Bauernstruktur, einer aktiveren Turmstellung oder einer vorteilhafteren Postierung des Königs widerspiegeln. Diese Faktoren sind natürlich miteinander verflochten und ergänzen einander. Die Stellungsbeurteilung wird entweder durch die Gesamtheit dieser Faktoren oder durch einen von ihnen bestimmt, wenn er den anderen gegenüber dominiert.

Lasker–Rubinstein
Petersburg 1914

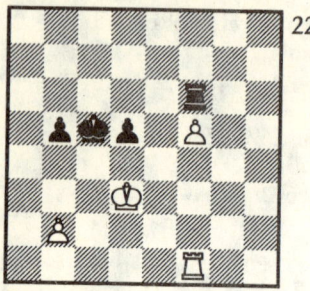

227

Weiß gewinnt

Das positionelle Übergewicht
von Weiß resultiert in dieser
Stellung aus zwei Faktoren –
dem entfernten Freibauern
und einem aktiven Turm. Der
schwarze Turm steht dagegen
passiv.

Wir konnten uns bereits mehrfach davon überzeugen, daß es
ungünstig ist, einen Freibauern mit dem Turm zu blockieren – der Turm büßt dabei bedeutend an Kraft ein. An und
für sich verbürgt ein Freibauer
in einem Turmendspiel noch
kein entscheidendes Übergewicht. Um das zu beweisen,
brauchte man nur die beiden
Türme zu vertauschen. In Ver-
bindung mit einem aktiven
Turm führt ein entfernter
Freibauer aber gewöhnlich
zum Erfolg.

1. ♖f1–f4   ...

Schwarz ist im Zugzwang.
Weicht der Turm zurück,
rückt der Bauer vor, z. B. 1. ...

♖f7 2.f6 ♔d6 3.♔d4 ♔e6
4.b4. Im Fall eines Abtauschs
auf f6 ist das Bauernendspiel
für Weiß gewonnen.

1. ...	b5–b4
2.b2–b3	♖f6–f7
3.f5–f6	♔c5–d6
4.♔d3–d4	♔d6–e6
5.♖f4–f2	♔e6–d6
6.♖f2–a2!	♖f7–c7
7.♖a2–a6+	♔d6–d7
8.♖a6–b6	

Schwarz gab auf.

Schwache Bauern sind ge-
wöhnlich ein schwerwiegender
positioneller Mangel. Figuren,
die sie verteidigen müssen,
büßen erheblich an Kraft ein.
Das Vorhandensein von
Schwächen ist folglich nicht
nur schlechthin nachteilig,
sondern wirkt sich auch auf
die Aktivität des Königs und
des Turmes aus.

Marshall–Tschigorin
Barmen 1905

228

Schwarz am Zuge

Die weißen Bauern a3 und d4 sind schutzbedürftig. Es scheint, als könne Schwarz den einen sofort durch 1. … ♖c3+ gewinnen. Nach 2.♔e4 ♖:a3 3.♔d5 verwandelt sich der Bauer d4 jedoch aus einer Schwäche in einen gefährlichen Freibauern, und Weiß hätte allen Grund, auf einen für ihn günstigen Ausgang der Partie zu rechnen.

Schwarz spielte 1. … ♔f7–e6! Er ging davon aus, daß der Bauer nicht wegläuft und zunächst die Aufstellung des Königs verbessert werden muß. Diese Entscheidung war richtig. In einem Turmendspiel ist die Aktivität der Figuren in der Regel wichtiger als ein Mehrbauer.

2.♖b2–b3	♔e6–d5
3.♖b3–d3	f6–f5
4.h2–h3	h7–h5
5.♔e3–e2	…

Weiß befand sich im Zugzwang. Auch nach 6.h4 g6 hätte er sich von einem Bauern trennen müssen.

5. …	♖c4:d4
6.♖d3–c3	♖d4–e4+
7.♔e2–d2	h5–h4
8.♖c3–c7!	…

Weiß muß sein Heil in einem Gegenangriff suchen.

8. …	h4:g3
9.♖c7:g7	♖e4:f4
10.♖g7:g3	♔d5–e5
11.♔d2–e2	♖f4–c4

12.♖g3–g6	♖c4–a4
13.♖g6–g3	f5–f4
14.♖g3–b3	♖a4–c4

Ein grober Fehler wäre 14. … ♔e4?, da das nach 15.♖b4+ entstehende Bauernendspiel remis ist. Sie können dies selbst nachprüfen.

15.♔e2–d1	♔e5–e4
16.h3–h4	f4–f3
17.♔d1–e1	♔e4–f4
18.h4–h5	♖c4–c1+
19.♔e1–f2	♖c1–c2+
20.♔f2–e1	♔f4–g3

Schwarz gewann.

Wie bereits mehrfach betont, ist die Aktivität der Türme einer der wichtigsten Faktoren bei der Beurteilung von Turmendspielen. Je nach Grad der Aktivität der Türme kann sich die Bedeutung eines materiellen oder positionellen Übergewichts ändern.

Forgacz–Bernstein
Coburg 1904

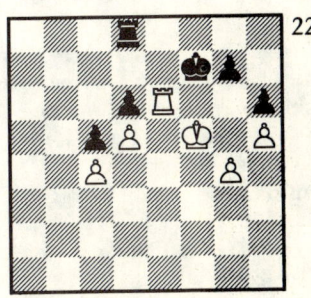
229

Weiß am Zuge

Auch in diesem Beispiel gibt die unterschiedliche Aktivität der Türme den Ausschlag. Der weiße Positionsvorteil ist nicht zu übersehen. Der schwarze Turm muß den Bauern d6 decken und steht passiv. Der schwarze König hat den Punkt g6 vor dem Eindringen des weißen Königs zu bewachen. Es liegt jedoch kein Zugzwang vor. Schwarz kann mit dem Turm auf den Feldern d8 und d7 hin- und herziehen.

Wie soll Weiß gewinnen? Stände sein Turm auf a6, würde er selbst dann, wenn sich der schwarze Turm auf d7 befände, durch einen beliebigen Abwartezug auf der 6. Reihe eine Zugzwangsituation herbeiführen. Er spielte deshalb 1.♖e1, um den Turm nach a6 zu bringen.

Da Schwarz bei passiver Verteidigung verlieren würde, entschloß er sich, mit 1. … ♖f8! seinen Turm zu aktivieren. 2.♖a1 wird jetzt mit 2. … ♔e7+ 3.♔g6 ♖f4! beantwortet, z. B. 4.♖a7+ ♔f8 5.♖a8+ ♔e7 6.♔:g7 ♖:g4+ 7.♔:h6 ♔f6, und die ausgezeichnete Figurenstellung bewahrt Schwarz vor der Niederlage. Kehrt Weiß mit dem Turm nach e6 zurück, folgt 2. … ♔g8+ 3.♔g6 ♖f4 4.♖e8+ ♖f8 mit unentschiedenem Bauernendspiel.

In der Partie geschah 2.g5 ♔g8+ 3.♔g4 hg 4.♔:g5 ♖f2

5.♖e6 ♖c2 6.♖:d6 ♖:c4, und die Gegner einigten sich bald auf Remis.

Zum Gewinn führte ein Manöver, das man Erweiterung der Operationsbasis nennen kann.

1.g4–g5!	h6:g5
2.♔f5:g5	♖d8–d7
3.h5–h6!	g7:h6+
4.♖e6:h6	…

Der Sinn des Bauerntauschs wird deutlich. Der Turm erhielt die Möglichkeit, den schwarzen König von der Flanke her zu attackieren.

4. …	♔f7–g7
5.♖h6–g6+	♔g7–f7
6.♔g5–f5	♖d7–a7!

Auf 6. … ♖d8 entscheidet 7.♖e6 ♖d7 8.♖h6! ♔g7 9.♔e6! Die einzige Chance für Schwarz ist ein Gegenangriff.

7.♖g6–h6	♖a7–a4

Oder 7. … ♔g7 8.♖:d6 ♖a4 9.♖d7+ ♔f8 10.♔e6 ♖:c4 11.♖d8+ ♔g7 12.d6, und der Bauer geht, wie Sie sich selbst überzeugen können, zur Dame.

8.♖h6–h7+	…

Fehlerhaft wäre 8.♖:d6 ♔e7! 9.♖c6 ♖:c4 10.♔e5 ♖h4 mit Remis.

8. …	♔f7–g8
9.♖h7–c7	♖a4:c4
10.♔f5–e6	♖c4–e4+

11.♔e6:d6	c5–c4
12.♔d6–c6	c4–c3
13.d5–d6!	c3–c2
14.♔c6–d7	♖e4–e2
15.♔d7–d8	

Gegen 16.d7 und 17.♔c8 hat Schwarz keine Verteidigung mehr.

Eine unterschiedliche Aufstellung der Könige kann die Stellungsbeurteilung ebenfalls wesentlich beeinflussen.

Capablanca–Tartakower
New York 1924

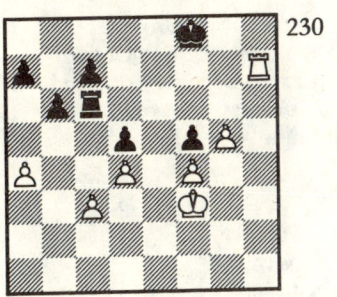

230

Weiß am Zuge

Auf den ersten Blick sind die beiderseitigen Möglichkeiten nicht leicht einzuschätzen. Weiß verliert mindestens einen Bauern, Schwarz hat einen schlecht stehenden König. Es zeigt sich, daß der letztgenannte Faktor außerordentlich bedeutsam ist. Wenn Weiß den König in den Angriff einbezieht, kann die Lage für Schwarz kritisch werden. Weiß zog deshalb:

1.♔f3–g3!!	♖c6:c3+
2.♔g3–h4	♖c3–f3
3.g5–g6!	♖f3:f4+
4.♔h4–g5	♖f4–e4
5.♔g5–f6!	…

Der Bauer f5 läuft nicht weg. Viel wichtiger ist, unverzüglich Drohungen gegen den schwarzen König zu schaffen.

5. …	♔f8–g8
6.♖h7–g7+	♔g8–h8
7.♖g7:c7	♖e4–e8
8.♔f6:f5	♖e8–e4

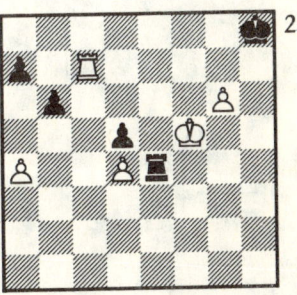

231

Im Moment ist das Kräfteverhältnis ausgeglichen. Die bessere Aufstellung seines Königs ermöglicht es Weiß jedoch, sofort entscheidenden Materialvorteil zu erzielen.

9.♔f5–f6!	♖e4–f4+
10.♔f6–e5	♖f4–g4
11.g6–g7+	♔h8–g8
12.♖c7:a7	♖g4–g1

Aber nicht 12. … ♖g5+ wegen 13.♔f6.

13.♔e5:d5	♖g1–c1 ·
14.♔d5–d6	♖c1–c2
15.d4–d5	♖c2–c1

16.♖a7–c7   ♖c1–a1
17.♔d6–c6   ♖a1:a4
18.d5–d6

Schwarz gab sich geschlagen.

Zum Schluß des Kapitels ein Beispiel, in dem die Aktivität der Figuren gestattet, ein materielles Übergewicht zu neutralisieren.

Tarrasch–Rubinstein
San Sebastian 1911

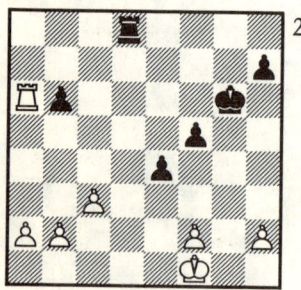

232

Schwarz am Zuge

Eine passive Verteidigung führt zum Verlust. Auf 1. ... ♖d6 geschieht 2.♔e2 nebst 3.a4 mit der Drohung 4.a5. Rettung kann Schwarz nur in aktivem Spiel suchen.

1. ...   ♖d8–d2!
2.♖a6:b6+   ♔g6–g5

Weiß hat nun schon zwei Bauern mehr, doch Schwarz schickt sich an, mit f5–f4–f3 ein Mattnetz um den weißen König auszulegen, z. B. 3.a4 f4 4.a5 f3 5.♔e1 ♖e2+, und Weiß ist zu Zugwiederholung

gezwungen, da 6.♔d1 mit 6. ... ♖:f2 7.a6 e3 8.a7 ♖d2+ 9.♔c1 f2 beantwortet würde. Weiß muß deshalb an die Verteidigung denken.

3.♔f1–e1   ♖d2–c2
4.♖b6–b5   ♔g5–g4
5.h2–h3+   ...

Im Fall von 5.a4 f4 6.a5 ♔f3 konnte Weiß sogar noch verlieren.

5. ...   ♔g4:h3
6.♖b5:f5   ♖c2:b2
7.♖f5–f4   ♖b2:a2
8.♖f4:e4   h7–h5

Es ist Weiß gelungen, die Hauptdrohung des Gegners zu parieren. Dieser besitzt jedoch noch einen weiteren Trumpf – den h-Bauern.

9.c3–c4   ♔h3–g2
10.♖e4–f4   ♖a2–c2
11.♖f4–h4   ♔g2–f3
12.♔e1–d1   ♖c2:f2
13.c4–c5   ♔f3–e3
14.♖h4:h5   ♔e3–d4

Remis.

Siebentes Kapitel

Damenendspiele

Von Damenendspielen spricht man, wenn außer den Königen nur Damen und Bauern auf dem Brett sind. Wir behandeln zwei Typen von Damenendspielen: Stellungen, in denen nur eine Seite eine Dame besitzt, und Stellungen, in denen beiderseits Damen vorhanden sind.

Dame gegen Bauern

Um in diesem Endspiel zu gewinnen, muß die Dame zunächst erfolgreich mit den Bauern fertig werden. Ein Bauer kann es nur dann mit der Dame aufnehmen, wenn er die Schwelle zum Umwandlungsfeld erreicht hat und durch seinen König unterstützt wird, während der König des Gegners abseits steht. Entsprechende Stellungen haben wir bereits früher untersucht (siehe die Seiten 42 bis 47).

Wenn die Dame gegen zwei Bauern kämpft, ist für einen Sieg die energische Unterstützung durch den König unerläßlich.

Sehen wir uns ein Beispiel mit zwei verbundenen Bauern auf der vorletzten Reihe an.

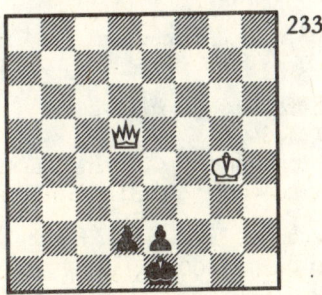
233

Weiß gewinnt

Die stärkere Seite kommt zum Erfolg, wenn es ihr gelingt, den gegnerischen König matt zu setzen oder einen der Bauern zu erobern und in ein gewonnenes Endspiel mit Dame gegen Bauer einzulenken.

1.♕d5–h1+ ♔e1–f2
2.♕h1–h2+ ♔f2–e3

Falls 2. … ♔f1, so 3.♔f3 d1♕ 4.♕f2 matt.

3.♕h2–f4+ ♔e3–d3
4.♕f4–f3+ ♔d3–c2
5.♕f3:e2 usw.

Stände der weiße König auf g1, würde er die Manöver seiner Dame behindern, und alle Gewinnversuche wären zum Scheitern verurteilt.

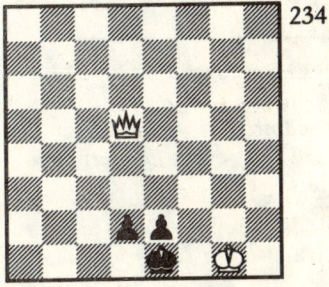
234

Remis

1.♕d5–a5 ♔e1–d1
2.♕a5–a4+ ♔d1–c1!

Aber nicht 2. … ♔e1 wegen 3.♕b4! ♔d1 4.♕b1 matt.

3.♕a4–c4+ ♔c1–d1
4.♕c4–b3+ ♔d1–c1

Der gleiche Zug folgt auch auf 4.♕g4.

5.♛b3–c3+   ♔c1–d1
usw.

Man könnte meinen, daß der
schwarze König im folgenden
Beispiel noch besser stehe.
Dies ist jedoch nicht der Fall.
Die Manövrierfähigkeit der
Dame erhöht sich, und Weiß
kommt zum Erfolg.

*J. Kling und B. Horwitz, 1851
(mit vertauschten Flügeln)*

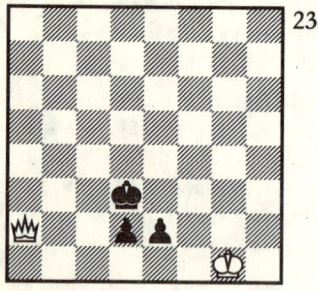

235

Weiß gewinnt

Beachten Sie, wie gelungen
Weiß mit seiner Dame manövriert.

1.♛a2–a6+!   ♔d3–e3
2.♛a6–e6+   ♔e3–f3

Oder 2. ... ♔d3 3.♛f5+ ♔d4
4.♛f4+ ♔d3 5.♛f3+.

3.♛e6–f5+   ♔f3–e3
4.♛f5–f2+   ♔e3–d3
5.♛f2–f3+

Der Bauer e2 fällt.

Beim Kampf gegen isolierte
Bauern auf der vorletzten
Reihe ist die Aufgabe noch
leichter. Die Dame muß das

Feld vor einem der Bauern besetzen. Anschließend kann der
König herangeholt werden.
Das folgende Beispiel veranschaulicht die typische Methode der Gewinnführung.

A. Chéron, 1945

236

Weiß gewinnt

Zunächst nähert sich die
Dame unter Schachgeboten
den Bauern.

1.♛h8–h7+   ♔c2–c1
2.♛h7–c7+   ♔c1–d1

Falls 2. ... ♔b1, so 3.♛d7
und weiter wie in der Hauptvariante.

3.♛c7–b7   ♔d1–c1

Auf 3. ... ♔e1 gewinnt
4.♛e4+ und 5.♛b1.

4.♛b7–c6+   ♔c1–d1
5.♛c6–a4+   ♔d1–c1
6.♛a4–c4+   ♔c1–d1
7.♛c4–d3   ♔d1–e1

Nach 7. ... ♔c1 8.♛c3+ geht
ein Bauer verloren.

8.♛d3–e4+   ♔e1–f2
9.♛e4–b1!

Das Ziel ist erreicht – die Dame hat einen der Bauern blockiert. Wegen der Drohung 10.♕:b2 muß der schwarze König die 2. Reihe verlassen und anschließend tatenlos zusehen, wie der weiße König herankommt und die Partie entscheidet.

Dieser Plan kann jedoch erfolglos bleiben, wenn sich unter den Bauern ein Läufer- oder Turmbauer befindet. Voraussetzung ist, daß der gegnerische König entfernt steht und es gelingt, durch das Opfer eines der Bauern ein unentschiedenes Endspiel mit Bauer gegen Dame herbeizuführen.

A. Chéron, 1950

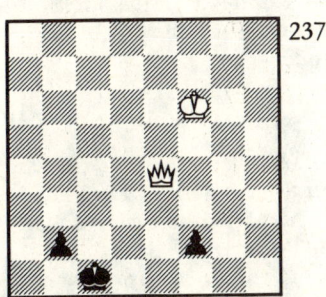

237

Remis

    1.♕e4–e3+   ...

Oder 1.♕c4+ ♔d2! 2.♕f1 b1♕! 3.♕:b1 ♔e2 mit Remis.

    1. ...   ♔c1–d1
    2.♕e3–d3+   ♔d1–e1!

Der König muß sich dem f-Bauern nähern.

    3.♕d3–b1+   ♔e1–e2
    4.♕b1:b2+   ♔e2–f1!
    5.♔f6–g5   ♔f1–g1

Der weiße König ist nicht rechtzeitig zur Stelle. Remis. Auch wenn einer der Bauern die vorletzte Reihe noch nicht erreicht hat, können sich Remismöglichkeiten ergeben, sofern ein Turm- oder Läuferbauer beteiligt ist und sich der König der stärkeren Seite weitab vom Brennpunkt des Geschehens aufhält.

R. Fine, 1941

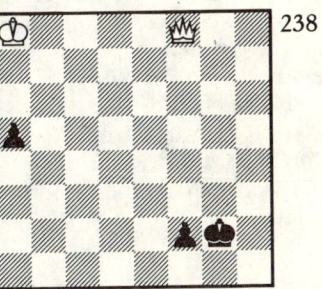

238

Remis

Weiß gelingt es, den gegnerischen König vor den f-Bauern zu „treiben". Dies bringt hier indes nichts ein, da der eigene König zu weit von diesem Bauern entfernt ist.

    1.♕f8–g8+   ♔g2–h2
    2.♕g8–c4   ♔h2–g2
    3.♕c4–g4+   ♔g2–h2
    4.♕g4–f3   ♔h2–g1
    5.♕f3–g3+   ♔g1–f1
    6.♔a8–b7   a5–a4

7.♔b7–c6	a4–a3
8.♔c6–d5	a3–a2
9.♕g3–g7	a2–a1♕!
10.♕g7:a1+	♔f1–g2

Remis.

Damen auf beiden Seiten

Zunächst sehen wir uns einige Fälle des Endspiels Dame und Bauer gegen Dame an. Wenn der König der schwächeren Seite vor dem Bauern steht, während die Dame einen Angriff der gegnerischen Figuren verhindern kann, ist ein Remis das natürliche Resultat. Hier wollen wir Stellungen analysieren, in denen der König der schwächeren Seite nicht am Kampf gegen den Bauern teilnimmt, so daß diese Aufgabe allein auf den Schultern der Dame lastet.

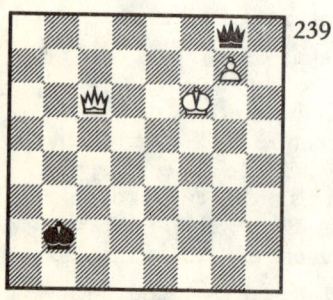
239

Weiß gewinnt

Die schwarze Dame verhindert ein Weiterrücken des Bauern, steht jedoch passiv.

Will Weiß gewinnen, muß er sie von g8 vertreiben. Dies hat sehr sorgfältig zu geschehen, um ein ewiges Schach zu vermeiden.
Es gibt zwei Gewinnwege.
Der eine besteht in der Überführung der Dame nach f8. Dies ist zwangsläufig zu erreichen.

1.♕c6–b5+	♔b2–a2
2.♕b5–a4+	♔a2–b2
3.♕a4–b4+	♔b2–a1
4.♕b4–f8	♕g8–b3

Die Dame wurde gezwungen, das Feld g8 zu verlassen, und Schwarz setzt seine Hoffnungen in ein ewiges Schach.

5.g7–g8♕	♕b3–f3+
6.♔f6–g7	...

Der König strebt nach h8. Schwarz kann dies nicht verhindern.

6. ...	♕f3–g4+
7.♔g7–h8	♕g4–h5+
8.♕g8–h7	

Ein Schach auf der Diagonale a1–h8 hätte nun Damentausch zur Folge.
Der zweite Gewinnweg lautet 1.♕e6 ♕d8 2.♔g6! ♕d3+ 3.♔f7! ♔c1 4.g8♕ ♕f3+ 5.♔g7 ♕g2+ 6.♔h7 ♕b7+ 7.♔g7 ♕e4+ 8.♕eg6, und die Möglichkeiten für weitere Schachgebote sind erschöpft.

Die Methode, die Weiß in beiden Fällen anwandte, um sich vor den Schachgeboten zu verteidigen, ist für Damenendspiele typisch. Weiß manövriert mit seinem König so, daß er bei der Abwehr von Schachgeboten die Aufstellung des gegnerischen Königs nutzen kann.

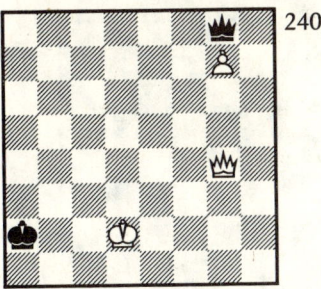

240

Schwarz am Zuge

In dieser Stellung wendet Weiß unter komplizierteren Bedingungen das gleiche Verfahren an. Es sieht so aus, als könne sich der weiße König, zumal Schwarz am Zuge ist, nirgendwo verbergen. Trotzdem findet er einen Unterschlupf, z. B.:

1. ...   ♛g8–d5+
2.♔d2–e1!   ...

Weiß muß mit dem König exakt manövrieren. Nach 2.♔e2 ♛b5+ 3.♔f2 ♛b6+ 4.♔g2 ♛c6+ 5.♔h2 ♛h6+ stellt sich für ihn tatsächlich das Problem, wo er den König verstecken soll.

2. ...   ♛d5–h1+

Auf 2. ... ♛a5+ macht 3.♔f1! den Schachgeboten ein Ende.

3.♔e1–f2 ♛h1–h2+
4.♛g4–g2!

Weiß hat seine Dame in einen Hinterhalt gebracht, wonach die Partie sofort entschieden ist. Falls 4. ... ♛h4+, so 5.♔f3+ und 6.g8♛.

Wenn sich Schwarz passiv verhält und die Dame auf g8 stehenläßt, führt Weiß zunächst den König in den „Unterschlupf" g1, dann die Dame nach f8 und verwandelt so den Bauern in eine Dame. Wie Sie sehen, sichert die Dame im Gegensatz zu anderen Figuren ganz allein, d. h. ohne die Unterstützung des Königs, das Vorrücken des Bauern und seine Umwandlung.

Sehen wir uns nunmehr einen Fall an, bei dem die Dame den Bauern am Vorrücken hindert, indem sie ihn von der Seite fesselt.

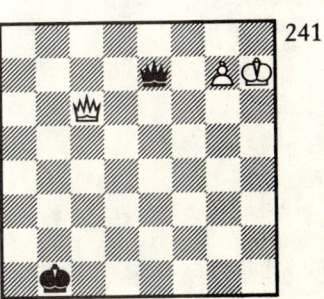

241

Schwarz am Zuge

Weiß droht, sich mit 1.♔g6! von der Fesselung zu befreien und nach 1. ... ♛d8 durch 2.♔f7! forciert zu gewinnen.

159

Schwarz kann nicht warten. Falls z. B. 1. ... ♛a7, so 2.♛e4+ ♚c1 3.♛h8 ♛a1 4.♛h1+. Er muß also Schach bieten.

1. ...   ♛e7–h4+
2.♚c6–h6   ♛h4–e7

Auf 2. ... ♛d3+ entscheidet 3.♚g6.

3.♛h6–b6+   ...

Um den Bauern zu verwandeln, muß Weiß die Dame mit Schach auf eines der vier Felder c6, d5, d4 oder f4 bringen. Dies läßt sich verwirklichen.

3. ...   ♚b1–a2

Zu sofortigem Verlust führt 3. ... ♚a1 wegen 4.♛d4+ und 5.♚h8 oder 3. ... ♚c2 wegen 4.♛c6+ ♚b1 5.♚g6.

4.♛b6–a5+   ♚a2–b1
5.♛a5–b5+   ♚b1–a1
6.♛b5–a4+   ♚a1–b1
7.♛a4–d1+   ♚b1–a2

Falls 7. ... ♚b2, so 8.♛d4+.

8.♛d1–d5+, gefolgt von 9.♚h7–g6.

Wenn der König der schwächeren Seite nicht am Kampf gegen den Bauern teilnehmen kann, hält er sich am besten so weit wie möglich von ihm auf, damit der Gegner nicht das für Damenendspiele typische Verfahren anwenden, die Aufstellung des Königs zur Abwehr von Schachgeboten ausznutzen.

Das stärkste Verteidigungssystem in diesem Endspiel ist die diagonale Fesselung. Aber auch hier kann der Gegner die Aufstellung des Königs nutzen, um sich der Fesselung zu entledigen.

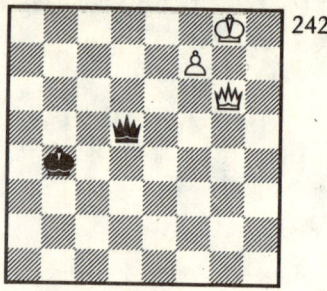

242

Weiß am Zuge

1.♚g8–h7   ♛d5–h1+

Eine horizontale Fesselung fruchtet nicht. Auf 1. ... ♛d7 geschieht 2.♛e4+! ♚a3 3.♚g8, und der Bauer ist nicht aufzuhalten.

2.♚h7–g7!   ♛h1–a1+

Oder 2. ... ♛b7 3.♛b1+.

3.♚g7–g8   ♛a1–a2
4.♛g6–c6!

Eine originelle Situation. Schwarz befindet sich im Zugzwang und hat keine gute Erwiderung.

Wir haben bereits festgestellt, daß die Dame ohne Hilfe des Königs in der Lage ist, die Umwandlung eines Bauern zu unterstützen. Besondere Bedeutung erlangt diese Fähig-

160

keit in Endspielen, in denen beiderseits Bauern vorhanden sind.

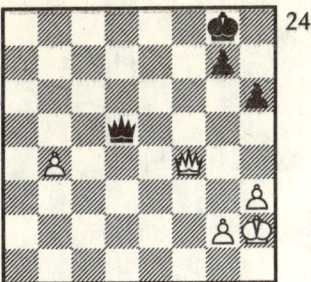

243

Weiß gewinnt

Der weiße König ist zuverlässig gegen Schachgebote geschützt. Weiß kann deshalb nach

1.♕f4–b8+   ♔g8–f7
2.b4–b5   …

den Bauern zur Dame führen, z. B. 2. … ♔e7 3.♕c7+ ♔e6 4.b6 ♕d6+ 5.♕:d6+ ♔:d6 6.♔g3 ♔c6 7.♔f4 ♔:b6 8.♔f5 ♔c5 9.♔g6, und Weiß gewinnt.

Dieses Beispiel stellte einen Idealfall dar. In der Regel ist es in Damenendspielen nicht so einfach, einen Mehrbauern zu verwerten. Schon der kleinste Defekt in der Bauerndeckung kann es dem Gegner ermöglichen, mit ewigem Schach zu dröhen. Wenn es dem König nicht gelingt, hinter eigenen Bauern Unterschlupf zu finden, ist es mitunter nützlich, einen kühnen Marsch ins gegnerische Lager anzutreten.

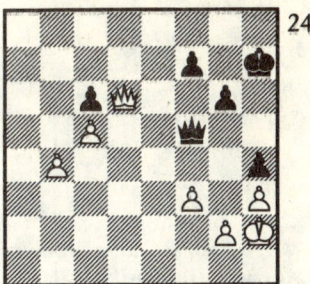

244

Weiß am Zuge

Weiß darf nicht 1.♕:c6 spielen, da Schwarz nach 1. … ♕f4+ 2.♔g1 ♕c1+ ewig Schach bietet. Er opfert deshalb einen Bauern, um sich einen Freibauern zu verschaffen.

1.b4–b5!   c6:b5
2.c5–c6   ♕f5–c2
3.♕d6–d5   …

Zeitverlust. Einfacher war 3.c7.

3. …   ♔h7–h6
4.♕d5–d6   ♕c2–c4
5.c6–c7   ♔h6–h7
6.♕d6–d7!   …

Weiß ist auf dem richtigen Wege. Nachdem er sich davon überzeugt hat, daß es nicht zu einem ewigen Schach kommen wird, schickt er den König auf einen langen Marsch. Endziel ist der Punkt b7!

6. …   ♕c4–f4+
7.♔h2–g1   ♕f4–c1+

8.♔g1–f2	♛c1–c5+
9.♔f2–e2	♛c5–c2+
10.♔e2–e3	♛c2–c5+
11.♔e3–e4	♛c5–c4+
12.♔e4–e5	♛c4–c3+
13.♔e5–d5	♛c3–c4+
14.♔d5–d6	♛c4–b4+
15.♔d6–c6	♛b4–c4+
16.♔c6–b7	

Schwarz gab auf.
Beachten Sie, daß der schwarze b-Bauer dem weißen König zuverlässigen Schutz bot. Weiß verzichtete deshalb völlig zu Recht darauf, ihn zu nehmen.
Ein nicht minder wichtiges Verfahren, den Verfolgungen der Dame zu entgehen, veranschaulicht das nächste Beispiel.

Maróczy–Betbeder
Hamburg 1930

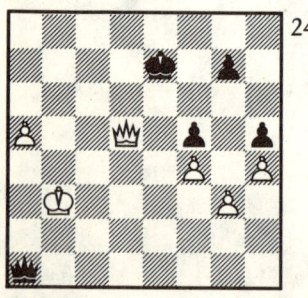

245

Schwarz am Zuge

Hinter einem Randbauern kann man sich schwer verbergen. Trotzdem gelingt es Weiß, seinen König schnell den Schachgeboten zu entzie-

hen, indem er die Aufstellung des gegnerischen Königs ausnutzt.

1. ...	♛a1–b1+
2.♔b3–a4	g7–g6
3.a5–a6	♛b1–a1+
4.♔a4–b5	♛a1–b2+
5.♔b5–c6	♛b2–f6+
6.♔c6–c7!	♛f6–c3+

Falls 6. ... ♛:a6, so 7.♛d7+ nebst 8.♛d6+ mit gewonnenem Bauernendspiel.

7.♛d5–c6	♛c3–e3
8.♔c7–c8!	

Schwarz gab auf, da er nach 9. ... ♔f7 10.a7! ♛:a7 11.♛d7+ auf verlorenem Posten steht.
Es folgt ein Beispiel, in dem beide Seiten über einen Freibauern verfügen.

Awerbach–Krogius
Tbilissi 1959

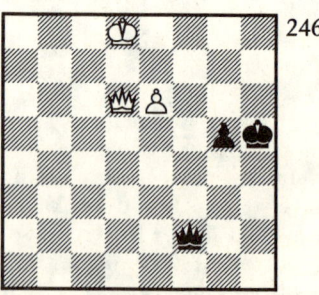

246

Schwarz am Zuge

Der weiße Bauer ist nur ein paar Schritte weiter vorgerückt. Aber gerade dies entscheidet.

162

1. ...   ♛f2–f6+
2.♔d8–c7   ...

Schlechter ist 2.♔d7 wegen
2. ... ♛f5.

2. ...   ♛f6–a1
3.e6–e7   ♛a1–a7+
4.♔c7–c8   ♛a7–a8+
5.♔c8–d7   ♛a8–b7+
6.♔d7–e8   ♛b7–f3

Sonst würde der König über
f7 entkommen.

7.♛d6–e6!   ♔h5–h4

Oder 7. ... g4 8.♛f7+ ♔h4
9.♔f8 ♛a3 10.♔g8, und der
Bauer ist nicht aufzuhalten.

8.♛e6–f7   ♛f3–a8+
9.♔e8–d7

Schwarz gab auf, da der weiße
König über e6, f6, g6 und g7
nach g8 gelangt.
Und wieder spielte der
schwarze Bauer seine Rolle:
Er bewahrte den König vor
Schachgeboten auf der g-Linie.
Wenn man den König auf
dem Brett bewegt, muß man
sich stets bewußt sein, daß
eine Dame im Verein mit Bauern in der Lage ist, ein Mattnetz zu knüpfen.
Sehen Sie sich ein tragikomi-
sches Finale aus einer Meister-
partie an.

Borissenko–Simagin
Moskau 1955

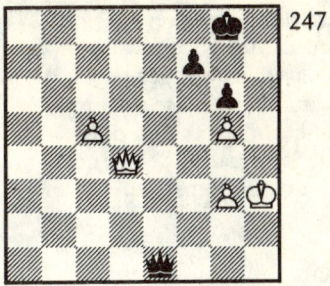

247

Schwarz am Zuge

Weiß hat einen Bauern mehr.
Um zu gewinnen, muß er mit
dem König zu diesem Bauern
durchbrechen. Es folgte:

1. ...   ♛e1–f1+
2.♔h3–g4??   ...

Dieser Zug entpuppt sich
überraschend als ein fataler
Fehler.

2. ...   f7–f5+!
3.g5:f6   ♛f1–f5+
4.♔g4–h4   f5–h5 matt.

Achtes Kapitel

Komplizierte Endspiele

Als kompliziert bezeichnet
man Endspiele, in denen eine
Seite nicht weniger als zwei
Figuren besitzt, den König
nicht mitgerechnet. Wir behandeln hier die Grundlagen
von vier Typen komplizierter
Endspiele, die durch die mo-

derne Theorie recht gut erforscht sind: Matt mit Läufer und Springer, zwei Springer gegen einen Bauern, Turm und Läufer gegen Turm sowie Turm und Springer gegen Turm. In all diesen Endspielen besteht das Ziel der stärkeren Seite darin, den gegnerischen König matt zu setzen.

Matt mit Läufer und Springer

Im zweiten Kapitel des ersten Abschnitts haben wir elementare Mattführungen behandelt, darunter mit Läufer und Springer. Dort war der König allerdings schon in die dem Läufer zugängliche Ecke getrieben. Hier untersuchen wir dieses Endspiel in seiner Gesamtheit, angefangen von Stellungen, in denen sich der König noch in der Mitte des Brettes aufhält.

Mit Läufer und Springer matt zu setzen ist eine schwierige Aufgabe. Um sie zu verwirklichen, sind etwa 35 Züge erforderlich. Da das zugelassene Limit in derartigen Endspielen 50 Züge beträgt, muß man exakt und zielbewußt spielen, ohne durch fruchtlose Manöver Zeit zu vergeuden. Man muß genau wissen, was zu tun, was anzustreben ist.

Der Gewinnweg besteht in diesem Endspiel gewöhnlich aus drei Etappen:

1. Abdrängung des Königs aus dem Zentrum des Brettes in eine Ecke. Dabei wird die sich verteidigende Seite den König zweckmäßigerweise in eine Ecke führen, die dem Läufer unzugänglich ist. Dort kann er nicht matt gesetzt werden.
2. Abdrängung des Königs aus einer Ecke in eine andere, die dem Läufer zugänglich ist.
3. Mattsetzen in dieser Ecke. Die letzte Etappe haben wir schon kennengelernt. Deshalb beginnen wir gleich mit der zweiten.

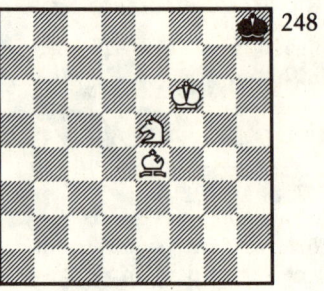

248

Weiß am Zuge

1.	♘e5–f7+	♚h8–g8
2.	♗e4–f5	♚g8–f8
3.	♗f5–h7	♚f8–e8
4.	♘f7–e5	♚e8–d8

Die aktivste Verteidigungsmethode. Schwarz hofft, mit dem König in die ungefährliche Ecke a1 durchbrechen zu können.

Nach 4. ... ♚f8 hat Weiß keine sonderlichen Probleme: 5.♘d7+ ♚e8 6.♚e6 ♚d8 7.♚d6 ♚e8 8.♗g6+ ♚d8

9.♘c5 ♔c8 10.♗f7 ♔d8
11.♘b7+ ♔c8 12.♔c6 ♔b8
13.♔b6 ♔c8 14.♗e6+ ♔b8.
Die drei weißen Figuren haben den König mit vereinten
Kräften in die richtige Ecke
getrieben, wo sie ihn nun in
fünf Zügen matt setzen:
15.♘a5(d8) ♔a8 16.♗c8 ♔b8
17.♗a6 ♔a8 18.♗b7+ ♔b8
19.♘c6 matt.

5.♔f6–e6   ♔c8–c7

Schwarz macht den ersten
Schritt in Richtung des weit
entfernten Feldes a1. Es gelingt ihm jedoch nicht, dorthin
durchzubrechen. Bei genauem
Spiel können die weißen Figuren ihm alle Wege abschneiden. Beachten Sie, wie dies
bewerkstelligt wird.

6.♘e5–d7!   ♔c7–c6

Noch ein Schritt, und der
schwarze König ist in Freiheit,
doch:

7.♗h7–d3!   ...

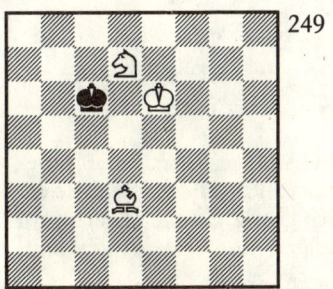
249

Das Zusammenwirken der
weißen Figuren ist für dieses
Endspiel charakteristisch. Zu

dritt nehmen sie dem gegnerischen König einen ganzen
Komplex von Feldern, die ins
Freie führen würden: b6, b5,
c5 und d5. Der König muß
den Rückzug antreten.

7. ...   ♔c6–c7
8.♗d3–b5   ♔c7–d8
9.♘d7–b6   ♔d8–c7
10.♘b6–d5+

Weiß ist es endgültig gelungen, den gegnerischen König
in der für ihn gefährlichen
Ecke festzuhalten. Es entstand
eine Stellung, in der das Matt
in spätestens neun Zügen erreicht wird (siehe auch das
Diagramm 32).
Diese Methode, den König abzudrängen, war bereits unseren Vorfahren im 18. Jahrhundert bekannt. Auf sie wies der
berühmte französische Schachspieler André François Philidor hin.
Es ist nützlich, sich noch mit
einer weiteren Stellung vertraut zu machen, in der der
König am Rande des Brettes
steht.

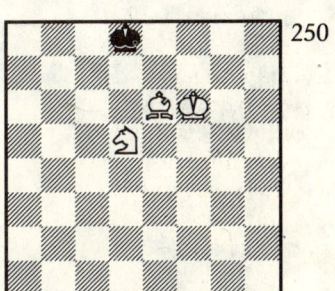
250

Schwarz am Zuge

165

Auch hier versucht der schwarze König, sich „halsstarrig" zu zeigen.

1. ...　　　　　♔d8–e8
2. ♘d5–f4　　　♔e8–d8

Keine Probleme hat Weiß im Fall von 2. ... ♔f8 3.♘g6+ ♔e8 4.♔e5 ♔d8 5.♔d6 ♔e8 6.♗c4 ♔d8 7.♗b5 ♔c8 8.♘f4 ♔d8 9.♘d5, und wieder ist die uns schon bekannte Stellung erreicht, in der das Matt in spätestens neun Zügen erfolgt.

3. ♔f6–e5!　　　...

Das für dieses Endspiel typische Verfahren. Weiß scheut sich nicht, dem König etwas Bewegungsfreiheit einzuräumen. Diese Freiheit ist nur Schein, denn in die Ecke a1 entkommt der König ohnehin nicht.

3. ...　　　　　♔d8–c7
4. ♔e5–d5　　　♔c7–b6
5. ♗e6–d7!　　　...

König und Läufer schneiden gemeinsam den gegnerischen König von der Ecke a1 ab.

5. ...　　　　　♔b6–a5
6. ♔d5–c5　　　♔a5–a6
7. ♔c5–b4　　　♔a6–b6
8. ♘f4–d5+　　♔b6–a6
9. ♗d7–c8+　　♔a6–a7
10. ♔b4–b5

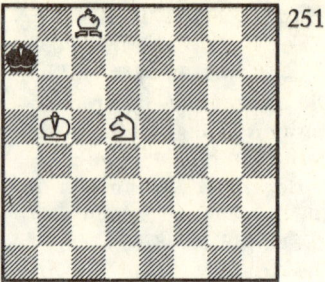

251

Schwarz am Zuge

Der Rest ist einfach. In dieser Stellung setzt Weiß in spätestens sechs Zügen matt. Zur Übung können Sie dies selbst nachprüfen.
Untersuchen wir nunmehr, wie der König aus dem Zentrum verdrängt wird.

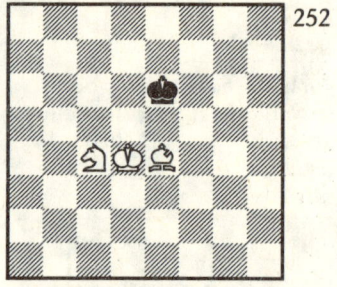

252

Weiß am Zuge

Die weißen Kräfte sind aufmarschiert, die Abdrängung des gegnerischen Königs kann beginnen.

1. ♔d4–c5　　　♔e6–f6
2. ♔c5–d5　　　♔f6–f7

Schwarz versucht, den König im Bereich der ungefährlichen

Ecke h8 zu behaupten. Nach
2. ... ♚g5 3.♚e5 ist ihm der
Weg dorthin versperrt, z. B.
3. ... ♚h6 4.♚f6 ♚h5 5.♘e5
♚h4 (5. ... ♚h6 6.♘g4+
♚h5 7.♚f5 usw.) 6.♗f3! ♚g3
7.♚g5 ♚f2 8.♚f4 ♚e1 9.♚e3
oder 3. ... ♚g4 4.♚f6 ♚f4
5.♗f5 ♚f3 6.♚g5 ♚e2
7.♗c2! ♚f3 8.♚f5 ♚e2 (8. ...
♚g3 9.♗d1) 9.♚e4 ♚f2
10.♗d1 usw.

3.♚d5−e5	♚f7−g7
4.♚e5−e6	♚g7−f8
5.♚e6−f6	♚f8−g8

Im Fall von 5. ... ♚e8 schneidet Weiß den König durch
6.♚g7 ♚e7 7.♗d5 sofort von
der Ecke h8 ab.

6.♘c4−e5	♚g8−h8

Es ist eine bereits analysierte
Stellung erreicht (siehe das
Diagramm 248).
Beachten Sie, daß die Abdrän-
gung des gegnerischen Königs
in der Hauptsache durch Kö-
nig und Läufer erfolgt. Der
Springer greift nur gelegent-
lich ins Spiel ein, nimmt dem
König aber wichtige Felder.

Zwei Springer gegen einen Bauern

König und zwei Springer können einen alleinstehenden König bekanntlich nicht matt setzen. Ist auf seiten des Königs
indes noch ein Bauer vorhanden, ergeben sich in bestimmten Fällen, wenn es gelingt,
den König in eine Ecke zu
treiben, Voraussetzungen für
ein Matt: Das mögliche Vorrücken des Bauern schließt ein
Patt aus.
Im zweiten Kapitel des ersten
Abschnitts haben wir ein solches Beispiel behandelt. Dort
stand der König allerdings
schon in der Ecke. Hier untersuchen wir die Grundlagen
dieses Endspiels in ihrer Gesamtheit.
Die Theorie des Endspiels
zweier Springer gegen einen
Bauern wurde erst im 20. Jahrhundert ausgearbeitet, und
zwar durch den Begründer der
sowjetischen Schachstudie
A. Troitzki.
Da der Bauer durch einen der
Springer blockiert werden
muß, stehen für die Abdrängung des Königs lediglich
zwei Figuren zur Verfügung –
der König und ein Springer.
Nur wenn der König auszu-
brechen versucht, kann er auf
den Reservespringer stoßen,
der ihn dann in die erforderli-
che Richtung zwingt.
Wir sehen uns zunächst einige
Beispiele an, in denen der
gegnerische König bereits in
eine Ecke getrieben wurde
und nur noch matt gesetzt zu
werden braucht.

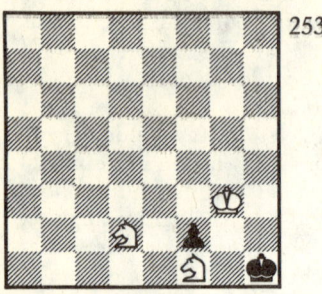

253

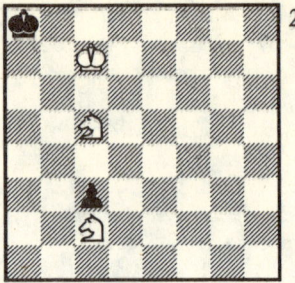

254

Weiß gewinnt

Wäre in dieser Stellung
Schwarz am Zuge, käme Weiß
sehr einfach zum Erfolg – er
würde im 4. Zuge matt setzen:
1. … ♔g1 2.♘h3 ♔h1
3.♘g3+ ♔g1 4.♘f3 matt.
Die Aufgabe von Weiß be-
steht also darin, die Zugpflicht
an den Gegner zu übertragen.

   1.♔g3–h4   …

Oder 1.♔g4 ♔g2 2.♔h4 usw.

1. …	♔h1–g2
2.♔h4–g4	♔g2–h1
3.♔g4–g3!	♔h1–g1
4.♔g3–h3	♔g1–h1
5.♘f1–g3+	♔h1–g1
6.♘d2–f3 matt.	

Das Problem, die Zugpflicht
zu übertragen, stellt sich in
diesem Endspiel ziemlich häufig.

Weiß gewinnt

Wenn Schwarz am Zuge ist,
ergeben sich für Weiß keine
Schwierigkeiten: 1. … ♔a7
2.♘b4 c2 3.♘c6+ ♔a8
4.♘a4(d7) c1♕ 5.♘b6 matt.
Beachten Sie, welch bedeut-
same Rolle der Springer c6
spielt. Er schränkt nicht nur
den schwarzen König ein, indem er ihm das lebenswichtige
Feld a7 nimmt, sondern deckt
gleichzeitig den eigenen König gegen ein Schach der neu
entstehenden schwarzen
Dame. Eine derartige Verbin-
dung von Angriff und Verteidigung zeichnet ein abge-
stimmtes Handeln der Figuren
aus.
Kehren wir zur Ausgangsstellung zurück. Hier ist Weiß am
Zuge, so daß es nicht gelingt,
sofort matt zu setzen. Versuchen wir also, Schwarz an den
Zug zu bringen.

1.♔c7–b6	♔a8–b8
2.♘c5–b7	♔b8–c8

Falls 2. … ♔a8, so 3.♘d6!
♔b8 4.♘b4(d4) c2 5.♘c6+

♔a8 6.♘b5(e8) c1♕ 7.♘c7 matt. Der Springer c6 erfüllt abermals eine zweifache Aufgabe – er schränkt den gegnerischen König ein und schützt das Feld c7, auf das der matt setzende Springer zieht, vor der Dame.

3.♔b6–c6   ♚c8–b8
4.♘b7–d6!   ♚b8–a7

Auf 4. ... ♚a8 geschieht 5.♔b6 ♚b8 6.♘b4, und Weiß setzt auf die gleiche Art matt, wie soeben demonstriert.

5.♔c6–b5   ♚a7–b8
6.♔b5–b6   ♚b8–a8
7.♘d6–f5!   ...

Notwendige Präzision. Wir machten bereits deutlich, wie wichtig es ist, den Springer nach c6 zu stellen. Diesem Ziel dient das Springermanöver d6–f5–e7–c6. Verfrüht wäre 7.♔c7 ♚a7 8.♘b4 c2 9.♘b5+ ♚a8, und Weiß kommt nicht dazu, matt zu setzen, da der Bauer auf c1 mit Schach einzieht.

7. ...   ♚a8–b8
8.♘f5–e7   ♚b8–a8
9.♔b6–c7   ♚a8–a7
10.♘c2–b4! ...

Erst jetzt führt das einträchtige Handeln der weißen Figuren zum Erfolg. Der matt setzende Springer nähert sich dem König, und gleichzeitig nimmt er ihm das Feld a6.

10. ...   c3–c2

11.♘e7–c6+ ♚a7–a8
12.♘b4–d5   c2–c1♕
13.♘d5–b6 matt.

Wie der König in eine Ecke getrieben wird, zeigt das folgende Beispiel. In ihm steht der schwarze König bereits am Brettrand.

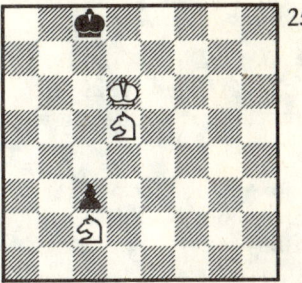

255

Weiß gewinnt

Weiß darf nicht zulassen, daß der gegnerische König in die Ecke h8 oder über a4 nach b2 durchbricht. Er muß den König in die Ecke a8 treiben und dort matt setzen, wie wir es schon aus dem vorigen Beispiel kennen.

1.♔d6–e7!   ♚c8–b8

Schwarz versucht es mit einer Raffinesse: Sofort 1. ... ♚b7 2.♔d7 würde die Gewinnführung etwas abkürzen.

2.♔e7–d8!   ♚b8–b7
3.♔d8–d7   ♚b7–a7
4.♔d7–c7   ♚a7–a6
5.♔c7–c6   ♚a6–a7

Im Fall von 5. ... ♚a5 käme Weiß schneller zum Erfolg:

169

6.♘b6! ♚a6 7.♘c4 ♚a7·
8.♘d6 ♚a6 9.♘b7 ♚a7
10.♘c5 ♚b8 11.♔d7 ♚a7
12.♔c7, und es ist Bei-
spiel 254 erreicht.
Nach dem Textzug muß sich
Weiß noch etwas anstrengen,
um den König in der Ecke
festzuhalten.

   6.♘d5–e7!   ♚a7–a6

Oder 6. ... ♔b8 7.♔b6 ♚a8
8.♔c7! ♚a7, und Weiß setzt,
beginnend mit 9.♘b4!, in vier
Zügen matt.

   7.♘e7–c8   ♚a6–a5
   8.♘c8–b6!   ♚a5–a6
   9.♘b6–c4   ...

Durch das Manöver auf den
Feldern e7–c8–b6 gelangte
der Springer schließlich nach
c4. Der Rest ist uns bereits bekannt.

   9. ...   ♚a6–a7
  10.♘c4–d6   ♚a7–a6
  11.♘d6–b7   ♚a6–a7
  12.♘b7–c5   ♚a7–b8
  13.♔c6–d7· ♚b8–a7
  14.♔d7–c7

Der schwarze König ist in die
Ecke gedrängt.
Wie bereits gesagt, gelingt es
bei weitem nicht immer, dieses Endspiel mit einem Matt
abzuschließen. Alles hängt
von der Aufstellung des gegnerischen Königs und des
Bauern ab. Mitunter ist es
nicht einmal möglich, einen
schon in die Ecke getriebenen
König matt zu setzen.

Weiß am Zuge

Diese Stellung konnte in dem
Beispiel entstehen, das wir im
zweiten Kapitel des ersten Abschnitts untersuchten (siehe
Diagramm 34), wenn dort
Schwarz am Zuge gewesen
und mit dem König nach h8
gegangen wäre. Die Aufgabe,
die Zugpflicht an den Gegner
zu übertragen – ein für dieses
Endspiel typisches Verfahren –, läßt sich hier nicht verwirklichen:

   1.♔f7–g6   ♔h8–g8
   2.♘f5–g7   ♔g8–f8
   3.♔g6–f6   ♔f8–g8
   4.♘g7–e6   ♔g8–h7!

Die einzige Antwort, die zum
Remis führt. Nach 4. ... ♔h8
5.♔g6 ♔g8 kommt Weiß zum
Erfolg: 6.♘e4 d2 7.♘f6+
♔h8 8.♘g5(d8) d1♕ 9.♘f7
matt.

   5.♔f6–g5   ♔h7–g8!

Wiederum die richtige Erwiderung.

   6.♔g5–g6   ♔g8–h8

Da sich der Gegner exakt verteidigt, kann Weiß nicht gewinnen.

Turm und Läufer gegen Turm

Bei genauer Verteidigung ist dieses Endspiel nicht zu gewinnen. Es sind jedoch einige Ausnahmen von dieser Regel bekannt, in denen die stärkere Seite ihr Ziel erreicht. Mit der Analyse einer solchen Stellung wollen wir beginnen, um zu zeigen, worin die Drohungen bestehen und wie ein Mattnetz um den König geknüpft wird.

A. Philidor, 1777

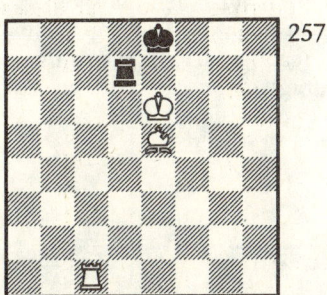

257

Weiß gewinnt

Der schwarze König ist bereits an den Rand des Brettes getrieben, aber gegen den entscheidenden Schlag auf der 8. Reihe kann ihn vorläufig sein Turm bewahren. Es scheint, als würde 1.♗f6 oder

1.♗d6 sofort gewinnen. Beide Fortsetzungen werden aber durch 1. ... ♖e7+! widerlegt. Der weiße König muß dann zurückweichen, da 2.♗:e7 zum Patt führt.

In Wirklichkeit ist der Gewinnweg recht schwierig. Zunächst pariert Weiß die Drohung 1. ... ♖e7+.

1.♖c1–c8+   ♖d7–d8
2.♖c8–c7   ♖d8–d2

Schwarz hat keine große Wahl. 2. ... ♖a8 3.♖h7 ♖a6+ 4.♗d6 würde sofort verlieren. Schlecht ist auch 2. ... ♔f8 wegen 3.♖f7+ ♔g8 (3. ... ♔e8 4.♖h7) 4.♖g7+ ♔f8 5.♖g4! (droht 6.♗d6+ ♔e8 7.♖g8 matt) 5. ... ♖e8+ 6.♔f6 ♖d8 7.♖h4 ♔g8 8.♖g6! (8.♔e7? ♖e8+! 9.♔:e8 patt), und auf 8. ... ♔f8 oder 8. ... ♖d6+ entscheidet 9.♗f6.

3.♖c7–b7   ...

Ein wichtiges Moment. Der schwarze Turm steht auf der 2. Reihe am besten. Weiß vertreibt ihn deshalb von dort.

3. ...   ♖d2–d1
4.♖b7–g7   ♖d1–f1

Gegen das Schach auf g8 gerichtet. Im Fall von 4. ... ♔f8 gewinnt Weiß durch das elegante Turmmanöver 5.♖g6 ♖e1 (es drohte 6.♗d6+) 6.♖g2 ♖e4 7.♖c2 ♔g8 8.♖h2, gegen das Schwarz hilflos ist.

171

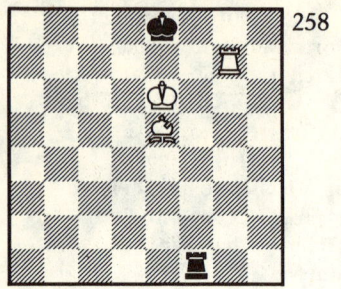

258

Jetzt beginnt die dritte Etappe – Weiß verdrängt den Turm von der 1. Reihe.

5.♗e5–g3! ♖f1–f3!

Am hartnäckigsten. Wenn 5. … ♔f8, so 6.♖g6 ♔e8 7.♖g4! ♖f3 8.♗f4!, und Schwarz kann sich nicht mehr verteidigen. Auf 8. … ♔f8 folgt 9.♗d6+ ♔e8 10.♖g8+ mit Matt im nächsten Zuge.

6.♗g3–d6 ♖f3–e3+
7.♗d6–e5 ♖e3–f3
8.♖g7–e7+ ♔e8–f8

Da der schwarze Turm auf der 3. Reihe steht, kann er nicht mehr auf die c- oder g-Linie ziehen. Deshalb scheitert auch 8. … ♔d8 an 9.♖b7 mit der undeckbaren Drohung 10.♖b8.

9.♖e7–c7 ♔f8–g8
10.♖c7–g7+ ♔g8–f8
11.♖g7–g4 ♔f8–e8

Oder 11. … ♖e3 12.♖h4!, und dem schwarzen Turm ist das Feld g3 unzugänglich.

12.♗e5–f4! …

Entscheidend. Weiß verstellt die Turmlinie und droht Matt auf g8. Gleichzeitig wird ein Schach auf e3 verhindert.

12. … ♔e8–f8
13.♗f4–d6+

nebst Matt in zwei Zügen.

Der Plan von Weiß bestand darin, Mattdrohungen zu schaffen und den schwarzen Turm zu neutralisieren. Dazu wurde ihm nacheinander die vorletzte, die 2. und dann die 1. Reihe genommen. Auf der 3. Reihe war die Handlungsfreiheit des Turmes eingeschränkt, was den abschließenden Mattangriff ermöglichte. Das folgende Beispiel zeigt, wie die schwächere Seite ihre Figuren aufstellen muß, um selbst dann das Gleichgewicht aufrechtzuerhalten, wenn ihr König an den Brettrand gedrängt wurde.

I. Szen

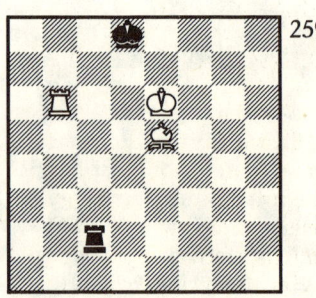

259

Weiß am Zuge

172

Der schwarze König steht seinem Kontrahenten im Abstand eines Springerzuges gegenüber, der Turm verteidigt den König gegen Schachgebote auf der letzten Reihe. Hier werden alle weißen Gewinnversuche leicht pariert.

1. ♖b6–b8+   ♖c2–c8
2. ♖b8–b7   ♖c8–c2
3. ♗e5–d6   ♖c2–e2+
4. ♔e6–d5   ♖e2–c2
5. ♗d6–c5   ♖c2–e2!

Zum Verlust führt 5. ... ♔c8 6.♖a7 ♔b8 7.♖f7 ♔c8 8.♔c6 ♖d2. Weiß gewinnt auf ähnliche Art wie im vorigen Beispiel: 9.♖a7 ♖b2 (9. ... ♔b8 10.♖a4 ♖c2 11.♖e4) 10.♖a4! ♖b1 11.♗a3 ♖b3 12.♗b4!, und Schwarz kann die Waffen strecken. Nicht besser ist 6. ... ♔d8 7.♔c6 ♔e8 8.♖e7+ ♔d8 9.♖e1 ♖c4 10.♖a1 ♔e8 11.♖f1. Diese Varianten belegen, daß sich Schwarz sehr exakt verteidigen muß. Er kann sonst leicht in ein Mattnetz geraten.

6. ♔d5–c6   ...

Falls 6.♖f7, so 6. ... ♔e8.

6. ...   ♔d8–e8

Weiß ist nicht weitergekommen.

Bei einer bestimmten Figurenanordnung kann es sich als unmöglich erweisen, den König der schwächeren Seite endgültig an den Brettrand zu drängen.

Ein typisches Beispiel zeigt das folgende Diagramm.

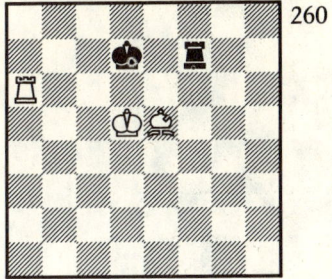

260

Weiß am Zuge

Es sieht so aus, als würde Schwarz nach 1.♗e5–f6 in Schwierigkeiten geraten. Er verfügt jedoch über die ausreichende Antwort 1. ... ♔d7–e8! Im Fall von 2.♔d5–e6 zwingt 2. ... ♖f7–e7+! den gegnerischen König sofort zum Rückzug. Diese Pattwendung muß man stets im Auge behalten.

Turm und Springer gegen Turm

In diesem Endspiel sind die Gewinnchancen geringer als mit Turm und Läufer gegen Turm. Aber auch hier gibt es Stellungen, in denen die stärkere Seite ausnahmsweise zum Erfolg kommt.

Dies ist gewöhnlich der Fall, wenn der gegnerische König an den Brettrand oder in eine Ecke gedrängt wurde, während sein Turm eine passive Position einnimmt und den Mattangriff deshalb nicht verhindern kann.

L. Centurini, 1887

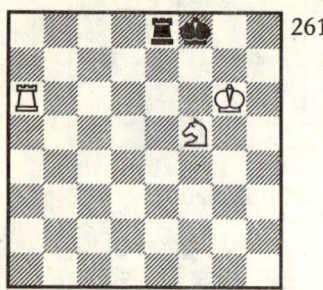

261

Weiß gewinnt

Hier wird der König sofort in die Ecke getrieben.

1. ♖a6–f6+!   ♔f8–g8
2. ♘f5–h6+   ♔g8–h8

Wie soll Weiß den Angriff fortsetzen? 3. ♖f7 bringt nichts ein, weil durch 3. ... ♖e6+ der König zurückgedrängt würde. Weiß muß seine Figuren umgruppieren, ohne den gegnerischen König aus der Ecke herauszulassen. Diese Aufgabe löst er wie folgt:

3. ♔g6–f7   ♖e8–a8

Versucht Schwarz, mit 3. ... ♖e1 zu einem Angriff von hinten überzugehen, entscheidet 4. ♘g4! ♖h1 5. ♔g6 ♔g8 6. ♘h6+.

4. ♘h6–f5   ♖a8–a7+

Angesichts der Drohung 5. ♖h6 matt die einzige Möglichkeit.

5. ♔f7–g6   ♖a7–a8
6. ♔g6–h6!   ♖a8–e8

Auf 6. ... ♔g8 gewinnt 7. ♘e7+ ♔h8 8. ♖f7 ♖a6+ 9. ♘g6+. Gegen dieses Manöver hat Schwarz keine Verteidigung mehr.

7. ♘f5–e7!   ♖e8–b8
8. ♖f6–f7   ♖b8–b6+
9. ♘e7–g6+

Weiß gewinnt.

Auch im nächsten Beispiel kommt Weiß zum Erfolg.

L. Centurini, 1850

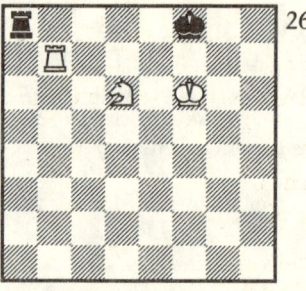

262

Weiß gewinnt

Weiß muß den Springer in den Angriff einbeziehen. Dies ist im Moment jedoch nicht möglich, weil der Springer seinen König vor Schachgeboten auf der 6. Reihe schützt. Weiß zwingt den gegnerischen Turm deshalb zunächst auf das Feld d8.

174

1. ♖b7–c7   ♜a8–b8

Den König nach rechts in die Ecke zu führen hilft ebenfalls nicht, z. B. 1. ... ♔g8 2.♔g6 ♔f8 3.♖f7+ ♔g8 4.♘e4 mit der unparierbaren Drohung 5.♘f6+ oder 2. ... ♔h8 3.♖h7+ ♔g8 4.♖g7+ ♔f8 (4. ... ♔h8 5.♘f7 matt) 5.♖f7+ ♔g8 6.♘e4, und Weiß gewinnt.

2. ♖c7–a7   ♜b8–d8
3. ♘d6–f5   ...

Jetzt ist dies möglich. Wie Sie selbst überprüfen können, droht Matt in vier Zügen.

3. ...   ♜d8–b8

Schwarz hofft, mit dem König nach links zu entkommen.

4. ♖a7–f7+   ♔f8–e8

Sie haben sicher herausgefunden, daß Weiß das Spiel nach 4. ... ♔g8 durch 5.♘e7+ ♔h8 6.♘g6+ ♔g8 7.♖g7 matt beendet.

5. ♘f5–d6+   ...

Weiß erreicht das Matt auch von der anderen Seite und sogar auf zweierlei Art: 5.♘g7+ ♔d8 6.♘e6+ ♔c8 (6. ... ♔e8 7.♖e7 matt) 7.♖c7 matt.

5. ...   ♔e8–d8
6. ♔f6–e6 usw.

Wenn der Turm aktiv an der Verteidigung teilnimmt, kann sich die schwächere Seite auch dann retten, wenn ihr König an den Rand gedrängt wurde.

263

Remis

Die Diagrammstellung ist typisch und demonstriert die beste Verteidigungsmethode. Der Turm greift von hinten an. Er fesselt den Springer und gibt ihm keine Möglichkeit, entscheidend am Spiel teilzunehmen.

1. ♔b6–c6   ...

Oder 1.♖d1 ♔c8 2.♔c6 ♜c4+ 3.♔b6 ♜b4 4.♔c5 ♜b2, und eine gute Angriffsfortsetzung ist für Weiß nicht zu sehen.

1. ...   ♜b4–b2

Ein offensichtlicher Fehler wäre 1. ... ♔c8? wegen 2.♘d6+ ♔b8 3.♖e1, und der weiße Angriff schlägt durch, z. B. 3. ... ♔a8 (3. ... ♔a7 4.♘b5+, und Weiß gewinnt) 4.♖e8+ ♔b8 5.♘c8!, und gegen das Matt gibt es keine Verteidigung mehr.

2. ♘b5–d6   ♜b2–b3
3. ♖c1–c2   ♜b3–b1!

175

Der beste Zug. Wenn sich der weiße Turm nach rechts bewegt, muß Schwarz die Möglichkeit haben, auf der c-Linie Schach zu bieten.

4.♘d6–c4   …

Falls 4.♖e2, so 4. … ♖c1+ 5.♔b6 ♖b1+ 6.♘b5 ♔c8 7.♔c6 ♔d8 8.♘d6 ♖c1+.

4. …   ♖b1–h1
5.♖c2–g2   ♖h1–h6+
6.♘c4–d6   ♔b8–a7

Weiß kann nicht gewinnen, weil der Springer gefesselt ist. Auch in ähnlichen Stellungen spielt die Fesselung des Springers die entscheidende Rolle.

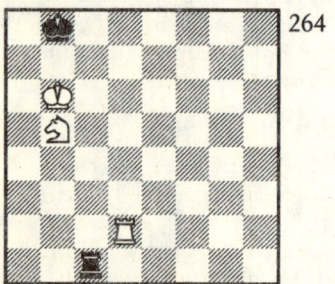

264

In dieser bekannten Stellung von L. Centurini (1853) gibt Weiß dem Gegner durch die Mattdrohung keine Gelegenheit, den Turm auf die b-Linie zu bringen und den Springer zu fesseln.
Der Gewinnweg ist außerordentlich lehrreich. Zunächst wird der schwarze Turm auf die 4. Reihe gezwungen, wo seine Angriffsmöglichkeiten stark reduziert sind.

1.♖d2–d3   ♖c1–c2
2.♖d3–d1   ♖c2–c4

Auf 2. … ♖c8 entscheidet 3.♘a7 ♖e8 4.♖d7 usw. Jetzt kann Weiß mit dem Turm zu einem Flankenangriff übergehen.

3.♖d1–h1   ♖c4–c2
4.♘b5–d4   ♖c2–b2+
5.♔b6–c6   …

Droht 6.♖h8+ ♔a7 7.♘b5+. Schwarz hat nur eine Verteidigung.

5. …   ♔b8–a8
6.♖h1–h3!   …

Weiß muß den schwarzen Turm erneut zwingen, die 4. Reihe zu betreten.

6. …   ♖b2–b1
7.♖h3–h2   ♖b1–b4

Nun beginnt der Schlußangriff.

8.♘d4–b5   ♖b4–c4+
9.♔c6–b6   ♔a8–b8

Falls 9. … ♖c8, so 10.♘c7+ ♔b8 11.♘a6+ ♔a8 12.♖a2! mit der tödlichen Drohung 13.♘c7 matt.

10.♘b5–d6!   ♖c4–b4+
11.♔b6–c6   ♔b8–a8
12.♖h2–h8+   ♖b4–b8
13.♘d6–c8!

mit undeckbarem Matt.

Übungsaufgaben

Versuchen Sie, zur Übung die Lösungen der folgenden 64 Aufgaben zu finden! Sie sind recht schwierig. Wenn es Ihnen gelingt, mehr als 50 Prozent der Fragen richtig zu beantworten, haben Sie sich das Material dieses Buches recht gut angeeignet. Bei den Antworten sollten Sie erst dann nachsehen, wenn Sie fest davon überzeugt sind, die betreffende Aufgabe nicht lösen zu können. Wir wünschen Ihnen viel Erfolg.

Aufgabe 2

Weiß zieht und setzt in vier Zügen matt

Aufgabe 1

Weiß zieht und setzt in vier Zügen matt

Aufgabe 3

Weiß zieht und setzt in drei Zügen matt

177

Aufgabe 4

Weiß zieht und setzt in drei
Zügen matt

Aufgabe 6

Weiß zieht und setzt in fünf
Zügen matt

Aufgabe 5

Weiß zieht und setzt in sieben
Zügen matt

Aufgabe 7

Weiß zieht und setzt in fünf
Zügen matt

Aufgabe 8

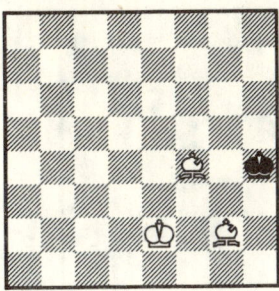

Weiß zieht und setzt in sieben Zügen matt

Aufgabe 10

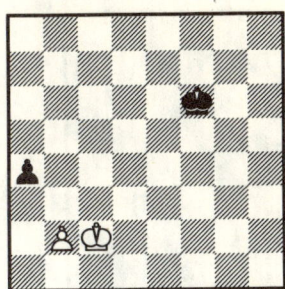

Weiß am Zuge muß den gegnerischen Bauern erobern und die Schlüsselfelder des eigenen besetzen. Wie ist dies möglich?

Aufgabe 9

Weiß am Zuge. Der König hat die Schlüsselfelder bereits erobert. Kann der Bauer aber sofort vorgerückt werden?

Aufgabe 11

Weiß am Zuge steht vor der Aufgabe, seinen Bauern zu opfern und dabei den gegnerischen König nicht auf die Schlüsselfelder zu lassen. Versuchen Sie, dies zu verwirklichen.

Aufgabe 12

Weiß am Zuge gewinnt. Das „natürliche" 1.d4 führt jedoch nicht zum Ziel: Schwarz antwortet 1. … ♔e4 2.♔c3 ♔f5! 3.♔d3 ♔f4!
Die Lösung ist mit Hilfe von Schlüssel- und Gegenfeldern zu suchen. Stände der schwarze König nicht auf f3, sondern auf f4, wäre 1.♔e2 ♔e5 2.♔e3 ♔d5 3.d4 ♔c4 4.♔e4 ♔:b4 5.d5 ♔c5 6.♔e5 b4 7.d6 ♔c6 8.♔e6 b3 9.d7 b2 10.d8♕ b1♕ 11.♕c8+ ♔b6 12.♕b8+ möglich, wonach die schwarze Dame verlorengeht. Das erste Schlüsselfeld ist somit e2. Ein zweites Schlüsselfeld befindet sich auf d4:
Wenn sein König dorthin gelangt, gewinnt Weiß ziemlich einfach.
Ihre Aufgabe ist es, in dieser Stellung die Gegenfelder zu bestimmen und den Gewinnweg zu finden.

Aufgabe 13

Weiß am Zuge gewinnt. Beachten Sie, daß er nicht zum Erfolg käme, wenn er sich mit dem König sofort zum Bauern g6 begeben würde: 1.♔e5 ♔c4 2.♔f6 ♔d4! 3.♔:g6 ♔e4 4.♔g5 ♔f3 remis.
Weiß muß den gegnerischen König seitlich abdrängen. Wie ist dies möglich?

Aufgabe 14

Weiß am Zuge hält remis. Seine Lage erscheint katastrophal. Wenn er indes sofort „Jagd auf zwei Hasen" macht, kann er die Partie retten. Wie gelingt ihm dies?

Aufgabe 15

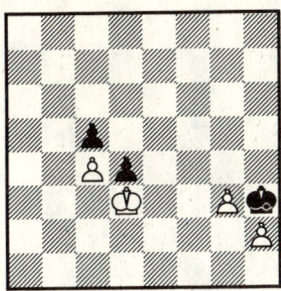

Weiß am Zuge. Der gedeckte Freibauer schränkt die Bewegungsfreiheit seines Königs ein. Kann Weiß sein materielles Übergewicht trotzdem verwerten?

Aufgabe 17

Weiß am Zuge kann mittels 1.h6 ⌐f8 2.g5 einen gedeckten Freibauern bilden. Reicht dies zum Gewinn?

Aufgabe 16

Weiß am Zuge. Versuchen Sie nachzuweisen, daß seine Bauern hier gefährlicher sind als die schwarzen.

Aufgabe 18

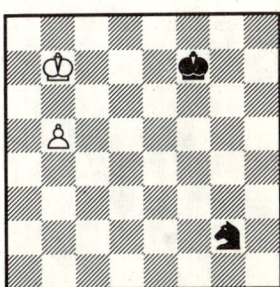

Weiß am Zuge. Kann er den Bauern in eine Dame verwandeln?

Aufgabe 19

Weiß am Zuge. Gelingt es ihm, den Bauern aufzuhalten?

Aufgabe 21

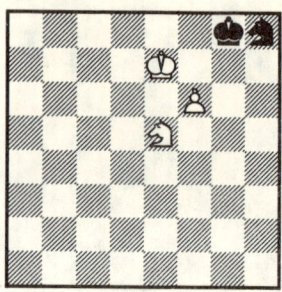

Schwarz am Zuge. Das Beispiel entstand, indem in der Remisstellung des Diagramms 117 alle Steine um eine Linie nach rechts verschoben wurden. Ändert sich dadurch das Ergebnis?

Aufgabe 20

Weiß am Zuge. Seine Lage erscheint hoffnungslos. Vielleicht ist aber doch noch nicht alles verloren?

Aufgabe 22

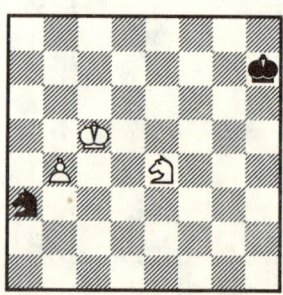

Weiß am Zuge. Kann er sich zunutze machen, daß der schwarze König weit vom Bauern entfernt steht?

Aufgabe 23

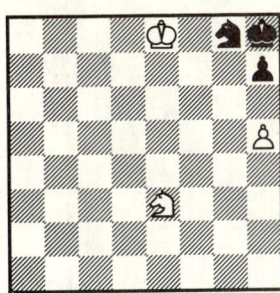

Weiß am Zuge gewinnt. Die schwarzen Figuren stehen sehr beengt. Weiß kann diesen Umstand nutzen. Der Gewinnweg ist jedoch recht schwierig.

Aufgabe 25

Weiß am Zuge. Sein König steht weit von den Bauern entfernt. Trotzdem gelingt es, das exakte Zusammenwirken der Figuren herzustellen. Wie?

Aufgabe 24

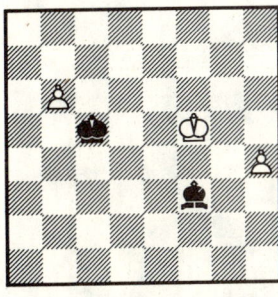

Weiß am Zuge. Läßt sich ausnutzen, daß der Läufer im Kampf gegen die beiden Bauern überlastet ist?

Aufgabe 26

Schwarz am Zuge. Kann er gewinnen?

Aufgabe 27

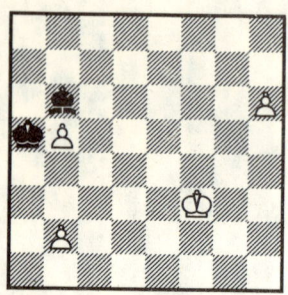

Weiß am Zuge gewinnt. Sie müssen nachweisen, daß der Läufer hier bei der Wahrnehmung seiner Pflichten überlastet ist.

Aufgabe 29

Weiß am Zuge. Der sofortige Marsch des Königs nach e7 brächte nichts ein, da der schwarze König rechtzeitig nach e5 gelangt. Um zum Erfolg zu kommen, muß Weiß ein entscheidendes Tempo gewinnen.

Aufgabe 28

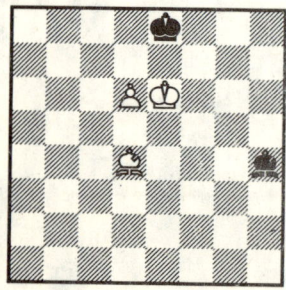

Schwarz am Zuge. Es droht 1.d7+ ♔f8 2.♗c5+ ♔g7 3.♗e7. Kann sich Schwarz gegen diese Drohung verteidigen und das Endspiel remis halten?

Aufgabe 30

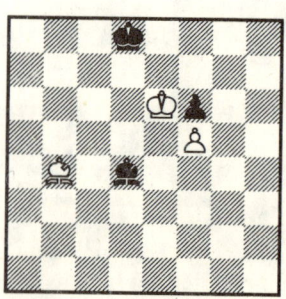

Weiß am Zuge erobert einen Bauern. Reicht dies, um das Endspiel zu gewinnen?

Aufgabe 31

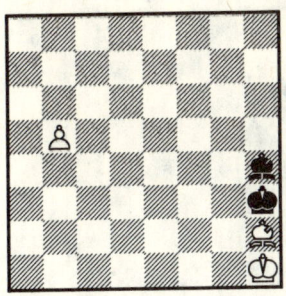

Weiß am Zuge gewinnt. Versuchen Sie, diese harte Nuß zu knacken.

Aufgabe 33

Schwarz am Zuge gewinnt. Der Weg seines Königs zu den Bauern ist frei. Auf 1. ... ♚f4 würde indes der Gegenangriff 2.♔d5 folgen. Seien Sie vorsichtig!

Aufgabe 32

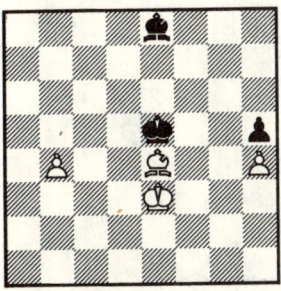

Weiß am Zuge verfügt über einen Mehrbauern. Das reduzierte Material erfordert jedoch eine genaue Berechnung. Können Sie zeigen, wie Weiß hier gewinnt?

Aufgabe 34

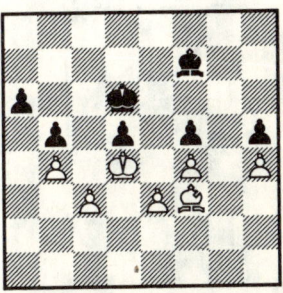

Weiß am Zuge gewinnt. Seine Aufgabe besteht darin, die Zugpflicht an den Gegner zu übertragen. Wie ist dies zu erreichen?

Aufgabe 35

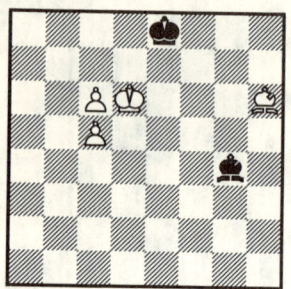

Weiß am Zuge spielte 1.♗g5, um den schwarzen König nicht nach c8 zu lassen. Welchen Ausgang nimmt danach die Partie?

Aufgabe 37

Schwarz am Zuge. Beurteilen Sie die Stellung. Entwerfen Sie einen Plan.

Aufgabe 36

Schwarz am Zuge. Kann er mit dem König durchbrechen und seine Bauern unterstützen?

Aufgabe 38

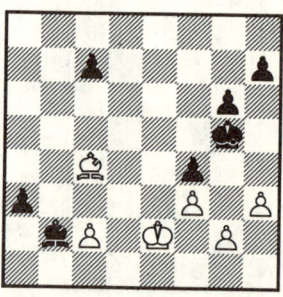

Schwarz am Zuge. Kann er seinen Mehrbauern verwerten?

Aufgabe 39

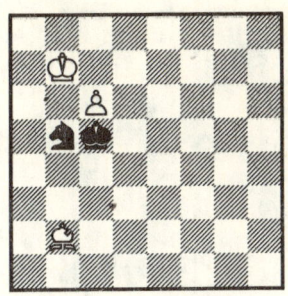

Kann Weiß den Gegner in
Zugzwang bringen? Analysie-
ren Sie diese Stellung mit
Weiß und Schwarz am Zuge.

Aufgabe 41

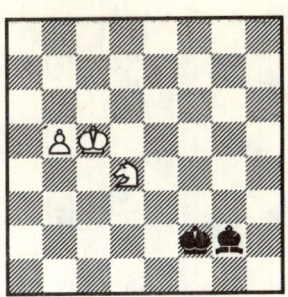

Weiß am Zuge. Kann er den
Bauern in eine Dame verwandeln?

Aufgabe 40

Weiß am Zuge gewinnt. Die
Idee dieser Studie besteht
darin, den Springer zu fangen.
Versuchen Sie, diese harte
Nuß zu knacken.

Aufgabe 42

Weiß am Zuge. Kann er die
Partie retten?

Aufgabe 43

Weiß am Zuge. Die Stellung ist einer Großmeisterpartie entnommen. Versuchen Sie, den Mehrbauern zu verwerten.

Aufgabe 45

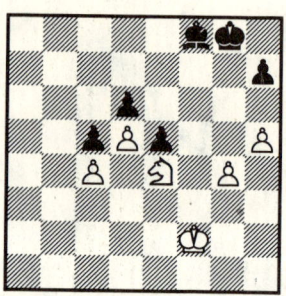

Weiß am Zuge. Zeigen Sie, daß Weiß hier über entscheidenden Vorteil verfügt.

Aufgabe 44

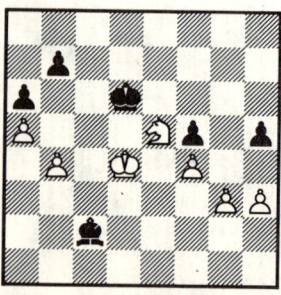

Weiß am Zuge. Wie kommt er am einfachsten zum Erfolg?

Aufgabe 46

Weiß am Zuge. Kann er gewinnen?

Aufgabe 47

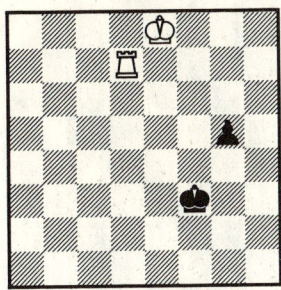

Weiß am Zuge gewinnt. Versuchen Sie, diese schwierige Studie zu lösen.

Aufgabe 49

Analysieren Sie diese Stellung mit Weiß und Schwarz am Zuge.

Aufgabe 48

Weiß am Zuge. Die schwarzen Bauern sehen bedrohlich aus. Dennoch lautet die Aufgabe, remis zu halten.

Aufgabe 50

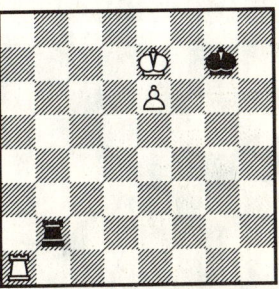

Schwarz am Zuge. Kann er das Endspiel retten?

Aufgabe 51

Schwarz am Zuge. Hier steht sein Turm auf der kurzen und der König auf der langen Seite. Eine derartige Anordnung ist für Schwarz ungünstig. Versuchen Sie, dies nachzuweisen.

Aufgabe 53

Weiß am Zuge gewinnt. Welchen Plan muß er hier wählen? Veranschaulichen Sie diesen anhand einer möglichen Variante.

Aufgabe 52

Weiß am Zuge. Stände der schwarze König auf d7, wäre die Stellung remis. Auf d6 ist der König weniger günstig postiert. Reicht dies aber, um Weiß zum Erfolg zu verhelfen?

Aufgabe 54

Schwarz am Zuge. Stände der weiße Bauer auf f4, wäre Schwarz verloren. Hier aber ist es ihm möglich, das Endspiel remis zu halten. Wie?

Aufgabe 55

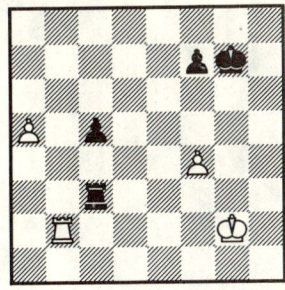

Weiß am Zuge gewinnt. Er verfügt über einen entfernten Freibauern. Zeigen Sie, wie er diesen nutzt, um zum Erfolg zu kommen.

Aufgabe 56

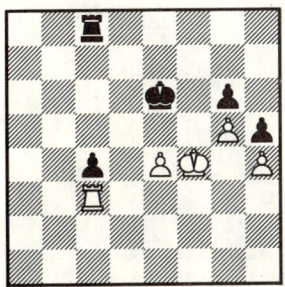

Weiß am Zuge. Wären die Bauern auf der h-Linie nicht, würde der Stellungscharakter weitgehend dem Beispiel 227 gleichen, in dem der entfernte Freibauer den Gewinn verbürgte. Wie ist das Ergebnis hier?

Aufgabe 57

Weiß am Zuge gewinnt. Aljechin, der die weißen Steine führte, demonstrierte mühelos, daß die beiden verbundenen Bauern hier stärker sind als die isolierten. Versuchen auch Sie, dies nachzuweisen.

Aufgabe 58

Weiß am Zuge gewinnt. Der weiße König kann seinen Freibauern unterstützen, der schwarze nicht. Dieser Umstand ist entscheidend. Der Gewinnweg beruht darauf, die unterschiedliche Aufstellung der Könige auszunutzen. Versuchen Sie, ihn zu finden.

191

Aufgabe 59

Weiß am Zuge. Beurteilen Sie die Stellung, und zeigen Sie den Plan, der zum Gewinn führt.

Aufgabe 61

Weiß am Zuge muß seinen König den Schachgeboten entziehen, indem er die Aufstellung des gegnerischen Königs nutzt. Wie ist dies zu erreichen?

Aufgabe 60

Weiß am Zuge gewinnt durch ein originelles Damenmanöver. Versuchen Sie, dieses zu finden.

Aufgabe 62

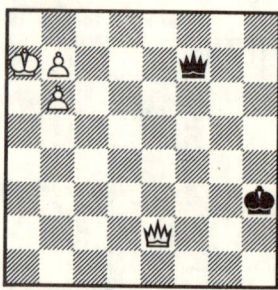

Weiß am Zuge. Um zu gewinnen, muß er seinen König vor den Schachgeboten verbergen. Wie?

Aufgabe 63

Aufgabe 64

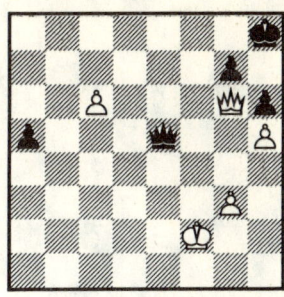

Weiß am Zuge gewinnt. Da der Gegner vier Bauern mehr hat, könnte diese Aufgabenstellung Verwunderung hervorrufen. Ausschlaggebend ist jedoch die ungünstige Aufstellung des schwarzen Königs. Wie läßt sich diese ausnutzen?

Weiß am Zuge verfügt über einen starken Freibauern. Bemühen Sie sich, diesen Vorteil in einen Gewinn umzumünzen.

Antworten

Nr. 1: 1.♘d5 ♔e7 2.♕g7+ ♔d8 3.♔d6 oder 1. ... ♔c7 2.♕a7+ ♔d8 3.♔d6 nebst Matt im nächsten Zuge.

Nr. 2: 1.♕g2! ♔h7 2.♔h5 ♔h8 3.♔g6 ♔g8 4.♕a8 matt (W. Speckmann, 1964).

Nr. 3: 1.♘f7 ♔h6 2.♖a5 oder 1. ... ♔h8 2.♔g6.

Nr. 4: 1.♘f6 ♔h6 2.♔f7 oder 1. ... ♔g8 2.♖h5.

Nr. 5: 1.♔f4 ♔g6 2.♔g4 ♔h6 3.♔f5 ♔g7 4.♔g5 ♔h7 5.♔f6 ♔g8 6.♖h2.

Nr. 6: 1.♔c6+ ♔b8 2.♗a6 ♔a8 3.♔b6 ♔b8 4.♗e5+ ♔a8 5.♗b7 matt.

Nr. 7: 1.♘c3 ♔a8 2.♔c7 ♔a7 3.♗c8 ♔a8 4.♗b7+ ♔a7 5.♘b5 matt (J. Berger, 1904).

Nr. 8: 1.♗f3 ♔h3 2.♔f2 ♔h4 3.♗e2 ♔h3 4.♗g5 ♔h2 5.♗f1 ♔h1 6.♗g2+ ♔h2 7.♗f4 matt (W. Pauly).

Nr. 9: Nein. 1.b6+? führt nach 1. ... ♔a8! zum Remis. Richtig ist 1.♔c7 ♔a8 2.♔b6 ♔b8 3.♔a6 ♔a8 4.b6 ♔b8 5.b7.

Nr. 10: 1.♔b1! a3 2.b3!, und Weiß gewinnt.

Nr. 11: 1.d6! cd 2.♔b3 mit Remis.

Nr. 12: Gegenfelder sind c3 und e3, c2 und f4, b2 und f3. Das Feld b3 entspricht ebenfalls dem Feld f3. Die Lösung lautet deshalb 1.♔c2! ♔f4 2.♔b2! ♔f3 3.♔b3! ♔f4 4.♔c2! ♔e5 (4. ... ♔f3 5.♔d2 ♔f4 6.♔e2 usw.) 5.♔d1! ♔d5 6.♔e2 ♔d4 7.♔d2 ♔e5 8.♔e3, und Weiß gewinnt (N. Grigorjew, 1920).

Nr. 13: 1.♔d4! ♔c6 2.♔e5 ♔c5 3.f4! oder 1. ... ♔b4 2.f4! (I. Dobias, 1926).

Nr. 14: 1.♔c8! ♔c6 2.♔b8! ♔b5 3.♔b7! ♔:a5 4.♔c6, und der Bauer wird aufgehalten (L. Prokes, 1947).

Nr. 15: Ja, dies ist möglich, z. B. 1.♔e4 ♔g4 2.h4 ♔h5 3.♔f4 ♔h6 4.g4 ♔g6 5.h5+ ♔h6 6.♔e4 ♔g5 7.♔f3 ♔h6 8.♔f4 ♔h7 9.g5 ♔g7. Weiß konnte seine Bauern bis auf die 5. Reihe vorstoßen. Jetzt muß er entscheiden, welchen Bauern er weiterrückt. 10.g6! (der einzige Gewinnweg; nach 10.h6+? ♔h7 11.♔g4 ♔g6 hält Schwarz remis) 10. ... ♔h6 11.♔g4 ♔g7 12.♔g5! d3 13.h6+ ♔g8 14.♔f6 d2

15.h7+ ♔h8 16.♔f7 d1♕
17.g7+ nebst Matt in zwei Zügen (J. Kling und B. Horwitz,
1851).

Nr. 16: Nach dem „natürlichen" 1.e4 c5 2.♔d3 ♔e8
3.♔c4 ♔d7 kommt Weiß
nicht weiter. Zum Gewinn
führt 1.♔f3! c6 2.♔f4! c5
3.♔e4 ♔e8 4.♔d5 ♔d7
5.♔c4 ♔e8 6.♔:c5! d3 7.♔d6
♔f7 8.♔d7 (J. Bething, 1894).

Nr. 17: Ja, es reicht, z. B.
2. ... ♔g8 3.♔d2 ♔h7 4.♔e3
f6 5.gf ♔:h6 6.♔f4! ♔h7
(6. ... g5+ 7.♔f5 g4 8.♔e6 g3
9.f7 usw.) 7.♔g5 ♔h8!
8.♔h6! ♔g8 9.♔:g6 ♔f8 10.f7
(L. Prokes, 1946).

Nr. 18: Ja. Weiß setzt mit
1.b6 fort. Je nachdem, wohin
der Springer zieht, entscheidet
er anschließend über das richtige Feld für den König, z. B.
1. ... ♘e3 2.♔a6! ♘d5 3.b7
♘c7+ 4.♔a5 oder 1. ... ♘f4
2.♔c8! ♘d5 3.b7 ♘b6+
4.♔d8 (F. Prokop, 1925).

Nr. 19: Ja, es gelingt. 1.♘f7
h3 2.♘g5 h2 3.♘e4+. Je nach
Antwort des Gegners führt
Weiß den Springer nun nach
f2 oder g3, z. B. 3. ... ♔d4
4.♘f2! oder 3. ... ♔d3 4.♘g3!
oder 3. ... ♔c2 4.♘g3!
(N. Grigorjew, 1932).

Nr. 20: Weiß erobert zwangsläufig einen Bauern und hält
remis. 1.♘e6! g4 2.♘g7! f4
(2. ... g3 3.♘:f5 g2 4.♘e3+)

3.♘h5! f3 4.♘f6! g3 5.♘e4 g2
6.♘d2+ nebst 7.♘:f3
(W. Tschechower, 1955).

Nr. 21: Ja, hier gewinnt Weiß,
z. B. bei schwarzem Zugrecht:
1. ... ♔h7 2.♔f8 ♔h6 3.♔g8
♔g5 4.♔g7 ♔f5 5.♘d7 ♔g6
6.f7 ♔g5 7.♘e5 ♔f4 8.♔g8
♘e6 9.♘f3+ und 10.♘d4. Ist
Weiß am Zuge, geschieht
1.♔e8 und weiter wie in der
ersten Variante.

Nr. 22: Ja, Weiß gewinnt
durch 1.♘d2 ♔g7 2.♘c4 ♘b1
(2. ... ♘c2 3.b5 ♘e1 4.b6
♘d3+ 5.♔b5 usw.) 3.♔d4!
♔f7 4.b5 ♔e7 5.b6 ♔d7
6.♔c5 ♘c3 7.♘e5+ ♔c8
8.♔c6 usw. (A. Pongrac).

Nr. 23: 1.♔f7 ♘h6+ 2.♔f8
♘g8 3.♘g4 h6 (3. ... ♘h6
4.♘e5!) 4.♔f7 ♔h7 5.♘e5
♔h8 6.♘c4! (Weiß muß den
Gegner an den Zug bringen;
der Springer ist dazu allein jedoch nicht in der Lage; Weiß
verwirklicht deshalb einen originellen Plan – er bringt den
Springer nach e8, um die
schwarzen Figuren „hinter
Schloß und Riegel" zu halten,
und führt dann mit dem König ein Dreiecksmanöver aus)
6. ... ♔h7 7.♘d6 ♔h8
8.♘e8! ♔h7 9.♔e6! ♔h8
10.♔d6! ♔h7 11.♔d7! ♔h8
12.♔e6 (jetzt kann der König
zurückkehren) 12. ... ♔h7
13.♔f7 ♔h8 14.♘c7 ♔h7
15.♘e6 ♔h8 16.♘f8, und
Weiß gewinnt (W. Bron, 1948).

Nr. 24: Ja. 1.♔f4! ♗d5 2.♔e5 ♗f3 3.h5, und einer der Bauern geht zur Dame (R. Réti, Schluß einer Studie, 1922).

Nr. 25: Das Zusammenwirken der weißen Figuren wird wie folgt organisiert: 1.♔g7(h7) g4 2.♔h6! g3 3.♔h5! g2 4. ♗c5 ♔f4 5.♔h4 ♔f3 6.♔h3 e4 7.♔h2 mit Remis.

Nr. 26: Ja, der schwarze König bricht nach h1 durch, z. B. 1. … ♔e4 2.♗h2 ♔f5 3.♔f2 ♔g4 4.♗g1 ♔h3 5.♔e1 ♔g3 6.♗f2+ ♔h2, und Schwarz gewinnt (A. Chéron, 1926).

Nr. 27: 1.♔e4 ♗d8 2.b6! ♔a6 (2. … ♗:b6 3.h7 oder 2. … ♔:b6 3.♔f5!, und der h-Bauer ist nicht aufzuhalten) 3.♔e5! ♗g5 4.h7 ♗c1 5.♔d6 ♗:b2 6.♔c7 ♗e5+ 7.♔c6 ♗d4 8.b7 ♔a7 9.♔c7, und Weiß gewinnt (W. Lewitt, 1933).

Nr. 28: Notwendig ist, den König mit 1. … ♔f8! aus der gefährlichen Zone zu entfernen, z. B. 2.d7 ♗d8 3.♗f6 ♗a5 4.♗h4 ♗b6 5.♔d6 ♔f7 6.♔c6 ♗a5 7.♔b7 ♔e6 8.♔c8 ♔d5 mit Remis.

Nr. 29: Zum Gewinn führt 1.♗g8+ ♔h8 2.♗e6! ♗e8 (oder 2. … ♗d3 3.♔f4 ♗b5 4.♔e5 ♗e8 5.♔d6 ♔h7 6.♔e7 ♔g6 7.♗d7 ♗f7 8.♗f5+) 3.♔f5 ♔h7 4.♗d5 ♔h6 (falls 4. … ♗d7+ 5.♔e5 ♔g6, so 6.f7 ♔g7 7.♔d6 und

8.♔e7) 5.♔e6 ♔g5 6.♔e7 ♗h5 7.♗f7 ♗d1 8.♗e8 ♗b3 9.♗d7 ♔f4 10.♗e6 usw. (B. Horwitz, 1880).

Nr. 30: Es reicht. Fehlerhaft wäre jedoch 1.♗e7+ ♔e8 2.♗:f6 ♗e3 3.♗h4 ♗d4 mit Remis. Notwendig ist zunächst 1.♔f7! Nach 1. … ♔d7 2.♗e7 ♗c3 3.♗:f6 ♗e1 4.♗g5 ♗c3 5.♗g6! gibt es für Schwarz gegen das Manöver ♗g5–h6–g7 nebst f5–f6–f7 keine Verteidigung. Wenn der weiße König nach g8 und der schwarze nach g6 gelangt, ist die Diagonale f8–h6 zu kurz, als daß der schwarze Läufer den Bauern aufhalten könnte.

Nr. 31: Weiß gelingt es, den gegnerischen König nicht an den Bauern heranzulassen. 1.b6 ♗f2 2.b7 ♗a7 3.♗g1 ♗b8 4.♗f2! ♗h2 (falls 4. … ♔g4, so 5.♔g2 ♔f5 6.♗g3! ♗a7 7.♔f3 ♔e6 8.♔e4 ♔d7 9.♔d5 ♔d8 10.♔c6, und Weiß gewinnt) 5.♗e1! ♗b8 6.♔g1 ♔g4 7.♔g2 ♔f5 8.♗g3 ♗a7 9.♔f3 ♔e6 10.♔e4 ♔d7 11.♔d5 ♔d8 12.♔c6 usw. (N. Grigorjew, 1931).

Nr. 32: Die Stellung stammt aus einer Partie Awerbach–Weressow (Moskau 1947). Weiß gewinnt durch 1.♗f3 ♔f5 2.♗e2! ♔e5 3.♗d3! ♔d5 (3. … ♗d7 4.♗g6 ♔d5 5.♗:h5 ♔c4 6.♗e2+ ♔:b4 7.h5 ♗f5 8.♗d3 ♗e6 9.h6

♔g8 10.♔d4 usw.) 4.♔f4 ♔d4 5.♗e2 ♔c3 6.♗:h5! ♗:h5 7.b5 usw.

Nr. 33: Die Stellung ergab sich in der Partie Teichmann–Marshall (San Sebastian 1911). Schwarz zog 1. ... ♗f7+, und nach 2.♔d3 ♔f4 3.♗f1! ♔g3 4.♗e3 hätte das Spiel bei genauer weißer Verteidigung remis enden müssen. Richtig war 1. ... ♗b1!, z. B. 2.♗f1 ♔f4 3.♔d4 f5 4.♔d5 ♔e3 5.♔e6 ♔f2 6.♗c4 ♔:g2 7.♔f6 ♔:h3 8.♔:g5 ♔g3, und der h-Bauer geht zur Dame.

Nr. 34: Am einfachsten ist 1.♗e2 ♗e8! (nach 1. ... ♗g6 2.♗d3 ♗h7 3.♗f1! gerät Schwarz sofort in Zugzwang; auf 3. ... ♗g6 folgt 4.♗g2 ♗f7 5.♗f3, und auf 3. ... ♗g8 entscheidet 4.♗e2 ♗f7 5.♗f3) 2.♗d3 ♗g6 (2. ... ♗d7 3.♗c2 ♗e6 4.♗d1 ♗f7 5.♗f3) 3.♗c2 ♗h7 4.♗b3! ♗g8 5.♗d1! ♗f7 6.♗f3 usw.

Nr. 35: J. Berger (1899) hielt diese Stellung für Weiß gewonnen. 1937 zeigte jedoch I. Rabinowitsch, daß Schwarz bei aktiver Verteidigung remis hält, z. B. 1.♗g5 ♗f5 2.c7 ♗h3 3.c6 (3.♔c6 ♗g2+ und falls 4.♔b6, so 4. ... ♔d7) 3. ... ♗c8 4.♔c5 ♔f7! 5.♔b6 ♔e6! 6.♗a7 ♔d5! 7.♔b8 ♗a6 usw.

Nr. 36: Schwarz gewinnt, indem er mit dem König zum Damenflügel durchbricht, z. B.

1. ... ♔f4 2.♗d4 ♗h3 3.♗c5 ♔e5 4.♔e3 ♗f1 (4. ... f2? 5.♗d4+) 5.♗a7 ♔d6 6.♔d2 ♔c6 7.♔c3 ♔b5 8.♔b3 ♗c4+ 9.♔c3 (falls 9.♔a3, so 9. ... ♗a2! 10.♔:a2 ♔c4 11.♔b2 d4) 9. ... ♗a4 10.♗c5 ♔a6 11.♗g1 ♔a3 12.♔d4 ♗c4 13.♔c3 ♗a2 14.♗d4 ♔b1 15.♔d2 ♗b5 16.♔d1 ♗c6 17.♔d2 ♗a4 18.♔c3 ♔c1 19.♗g1 ♔d1 20.♔d4 ♔e2 21.♔:d5 e3 22.♔d4 f2 usw. (A. Chéron, 1952).

Nr. 37: Die Stellung ist einer Partie Polner–Tschigorin (Petersburg 1881) entnommen. Schwarz gewinnt, indem er sich einen zweiten Freibauern verschafft: 1. ... b5! 2.ab ab 3.cb c4! 4.♗a2 c3 5.♗b1 ♔d7, und der schwarze König kommt dem c-Bauern zu Hilfe.

Nr. 38: Ja. Schwarz gewinnt auf gleiche Art wie Weiß in der Partie Euwe–Yanofsky: 1. ... ♔h4 2.♔f2 ♗d4+ 3.♔f1 ♔g3 4.♗g8 h5 5.♗f7 g5 6.♗e6 c6 7.♗c4 g4 8.hg hg 9.fg ♔:g4 10.♗e6+ ♔g3 11.♗c4 ♗f2! 12.♗e6 f3 13.gf ♔:f3 14.♗g8 ♔e3 nebst 15. ... ♗h4, und der schwarze König gelangt nach b2.

Nr. 39: Weiß am Zuge bringt den Gegner in Zugzwang: 1.♗e5! ♔d5 2.♔b6 ♔c4 (2. ... ♘a7 3.c7 ♘c8+ 4.♔b7 ♘e7 5.♗f6 ♘f5 6.♔b8 ♘d6

7.♗e7, und Weiß gewinnt)
3.♗f6 ♔b4 4.♗h4 ♔c4 (4. ...
♘c3 5.♗e1!) 5.♗e1! ♘d6
6.c7 usw. Ist jedoch Schwarz
am Zuge, kann er sich erfolgreich umgruppieren: 1. ...
♘d6+! 2.♔c7 ♘b5+ 3.♔d7
♔d5 4.♗c1 ♔c5 5.♗e3+
♔d5 6.♗f2 ♔e5 7.♔c8 ♔d5
8.♔b7 ♘d6+ 9.♔c7 ♘c4! mit
Remis.

Nr. 40: 1.♔c5 ♘c7 2.♔d6
♘e8 3.♔e7! ♘g7 (3. ... ♘c7
4.♔f7 ♘d5 5.g6, und Weiß
gewinnt) 4.♗g6 ♔g8 5.♗f7+
♔h7 6.♔f6 ♔h8 7.♔e5
(7.♔g6 ♘e6!) 7. ... ♔h7
8.♔e4! ♔h8 9.♔f4 ♔h7
10.♔g4 ♔h8 11.g6, und der
Springer geht verloren (G. Sa-
chodjakin, 1931).

Nr. 41: Ja. 1.♘c6 ♗f1 2.b6
♗a6 3.♔d6 ♗b7 4.♔c7 ♗a8
5.♘a5 ♔e3 6.♘b7 ♔d4
7.♔b8 usw. (nach W. Kosek,
1910).

Nr. 42: Weiß kann sich retten: 1.♗d7! h2 2.♗c6+ ♔g1
3.♗h1! ♘g2+ 4.♔e2 ♔:h1
5.♔f1 (S. Loyd, 1860).

Nr. 43: Die Stellung stammt
aus der Partie Nimzowitsch–
Janowski (Karlsbad 1907).
Weiß gewann: 1.♔f3 ♔e7
2.♔e3 f6 3.♔d4 ♔d6 4.♗d1
♘b6 5.♗f3 ♘c8 6.h4 ♘e7
7.♗e4 g5 (oder 7. ... f5 8.♗f3
♘c8 9.♗d5 ♘e7 10.♗f7) 8.fg
fg 9.hg hg 10.b6 g4 11.b7 ♔c7
12.♔e5 g3 13.♔f4 ♘g8
14.♔:g3 usw.

Nr. 44: Es gewinnt folgendes
Springermanöver: 1.♘c4+
♔c6 2.♔e5! ♗b5 (2. ... ♗d3
3.♘d6 ♗b1 4.♘:f5 ♗b5
5.♘d6+ ♔:b4 6.♘:b7 ♗d3
7.f5 usw.) 3.♘a3+ ♔:b4
4.♘:c2+ ♔:a5 5.♔:f5 ♗a4
6.♔e4 ♗b3 7.♔d3 b5 8.f5 a5
9.f6, und der weiße Bauer
geht früher zur Dame.

Nr. 45: Weiß gewinnt durch
1.g5 (öffnet dem König den
Weg) 1. ... ♔g7 2.♔f3 ♔f7
3.♔g4 ♗e7 4.♔f5 ♗f8 5.♘f6
h6 6.gh ♗:h6 7.♘e4 ♗f8 8.h6
♗:h6 (8. ... ♗e7 9.h7 ♔g7
10.♔e6 ♗f8 11.h8♕+ ♔:h8
12.♔f7) 9.♘:d6+ ♔e7
10.♘e4 ♗e3 11.d6+ ♔d7
12.♔:e5 usw. (Awerbach–
Panow, Moskau 1950).

Nr. 46: Ja, er kann. 1.♔d6! g4
2.♔d5 ♔f4 3.♔d4 ♔f3
4.♔d3 g3 5.♖f7+ ♔g2
6.♔e2, und Weiß gewinnt,
oder 1. ... ♔e4 2.♖g7 ♔f4
3.♔d5 g4 4.♔d4 ♔f3 5.♔d3
g3 6.♖f7+ ♔g2 7.♔e2 usw.
(M. Euwe, 1934).

Nr. 47: 1.♖f7+ ♔g3 (falls
1. ... ♔e4, so 2.♖g7 ♔f5
3.♔f7 g4 4.♖g8 ♔f4 5.♔g6!
g3 6.♔h5 usw.) 2.♔e7 g4
3.♔e6! ♔h2 4.♔f5 g3 5.♔g4
g2 6.♖h7+ ♔g1 7.♔g3 ♔f1
8.♖f7+ ♔g1 9.♖g7 ♔h1
10.♔f2 (N. Kopajew, 1954).

Nr. 48: Zum Remis führt
1.♔f4! ♔g2 (1. ... b2 2.♖b1
oder 1. ... a2 2.♖a1) 2.♖b1!
(schlecht ist 2.♖a1 b2 3.♖b1

♔f2 4.♔e4 ♚e2 5.♔d4 ♚d2
6.♔c4 ♚c2, und Schwarz gewinnt) 2. ... a2 (2. ... b2
3.♔e3! ♚g3 4.♖g1+ ♚h3
5.♔f3 oder 4. ... ♚h2
5.♖b1!) 3.♖a1 ♚f2 4.♔e4
♚e2 5.♔d4 ♚d2 6.♔c4 ♚c2
7.♔b4 ♚b2 8.♖h1 a1♕
9.♖:a1 (C. Salvioli, 1887).

Nr. 49: Weiß am Zuge gewinnt: 1.♔f8! ♖a8+ 2.♔e8
♖a6 (2. ... ♖a7 3.♖e7+) 3.f7
♖a7 4.♖d8 ♖b7 5.♔e8. Ist
Schwarz am Zuge, kann er
sich retten: 1. ... ♖a8! 2.♖e8
♖a7+ 3.♔e6 ♖a6+ 4.♔f5
♖a5+ 5.♖e5 ♖a1 6.♔e6
♚g8.

Nr. 50: Ja. 1. ... ♖b7+ 2.♔d6
♖b6+ 3.♔d7 ♖b7+ 4.♔d8
(falls 4.♔c6, so 4. ... ♖b2
5.♖f1 ♖a2) 4. ... ♖b8+
5.♔c7 ♖b2 6.♖f1 ♖a2!
(wichtig ist, daß bei einem
Angriff von der Flanke der
Abstand zwischen Turm und
Bauer mindestens drei Linien
beträgt) 7.e7 ♖a7+ 8.♔d6
♖a6+ 9.♔d5 ♖a5+ 10.♔c6
♖a6+ mit Remis.

Nr. 51: Weiß gewinnt. Hier
ist der Flankenangriff weniger
effektiv, z. B. 1. ... ♖a7+
2.♔c8 ♖a8+ 3.♔b7 ♖a1
4.♖e2! ♖b1+ 5.♔c7 ♖c1+
6.♔d8 ♖c3 7.d7. Weiß „baut
eine Brücke" und führt den
Bauern zur Dame.

Nr. 52: Es reicht nicht. Nach
1.♖b8 ♖a1 2.♔b7 ♖b1+
3.♔c8 ♖c1+! (3. ... ♖a1?

4.♖b6+ ♔c5 5.♔b7 ♖h1
6.♖c6+ ♔b5 7.a7, und Weiß
gewinnt) 4.♔d8 ♖h1!
5.♖b6+ ♔c5 6.♖e6 ♖h8+
7.♔d7 ♖h7+ hält Schwarz remis.

Nr. 53: Es entscheidet ein
Turmmanöver, gefolgt von
dem Vorrücken der Bauern:
1.♖e1! ♖g8 2.♖e6 ♔a6
3.♔g5 ♔b7 4.h4 ♔a6 5.h5
♔b7 6.g4 ♔a6 7.♔h4 ♔b7
8.h6 gh 9.♖:h6 ♖g7 10.♔h5
♔a6 11.♖c6 ♖e7 12.♖c7
♖e5+ 13.g5 ♔:b6 14.♖:h7,
und Weiß gewinnt (Botwinnik–Boleslawski, Moskau–Leningrad 1941).

Nr. 54: Zum Remis führt
1. ... ♖a2! 2.♔:f5 ♖:f2+
3.♔:g4 ♖a2.

Nr. 55: Weiß gewinnt durch
1.♖a2! ♖b3 2.a6 ♖b8 3.a7
♖a8 4.♖a6! f6 5.♔f3 ♔g6
6.♔e4 c4 7.♔d4 ♔f5 8.♔:c4
♔g4 (8. ... ♔:f4 9.♖:f6+
♔e5 10.♖a6 usw.) 9.♔b5 f5
10.♖a4 ♖:a7 11.♖:a7 ♔:f4
12.♔c4 usw.

Nr. 56: Remis!, z. B. 1.♔e3
♔e5 2.♖c2! c3 3.♔d3! ♖d8+
4.♔e3 ♖d4 5.♔:c3 ♖:e4+
6.♔f3 ♖:h4 7.♖c6 ♖f4+
8.♔e3 ♖e4+ 9.♔f3 ♔f5
10.♖f6+ ♔:g5 11.♖:g6+
(Botwinnik–Euwe, Groningen
1946).

Nr. 57: 1.♖a5! ♖b6 2.d4
♖b3+ 3.♔f4 ♖b4 4.d5 ♖b6
5.♖c5! ♖b4 6.♖c7+ ♔f8

7.♖a7, und Weiß gewinnt (Aljechin–Alexander, Margate 1937).

Nr. 58: 1.♔b7 ♖b2+ 2.♔a7 ♖c2 3.♖h5+ ♔a4 4.♔b7 ♖b2+ 5.♔a6 ♖c2 6.♖h4+ ♔a3 7.♔b6 ♖b2+ 8.♔a5 ♖c2 9.♖h3+ ♔a2 10.♖:h2! ♖:h2 11.c8♕, und Weiß gewinnt (Em. Lasker, 1890).

Nr. 59: Weiß gewinnt durch 1.♔c6! ♔a3! 2.♕c3+ (2.♕d1 b1♕! 3.♕:b1 patt!) 2. ... ♔a2 3.♕c2 a3 4.♔b5 ♔a1 5.♕c3 ♔a2 6.♔a4! b1♕ 7.♕:a3 matt oder 1. ... ♔a1 2.♕d4 a3 3.♔b5 ♔a2 4.♕d2 ♔a1 5.♕c3 ♔a2 6.♔a4 usw.

Nr. 60: Weiß gewinnt durch ein elegantes Manöver: 1.♕c4+ ♔e1 2.♕e4+ ♔d2 3.♕f3 ♔e1 4.♕e3+ ♔f1 5.♕e4! ♔g1 6.♕g4+ ♔h2 7.♕f3! ♔g1 8.♕g3+ ♔f1 9.♔b3 ♔e2 10.♕g2 ♔e1 11.♕e4+ ♔d2 12.♕f3 ♔e1 13.♕e3+ ♔f1 14.♕e4 ♔g1 15.♕g4+ ♔h2 16.♕f3 ♔g1 17.♕g3+ ♔f1 18.♔c3 (W. Tschechower, 1936).

Nr. 61: Weiß gewinnt durch ein wirksames Königsmanöver, bei dem er sich die Aufstellung des gegnerischen Königs zunutze macht: 1.♕c6 ♕d3+ 2.♔e7! ♕a3+ 3.♔f6! ♕b2+ 4.♔g6 ♕b1+ 5.♔h6, und es sind keine weiteren Schachgebote möglich.

Nr. 62: Nach 1.♔a6 ♕f8 bereitet Weiß die Flucht des Königs durch folgendes Damenmanöver vor: 2.♕h5+ ♔g2 3.♕e5! ♕a3+ 4.♔b5 ♕b3+ 5.♔c6 ♕c2+ 6.♔d6 ♕g6+ 7.♔e7 ♕h7+ 8.♔f8! ♕:b7 9.♕g7+ usw. Etwas hartnäckiger ist 5. ... ♕c4+ 6.♔d6 ♕b4+ 7.♔d7 ♕g4+ 8.♔e7 ♕h4+ 9.♔f7 ♕c4+ 10.♔g7 ♕g4+ 11.♔h6! ♕h4+ (11. ... ♕h3+ 12.♔g5) 12.♔g6 usw.

Nr. 63: 1.♕c4+ ♕b4 2.♕c6+ ♕b5 3.♕:e4+ ♕b4 4.♕d3! g6 5.♕d7+ ♕b5 6.♕d4+ ♕b4 7.♕d3! g5 8.♕d7+ ♕b5 9.♕d4+ ♕b4 10.♕d3 g4 11.♕d7+ ♕b5 12.♕:g4+ ♕b4 13.♕d7+ ♕b5 14.♕d4+ ♕b4 15.♕d3!, und Weiß gewinnt (L. Prokes, 1943).

Nr. 64: Den Gewinn erzwingt das Bauernopfer 1.♕c2! ♕:h5 (falls 1. ... ♕c7, so 2.♕c4 nebst 3.♔g2 und Überführung der Dame nach d7) 2.♕c4! ♕f5+ (2. ... ♕h2+ 3.♔f3 ♕h1+ 4.♔f4) 3.♔g2 ♕c8 4.c7 a4 5.♕c6 a3 6.♕d6! ♕b7+ 7.♔h2 a2 8.♕f8+ ♔h7 9.♕f5+! (Bogoljubow–Stahlberg, Kemeri 1933).

Lexikon der benutzten Fachausdrücke

Abwartezug – ein Zug, durch den die Stellung im wesentlichen unverändert bleibt, der jedoch dazu führt, daß das Zugrecht an den Gegner übergeht.

Bauernkette – Bauern einer Farbe, die auf benachbarten Linien stehen und sich gegenseitig decken.

Bauernmehrheit am Flügel – eine größere Anzahl von Bauern als die des Gegners an einem Flügel, die es gewöhnlich gestattet, dort einen Freibauern zu bilden.

Beweglichkeit einer Figur – Zahl der Felder, auf denen eine Figur operieren kann.

Blockade – Hemmung gegnerischer Bauern und Figuren. Das Wesen der Blockade besteht darin, eine eigene Figur oder einen Bauern vor einen gegnerischen Stein zu stellen, um seine Vorwärtsbewegung zu verhindern. Die Blockade ist ein wichtiges Verfahren im Kampf gegen eine Bauernmehrheit.

Blockierter Bauer – ein Bauer, der unbeweglich ist.

Doppelangriff – ein Angriff einer oder zweier Figuren auf zwei Figuren des Gegners. Ein wirksames Verfahren, um ein materielles Übergewicht zu erzielen. Ein häufiger Fall des Doppelangriffs ist eine Springergabel, ein Angriff des Springers auf zwei Figuren des Gegners.

Doppelschlag – ein weitgehenderer Begriff als der des Doppelangriffs. Ein Doppelschlag kann nicht nur aus zwei Angriffen, sondern auch aus der Verknüpfung eines Angriffs und einer Drohung oder sogar aus zwei Drohungen bestehen, z. B. aus einer Mattdrohung und der Drohung, einen Bauern in eine Dame zu verwandeln. Ein Doppelschlag ist eine wirksame Methode, um ein materielles Übergewicht zu erzielen.

Dreiecksverfahren – ein Manöver des Königs mit dem Ziel, die Zugpflicht an den Gegner zu übertragen.

Einschränkung – Angriff auf oder Besetzung von Feldern, die in unmittelbarer Nähe einer gegnerischen Figur liegen, so daß deren Beweglichkeit und Aktivität herabgesetzt wird.

Endspieltechnik – Beherrschung der typischen Verfahren des Kampfes im Endspiel.

Entfernter Freibauer – ein Freibauer, der abseits von der Hauptgruppe der Bauern steht.

Falle – ein Manöver oder ein Zug, der auf eine bestimmte Antwort, einen Fehler des Gegners abzielt, darauf, daß dieser die Drohung oder die Nachteile der auf dem Brett entstehenden Situation nicht erkennt. Eine Falle kann nur bei einer fehlerhaften Erwiderung des Gegners Erfolg haben.

Fesselung – eine Situation, die sich ergibt, wenn eine angegriffene Figur durch eine andere verstellt wird. An einer Fesselung sind gewöhnlich drei Figuren beteiligt: die angreifende, die verstellende (gefesselte) und die angegriffene.

Forcierte Variante – eine Variante, in der zwangsläufige Züge gemacht werden. Eine forcierte Variante kann für eine, mitunter aber auch für beide Seiten verbindlich sein.

Freibauer – ein Bauer, dessen Vormarsch nicht durch Bauern des Gegners behindert wird.

„Gebundene" Figur – eine Figur, die eine andere verteidigt und deshalb an diese gebunden ist, nicht wegziehen kann.

Gefesselte Figur – eine Figur, die eine andere gegen einen Angriff verstellt. Verstellt sie den König, ist die Fesselung echt, verstellt sie eine andere Figur, kann sie wegziehen, was jedoch zum Verlust der verstellten Figur führt.

Gegenfelder – Felder, auf denen die Figuren im Kampf um Schlüsselfelder manövrieren.

Gegenspiel – Gegenmaßnahmen als Antwort auf aktive Operationen des Kontrahenten.

„Hängende" Bauern – zwei Bauern, die nebeneinander auf einer Horizontale stehen und nicht durch andere Bauern unterstützt werden.

Isolierter Bauer – ein Bauer, auf dessen Nachbarlinien keine Bauern gleicher Farbe stehen, die ihn decken könnten. Ein isolierter Bauer muß gewöhnlich durch Figuren verteidigt werden.

Kombinierter Angriff – ein Angriff auf eine Figur, bei dem gleichzeitig verhindert wird, daß diese Figur entkommt, verstellt oder anderweitig gegen den Angriff verteidigt wird. Das Matt ist ein kombinierter Angriff auf den König. Ein kombinierter Angriff ist die wirksamste Methode, in einer Schachpartie zum Erfolg zu kommen.

Manöver – einige Züge von Figuren oder einer Figur, die einem einheitlichen Plan untergeordnet sind.

Offene Linie – eine Linie, die frei von Bauern ist. Der Besitz einer offenen Linie ist einer der Faktoren, die die Stellungsbeurteilung bestimmen.

Opposition – Gegenüberstellung der Könige. Sie spielt eine große Rolle in Bauernendspielen, wenn um drei horizontal oder vertikal angeordnete Schlüsselfelder gekämpft wird, aber auch in allen anderen Endspielen, wenn der gegnerische König an den Brettrand gedrängt werden muß.

Rückständiger Bauer – ein Bauer, der sich nicht auf gleicher Höhe mit Bauern seiner Farbe befindet, die auf benachbarten Linien stehen.

Schlagkraft einer Figur – Zahl der Felder, die diese Figur angreifen kann.

„Schlechte" Figur – eine Figur, deren Beweglichkeit und Schlagkraft eingeschränkt sind.

Schlüsselfelder – Felder, deren Besetzung durch eine Figur einen bestimmten Nutzen bringt. Der Kampf der Könige um Schlüsselfelder bildet den Hauptinhalt vieler Bauernendspiele.

Schwaches Feld – ein Feld in einem der Lager, das durch eine Figur der anderen Seite besetzt werden kann. Dabei ist diese Figur entweder gar nicht von dort zu vertreiben oder nur durch einen Bauernzug, der die Stellung schwächt. Ein schwaches Feld kann für die Gegenseite ein starkes sein. Das Vorhandensein schwacher Felder ist ein offensichtlicher Defekt in einer Stellung und ein wichtiger Faktor bei ihrer Beurteilung.

Stellungsbeurteilung – Ermittlung von Besonderheiten und Möglichkeiten, die eine Stellung enthält, um festzustellen, auf wessen Seite ein Übergewicht vorhanden ist.

Stiller Zug – ein Zug ohne einen Angriff und, auf den ersten Blick, ohne jegliche Drohung.

Tempo – Bewertung des Zeit-faktors in der Schachpartie.

Übergabe der Zugpflicht – ein typisches Verfahren im Endspiel, bei dem eine Seite die Zugpflicht an den Gegner abtritt, jedoch die gleiche Figurenstellung wahrt.

Unterstützung – Verteidigung einer Figur oder eines Bauern durch eine andere Figur oder einen Bauern.

Verstellung (Überdeckung) – Verteidigung einer eigenen Figur gegen den Angriff einer weitreichenden Figur des Gegners, indem die Wirkungslinie der angreifenden Figur durch eine Figur verstellt wird, die gleichsam das Feuer auf sich nimmt.

Zentralisierung – Aufstellung von Figuren in der Nähe des Zentrums. Dabei erhöhen sich gewöhnlich ihre Schlagkraft und ihre Beweglichkeit, weil sie schnell von einem Flügel auf den anderen geführt werden können.

Zugzwang – eine Situation, in der eine Seite über keine nützlichen Züge verfügt und alle möglichen nur die Stellung verschlechtern. Können beide Seiten keine nützlichen Züge machen, ergibt sich eine Situation beiderseitigen Zugzwanges, die im Endspiel von großer Bedeutung ist.

Zusammenwirken der Figuren – zielgerichtete Aufstellung der Figuren, die einem einheitlichen Plan, einer einheitlichen Idee untergeordnet ist. Die Herstellung des Zusammenwirkens der Figuren ist eine der wichtigsten Kampfmethoden.

Inhalt